근대 사회의
변화와
　　　기독교

근대 사회의 변화와 기독교: 존 로크, 아담 스미스, 알렉시스 토크빌
Christianity in the Transition of Modern Society :
John Locke, Adam Smith and Alexis Tocqueville
by Myung Soo Park

발행 2013년 11월 15일

지은이 박명수
발행인 윤상문
디자인 여수정
발행처 킹덤북스
등록 제2009-29호(2009년 10월 19일)
주소 경기도 용인시 기흥구 동백동 백현마을 코아루 아파트 2204동 204호
문의 전화 031-275-0196 팩스 031-275-0296

ISBN 978-89-94157-81-8 (03230)

Copyright ⓒ 2013 박명수
이 책은 저작권법에 따라 보호받는 저작물이므로 무단전재와 복제를 금지하며,
이 책의 내용의 전부 또는 일부를 이용하려면 반드시 저작권자와 킹덤북스의 서면 동의를 받아야 합니다.

※ 잘못된 책은 구입하신 곳에서 교환하여 드립니다.
※ 책 가격은 표지 뒷면에 있습니다.

 킹덤북스(Kingdom Books)는 문서사역을 통해 하나님의 나라를 확장하고, 한국 교회와 세계 교회를 섬기고자 설립된 출판사입니다.

근대 사회의 변화와 기독교

Christianity in the Transition of Modern Society

— 박명수 지음 —

존 로크 · 아담 스미스 · 알렉시스 토크빌

본 연구는 서울신학대학교 백주년학술연구기금으로 진행되었습니다.

킹덤북스
Kingdom Books

Christianity in the Transition of Modern Society

진리를 알지니 진리가
너희를 자유롭게 하리라
요 8:32

머 리 말

뜻밖의 장소에서 만난 스승

I

 기독교 신학은 초대교회의 어거스틴, 중세의 토마스 아퀴나스, 종교개혁의 루터와 칼빈에 의존한다. 물론 이들은 기독교 신앙의 기초를 놓은 사람들이며, 우리는 이들을 깊게 연구해야 한다. 하지만 18세기 이후 근대사회는 엄청나게 변화하였다. 종교선택의 자유가 주어지고, 국교회가 붕괴되며, 교파교회가 출현하고, 사회는 종교에 새로운 역할을 기대하였다. 이런 시대의 변화에 대해서 과거의 유명한 전통적인 신학자들은 명쾌한 대답을 줄 수 없었다.

 필자는 복음주의 기독교는 이런 새로운 상황에 적응하기 위해서 새롭게 출현한 기독교의 한 형태라고 생각한다. 이들은 국가의 힘에 의존하기보다는 대중에게 호소하였고, 복잡한 교리를 주장하기보다는 성서의 단순한 진리를 강조하였고, 어려운 현학적인 설교보다는 재미있는 간증을 선호하였고, 위엄있는 교회 건물보다는 쉽게 접근할 수 있는 야외를 택하였다. 그리고 무엇보다도 열심히 복음을 전하여 한 사람, 한 사람이 예수 그리스도를 구주로 영접하게 만들었다.

하지만 복음주의 기독교는 왜, 그리고 무엇 때문에 자신들이 출현했는지를 역사적으로 설명하지 못하였다. 아마도 성경을 철저하게 믿는 복음주의 기독교는 이미 성경에서 여기에 대한 답을 발견했을지도 모른다. 그러나 필자는 역사학자로서 오랫동안 이 문제를 역사적으로 설명하고자 노력하였다. 그래서 몇 년전에 『근대 사회와 복음주의』(한들, 2008)를 출판하였다. 이 책에서 필자는 복음주의가 어떻게 근대 사회와 연결되는지를 밝히려고 노력하였다.

필자는 근대 사회와 복음주의의 관계를 연구하는 가운데 한 가지 놀라운 사실을 발견하였다. 그것은 매우 중요한 근대 사상가들이 근대 사회가 어떻게 변화하고 있으며, 여기에 기독교가 어떻게 적응해야 하는 가를 설명하고 있다는 것이다. 사실 전통신학에 너무나 익숙한 기독교 신학자들이 변화하는 사회를 제대로 이해하지 못한 반면에 근대 사상가들은 변화하는 사회를 잘 이해하고 있었고, 이런 가운데 기독교가 어떤 혁신을 해야 하는지를 분명하게 인식하고 있었다. 필자에게는 뜻밖의 장소에서 스승을 만난 기분이었다. 이 책은 존 로크, 아담 스미스, 알렉시스 토크빌, 세 사람의 위대한 근대 사상가들을 통해서 이들이 어떻게 기독교를 이해했는지를 살펴본 것이다.

II

서기 313년 콘스탄틴 황제의 기독교 공인은 기독교 역사에서 매우 중요한 의미를 갖는다. 이제 기독교는 박해에서 벗어나서 국가의 공적 종교가 되었고, 기독교는 국가의 보호아래 발전하게 되었다. 하지만 17세기 말 영국에서 '관용령'이 발표되면서 상황은 달라졌고, 종교는 더 이상 국가의 강제력에 의해서가 아니라 개인의 선택에 의존하게 되었다. 이제 종교선택은 국가의 문제가 아니라 개인의 문제가 된 것이다. 이것을 논리적으로 설명한 사람이 바로 존 로크이다. 아울러 로크는 새로운 사회에서 기독교가 존립하려면 도덕과 초자연적인 기적이 필요하다고 보았다.

근대 사회에서는 경제분야에서도 이와 같은 현상이 일어났다. 르네상스 시대부터 국가가 특정기업을 선택해서 지원하는 중상주의가 강하게 존재하였다. 하지만 아담 스미스는 이런 독과점 체제는 경쟁의 부재를 가져오고, 결국에 가서는 상품의 저하로 나타나게 된다고 주장하면서 시장경쟁을 주장하였다. 그런데 아담 스미스는 이런 현상이 경제에만 나타나는 것이 아니라 바로 종교에도 나타난다고 주장한다. 국가로부터 독점적으로 지원을 받는 국교회 체제는 결국 게으른 성직자를 만들어 내고, 더 나아가서 신자들에게 영적인 서비스를 제공하지 못하게 한다는 것이다. 이런 점에서 스미스는 종교 간의 자유로운 경쟁이 필요하다고 본다. 스미스는 종교 간의 자유로운 경쟁이 오히려 종교를 생동력있게 만든다고 보았다.

이같은 종교선택의 자유와 종교 간의 경쟁은 유럽에서 보다 미국에서 구체적으로 실현되었다. 사실 유럽 사회는 오랜 전통 때문에 이같은 진보적인 사상을 받아들이지 못했다. 하지만 미국은 이런 새로운 사상을 받아들이고, 구체적으로 뿌리를 내리게 만들었다. 이것이 미국의 정교분리이며, 그 결과 다양한 교파가 자유롭게 경쟁하는 다종교사회를 산출했다. 19세기 프랑스인 알렉시스 토크빌은 미국에 와서 국가의 지원을 받지 못하는 미국 종교가 어떻게 발전하고, 미국의 민주주의를 위해서 어떻게 기여하는가를 밝혔다. 그는 미국 민주주의의 뿌리에 기독교 신앙이 있다고 주장했다.

III

필자는 오랫동안 미국교회사와 한국교회사에 대해서 연구해 왔지만 근대 사상사의 전문가는 아니다. 따라서 이같은 책을 출판한다는 것이 두렵기도 하다. 하지만 필자는 이런 근대사상사들이 종교를 어떻게 이해하고 있으며, 이것이 근대 사회의 종교에 어떤 의미를 주고 있는지를 밝히는 것은 매우 중요한 과제라고 생각한다. 이 연구가 기초가 되어 앞으로 이런 분야의 연구가 활성화되기를 바란다.

이 책의 원고는 필자가 2005년 가을부터 2006년 여름까지 미국 예일대학교에 안식년으로 가 있을 당시에 거의 완성되었다. 그 후 여러 가지 이유 때문에 필자는 이 연구를 마무리하지 못하고 지내왔다. 그러던 중 킹덤북스(Kingdom Books) 대표 윤상문 목사의 권유로 이 책이 출판되게 되었다. 아울러 서울신학대학교 백주년 기념 학술 연구기금이 본 연구에 큰 도움이 되었다는 사실도 밝히고 싶다.

한권의 책을 출판할 때마다 얼마나 많은 사람들에게 빚을 지고 있는가를 발견하게 된다. 특별히 예일대학교에 안식년으로 가 있을 때 OMSC(Overseas Ministries Study Center)에서 일년 동안 거주하게 되었는데, 그런 편의를 제공해준 OMSC의 후의에 감사를 표하고 싶다. 또한 현대기독교역사연구소의 박충훈, 김성수 간사의 도움도 잊을 수 없다.

목 차

머리말: 뜻밖의 장소에서 만난 스승 7

제 1 장
존 로크의 관용론과 자유교회의 등장

I. 다종교사회와 기독교　19

II. 관용령의 배경　20

III. 존 로크와 관용론　26
    1. 로크의 관용론의 배경
    2. 1667년의 "종교의 관용에 대한 에세이"
    3. 17세기 후반의 영국 정치와 로크
    4. 로크의 "관용에 관한 편지"(1689)
    5. 존 로크와 프로스트(Proast)와의 논쟁

IV. 기독교의 설득력: 기적과 도덕　72

V. 존 로크와 근대 사회　86
    1. 관용령과 존 로크
    2. 미국 헌법과 존 로크
    3. 존 로크의 해석문제

VI. 맺는 말: 존 로크와 근대 기독교　98

참고문헌　101

제 2 장

아담 스미스의 자본주의와 근대 기독교

I. 자본주의와 도덕, 그리고 종교 간의 경쟁　107
II. 아담 스미스의 『도덕감각론』　109
III. 아담 스미스의 자본주의와 종교　123
　　1. 스미스의 『국부론』의 구조
　　2. 자본주의의 구조와 종교의 역할: "순수하고, 합리적인 종교"
　　3. 대중적인 기독교의 등장: 흄의 주장과 스미스의 비판
　　4. 독점적인 종교의 위험: 카톨릭 교회
　　5. 천주교의 쇠퇴와 개신교의 등장
　　6. 성직자의 성직록과 사회의 상관관계
IV. 현대 사회와 종교 시장　169
　　1. 시장과 종교
　　2. 미국 종교 시장의 승자는 패자
　　3. 유럽과 남미의 종교시장
V. 맺는 말: 경쟁사회와 기독교　181
참고문헌　184

제 3 장

알렉시스 토크빌과 민주주의의 도덕

I. 미국과 새로운 기독교 189
II. 알렉시스 토크빌의 초기 생애와 종교 193
III. 미국의 민주주의와 기독교 200
    1. 민주주의의 기원과 미국
    2. 미국의 민주주의와 종교상황
    3. 민주사회와 미국 기독교의 적응
    4. 기독교와 "바로 이해된 개인의 이익"
    5. 미국의 민주주의와 천주교
VI. 알렉시스 토크빌과 최근의 논쟁 251
    1. 토크빌과 최근의 종교사회학
    2. 토크빌의 사상에서 종교의 위치
    3. 토크빌과 현대 미국 사회의 위기
V. 맺는 말: 근대 사회와 도덕 269

참고문헌 271

Christianity in the Transition of Modern Society

제 1 장

존 로크의 관용론과 자유교회의 등장

Christianity in the Transition of Modern Society

Christianity in the Transition of Modern Society

I. 다종교사회와 기독교

　근대 기독교는 여러 가지 도전을 받아 왔다. 그 중에 하나가 다원주의의 등장이다. 많은 사람들은 이런 다종교의 상황은 종교적인 갈등으로 이어질 수 있고, 결국에 가서는 한국 사회의 가장 위험한 요소의 하나가 될 수 있다고 생각한다. 이런 외부의 위험과 함께 기독교 내부에서는 다종교 상황이 기독교의 절대성을 포기하게 만들고, 결국에 가서는 종교상대주의에 빠지게 만들지 모른다는 두려움을 갖고 있다. 다원주의의 등장은 한편으로는 종교전쟁의 위험이 있고, 다른 한편으로는 종교 상대주의의 위험을 가져왔다.

　이것은 한국 사회에서도 마찬가지이다. 한국 사회는 세계 어느 나라에서도 볼 수 없는 다종교 상황 가운데 있다. 한국은 유교, 불교, 기독교가 상당한 비중으로 존재하고 있다. 지금까지 한국의 종교는 상호간에 큰 갈등을 일으키지 않았다. 하지만 이런 다종교 상황은 언제든지 갈등을 일으킬 수 있는 요소를 갖고 있다. 그러므로 한국 사회는 이런 다종교 상황에 종교적인 분쟁을 가져오지 않도록 노력해야 한다.

　한국 기독교는 지금까지 복음주의 교회가 주도해 왔다. 복음주의 기독교의 가장 중요한 핵심은 예수 그리스도가 유일한 구주라는 것이다. 많은 사람들은 이런 복음주의의 입장이 종교 간의 분쟁을 가져오는 요소라고 생각하였다. 그렇다면 한국 기독교는 이런 복음주의적인 입장을 견지하면서 종교 간의 분쟁에 휘말리지 않을 수 있는 방향을 찾을 수는 없을까? 여기에 한국 기독교가 당면한 가장 중요한 질문 가운데 하나가 있다.

　필자는 이와 같은 현대 한국 기독교의 문제를 고민하면서 존 로크의 사상을 연구하려고 한다. 그는 종교적인 갈등의 현장에서 여러 종파들이 서로 관용하면서 자신들의 진리를 입증해야 한다고 주장하였다. 그는 결코 기독교의 절대성을 포기한 적이 없다. 하지만 그는 역시 종교 간의 갈등이 확대되어 사회를 혼란스럽게 만드는 것도 경계하였다. 존 로크의 사상은 오늘의 한국교회에도 시사하는 바가 있을 것이다.

II. 관용령의 배경

　필자는 오래 전부터 존 로크에 대해서 관심을 가져왔다. 그것은 존 로크가 종교의 "관용"(Toleration)을 이론적으로 정립한 사람이기 때문이다. 이런 로크의 사상은 1689년 영국의 관용령(Toleration Act)으로 구체화되었다. 관용령이란 영국의 공식적인 종교인 영국교회 이외의 다른 교회도 예배드리고, 신앙적인 집회를 가질 수 있도록 관용한다는 말이다. 물론 국교는 영국교회이지만 다른 교회도 용인한다. 사실 그 이전에는 국교가 아닌 종교는 위험의 대상이었고, 이단으로 몰려서 제거되었다. 국교가 아닌 종교는 자연히 국교를 성서의 가르침을 위배한 잘못된 종교로 간주하고, 투쟁하였으며, 국교는 이런 소위 이단을 사회를 소란스럽게 만드는 잘못된 종교로 매도하였다.

사실 이런 논쟁은 유럽 사회가 종교를 국가의 가장 중요한 기반으로 생각했기 때문에 나온 것이다. 그래서 국교가 무너지면 사회가 무너지는 것으로 이해하였다. 하지만 관용령은 더 이상 종교를 사회의 기본으로 이해하지 않았다. 로크는 종교와 관계없이 사회는 유지 될 수 있다고 생각하였다. 따라서 다른 종교도 받아들일 수 있었던 것이다. 이것은 소위 기독교 세계(Christendom)에 큰 변화를 가져 온 것이다. 종교에 더 이상 그 존립근거를 두지 않는 사회, 이것을 사람들은 세속화(Secularization)라고 말한다. 다시 말하면 서구사회는 이런 관용령 같은 조치를 통하여 더 이상 종교에 근거한 사회가 아니라 다른 기반에 근거한 사회로 전환하는 것이다. 로크는 이것을 사회계약이라고 주장하였다. 즉 국가는 종교를 근거로 하는 사회가 아니라 국민들 사이에서 맺은 계약에 근거한 단체라는 것이다. 이것이 유명한 사회 계약론이다.

17세기 말의 관용령은 영국 사회를 근본적으로 바꾸어 놓았다. 이제 사람들은 영국 국교회 이외에도 합법적으로 다른 교회에 출석하게 되었고, 영국교회는 유일한 국교회가 아니라 다른 교회들 사이에 있는 여러 교회들 가운데 하나가 되었다. 물론 관용령은 아직도 영국교회에 특권적인 지위를 주고 있다. 그래서 영국 국교회에 속한 사람만이 공무원도 될 수 있고, 옥스퍼드나 캠브리지에 들어갈 수 있는 자격도 주어진다. 이것은 19세기 중엽까지 계속된다. 하지만 영국 국교회는 근본적으로 경쟁자의 위치에 서게 되었다.

필자가 여기서 관심을 갖고 있는 것은 왜 영국 사회가 관용령을 주장하게 되었을까 하는 점이다. 사실 관용령은 17세기 영국의 산물이다. 종교개혁 이후 소위 영국은 영국식 종교개혁을 했다. 종래 로마의 교황이 영국의 모든 교회를 지배하던 상황에서 영국교회의 대표는 로마에 있는 교황이 아니라 영국의 왕이라는 새로운 주장이 나오게 된 것이다. 이것은 매우 중요한 변화이다. 교황은 자신이 베드로의 후계자라는 것을 내세워서 모든 교회의 대표라고 했지만 영국의 왕은 영국의 정치, 경제, 문화, 등등 모든 것이 영국 왕의 관할에 있는 것처럼 영국의 종교도 영국 왕의 관할 아래 있어야 한다고 주장하였다. 영국 왕의 관심은 종교가 아니었다. 그는 종교를 이용해서 자신의 왕권을 강화하려고 했다.

이것은 당연히 강력한 반발을 가져왔다. 당시 독일과 스위스에서 신앙적인 동기에서 종교개혁이 일어나는 것을 보고 들은 영국의 신자들은 이와 같은 영국교회의 출현을 진정한 종교개혁이라고 볼 수 없었다. 그래서 여기에 대해서 반발하고, 진정한 개혁을 하고자 하였다. 우리는 이들을 청교도(Puritan)라고 부른다. 청교도란 아직 영국교회에 남아있는 부정적인 모습을 청소하여 깨끗하게 만들어야 한다는 의미에서 이름이 붙여졌다. 청교도들은 참된 신앙으로 형성된 성서적인 기독교를 영국에 세우려고 하였다. 그들은 다른 어떤 권위도 인정하지 않고, 오직 성서에 근거한 기독교가 세워져야 한다고 생각했다. 이것은 소위 청교도 혁명으로 이어졌다. 청교도 혁명을 통하여 영국은 다시 한 번 종교전쟁에 휩싸이게 되었다. 크롬웰을 중심으로 한 청교도들은 소위 청교도 신앙에 근거한 청교도 사회를 만들려고 했다. 하지만 이것은 또 한 번의 피비린내 나는 고통을 가져왔다.

청교도 혁명은 실패로 끝났고, 1660년대 다시 영국교회가 등장했다. 다시 등장한 영국의 왕은 국교회의 강화를 통해서 자신의 통치를 굳건하게 하려고 했다. 그래서 계속적으로 국교회를 지원하고, 비국교도들을 박해하는 정책을 펼쳤다. 1662년 통일령(Uniformity Act)이 발표되어 모든 성직자들은 국교회의 기도서(The Book of Common Prayer)를 사용해야 했고, 여기에 순종하지 않는 성직자는 성 바돌로매의 날을 기해서 자신의 교구에서 추방되었다. 이때 추방된 성직자가 2,000명 이상이었다. 1664년에는 국교회 이외의 집회를 금지하는 집회금지령(Conventicle Act)을 발표했으며, 1665년에는 비국교도 성직자들은 자신들의 이전 목회지에서 5마일 이상 떨어져 살아야 한다는 5마일 령(The Five-Mile Act)을 발표하였다. 이외에도 국교회를 회복하기 위한 여러 가지 제도가 도입되었다. 이런 정부의 조치를 위반하는 사람들은 감옥에 가게 되었고, 수많은 사람들은 자신들의 신앙 때문에 고통을 당했다. 국교도에 의한 비국교도의 박해인 것이다.

이 당시 영국 사회의 중요한 관심은 어떤 종교정책을 사용할 것인 가였다. 여기에 대해서 사람들은 크게 두 종류로 나뉘어졌다. 하나는 국가의 가장 중요한 임무는 백성들의 영적인 복지를 추구하는 것이다. 그리고 그 영적인 복지는 당연히 영국교회에 속해있을 때 가능하며, 이것을 지탱하기 위해서는 국가가 당연히 개입할 수 있고, 이 과정에서 강제적인 힘을 사용할 수 있다는 것이다. 이것은 어거스틴의 전통을 따른 것이다. 어거스틴은 "사랑하라. 그리고 네 마음대로 하라"고 말했다. 즉 이방인들을 진정으로 사랑하기 때문에 그들을 강제로라도 기독교 신앙으로 개종시켜야 한다는 것이다. 이것은 오랫동안 서구사회에서 신앙적인 문제에 있어서 힘의 사용을 정당화시켜 주었다.

다른 하나는 국가는 백성들의 영적인 문제에 대해서 관여할 수 없다는 것이다. 국가의 임무는 세속적인 문제에 국한되어야 하며, 자신의 범주에 넘어가는 영적인 문제에 관여하는 것은 잘못이라는 것이다. 이것은 오랫동안 소종파들이 주장하는 것이었다. 종교개혁 당시 재세례파를 중심으로 한 소종파들은 개혁자들이 정치를 이용해서 개혁을 하는 것을 반대해 왔다. 이런 점에서 소종파들에게서 우리는 근대적인 요소를 더 많이 찾아 볼 수 있다. 하지만 이런 소종파들의 주장은 항상 역사의 변두리에 머물렀다. 이들은 기존 세력에 의해서 사회를 소란하게 만드는 위험한 세력으로 이해되어 졌다.

영국에서 관용령이 만들어 질 수 있는 이유는 영국교회가 배타적으로 영국 사회를 지배할 수 있는 시대가 아니었기 때문이다. 만일 영국 국교회가 계속해서 모든 비국교도들을 무너뜨리고 홀로 설 수 있었으면 관용령은 이루어지지 않았을 것이다. 왕의 강력한 박해에도 불구하고 비국교도들을 사라지지 않았고, 오히려 그 신앙을 견고하게 형성해 나갔다. 이런 상황에서 의회가 왕의 정책에 반대하기 시작했고, 의회의 상당한 숫자는 비국교도들에 대한 관용을 허용해야 한다고 보았다. 당시 종교의 관용은 영국 사회의 가장 뜨거운 이슈 가운데 하나였다. 사람들은 이제 종교의 관용을 통해서 영국 사회의 안정을 찾아야 한다고 생각했다. 다시 말하면 모든 국민을 국교도로 만든다는 것이 불가능한 현실을 인정하면서, 그렇다면 서로 공존하는 방법을 모색하게 되었다는 것이다. 일치를 통한 평화가 아니라, 공존을 통한 평화였던 것이다.

하지만 이렇게 관용에 대한 생각이 널리 퍼지고 있었음에도 불구하고, 영국에서 종교의 관용이 쉽게 찾아 온 것은 아니었다. 청교도 혁명 이후 영국의 왕으로 등장한 찰스 2세는 영국교회를 복구하고자 했다. 그리고 그는 비국교도들보다는 천주교에 대해서 호감을 갖고 있었으며, 이 관용에 천주교를 포함하려고 했다. 찰스 2세는 프랑스 왕과 밀접한 관계를 갖고 있는 인물로서 천주교에 대해서 호감을 갖고 있었다. 하지만 그가 실제로 천주교를 용인한 정도로 나가지는 않았다. 영국 내에는 천주교에 대한 강력한 반감이 현실적으로 존재하기 때문이다. 여기에 대해서 사람들은 예의 주시하고 있었다. 그 중의 한 사람이 바로 존 로크였다.

그러나 상황은 점점 더 개신교에 불리하게 돌아갔다. 찰스 2세는 자신의 후계자로 제임스 2세를 지목했는데, 그는 철저한 천주교 신자였다. 1685년 찰스 2세는 임종을 앞두고 공개적으로 개신교를 부정하고, 천주교 신부 앞에서 고해성사를 하고, 사면을 받고, 마지막으로 성찬을 하였다. 그리고 곧 이어서 제임스 2세가 등장하였다. 제임스 2세는 자신의 모든 역량을 동원해서 영국에 천주교를 들여오려고 노력하였다. 제임스 2세는 원래 당시의 상태대로 영국을 통치하겠다고 약속했지만 왕이 되고 나서 그는 비밀리에 정부와 군대에 천주교인을 등용하고, 천주교에 불리한 모든 법령을 무효화했으며, 자신의 종교정책에 반대하는 사람들을 모질게 박해했다.

영국 국교회와 청교도들은 항상 천주교를 경계했다. 왜냐하면 역사를 통해서 천주교가 등장하면 천주교는 결코 다른 종파를 용납하지 않는다는 것을 알고 있기 때문이다. 이것은 17세기 말 프랑스에서 일어난 사건을 통해서도 확인되는 사실이다. 피비린내 나는 종교전쟁인 30년 전쟁이 끝난 다음에 프랑스의 왕이된 루이 14세는 잔인하게 휴고파(칼빈주의의 일파)를 숙청했다. 그리고 천주교의 확립을 통해서 프랑스를 안정되게 하고자 했다. 이 점에서 프랑스는 중세의 옛 방식을 택했다고 말할 수 있다. 그리고 많은 영국 사람들은 제임스 2세에게서 이런 프랑스의 위험한 사상의 뿌리를 보게 되었다. 만일 천주교가 다시 등장한다면 그것은 영국 국교회와 청교도 모두에게 재앙이 될 수밖에 없다. 여기서 국교회와 청교도가 연합할 수밖에 없었다. 공동의 적을 몰아내기 위해서 이전의 적이 연합하게 되었던 것이다.

이런 분위기를 등에 업은 정치가들은 제임스 2세를 몰아내고, 새로운 왕을 세우려고 했다. 제임스 2세는 프랑스의 루이 14세를 따라서 절대왕정을 추구하였다. 이것은 영국의회의 강력한 저항에 부딪히게 되었다. 결국 1689년 제임스 2세는 프랑스로 망명하게 되고, 대신에 철저한 개신교도인 윌리암과 메리의 공동 통치가 시작되었다. 제임스 2세를 몰아내고, 새로운 왕을 세운 세력, 다시 말하면 국교회와 청교도들은 새로운 사회의 주역이 된 것이다. 그리하여 1689년에 윌리암과 메리는 관용령을 발표하게 되었는데, 그 관용의 대상은 바로 비국교도였던 것이다. 물론 비국교도인 청교도들이 국교도들과 같은 위치를 차지한 것은 아니지만, 이것은 영국 사회와 더 나아가서 미국 기독교에 큰 영향을 미치게 되었다.

III. 존 로크와 관용론[1]

1. 로크의 관용론의 배경[2]

존 로크가 관용론을 쓴 것은 바로 이런 상황 가운데였다. 당시 종교에 관한 관용은 영국 사회의 중요한 토픽이었다. 17세기 말 영국의 유명한 사회사상가였던 로크가 이런 이슈에 대해서 관심을 가지는 것은 당연한 일이

---

1 필자는 존 로크의 관용론에 대해서 다음의 책에 많이 의존하였다: John Marshall, *John Locke: Resistance, Religion and Responsibility* (New York: Cambridge University Press, 1994).
2 로크의 관용론의 간략한 배경을 위해서는 J. W. Gough, "The Development of Locke's Belief in Toleration," *John Locke: A Letter Concerning Toleration in Focus*, ed. John Horton and Susan Mendus (London and New York: Routledge, 1991), 57-77.

었을 것이다.

 로크는 원래 1632년 영국 국교회 신자로서 태어났다. 하지만 1647년 그의 고향에 칼빈주의적인 장로교회가 자리를 잡았을 때 그의 가족은 장로교도가 되었다. 그는 경건한 분위기의 기독교적인 환경에서 성장하였다. 국교회와 마찬가지로 장로교회도 교회는 오직 한 종류만 있으며, 참 교회가 아닌 모든 교회는 거짓교회라고 생각하였다. 이런 점에서 로크도 처음에는 관용에 대해서 반대했다. 17세기의 영국 사회에서 큰 관심 가운데 하나는 교회의 체제에 관한 것이었다. 어떤 사람은 감독제를 , 어떤 이는 장로제를, 어떤 이는 회중제도를 지지하였다. 그런데 이들의 공통점은 참 교회는 하나뿐이라고 하는 것이다. 그래서 다른 교회제도는 용인될 수 없다는 것이다. 영국교회가 청교도를 용인할 수 없는 것처럼 청교도도 영국교회를 용납할 수 없었다.

 로크는 1652년 옥스퍼드의 크라이스트 쳐치 대학으로 진학하였다. 당시 이 학교에는 유명한 청교도인 존 오웬이 가르치고 있었다. 오웬은 청교도였지만 그는 장로교가 아니고, 독립파였다. 독립파는 개교회에 어떤 외부세력도 간섭해서는 안 된다는 사상을 가졌다. 물론 이들도 자신들의 제도가 참되다고 생각했지만 그렇다고 해서 그것을 강요해서는 안 되며, 다른 사람들이 자신들의 교회제도에 대해서 간섭해서도 안 된다고 생각했다. 결국 다른 종교에 대한 관용을 지지한 셈이다. 오웬은 이런 생각을 가진 사람이었다. 오웬은 양심의 자유를 강조했다. 즉 국가가 개인의 양심의 자유에 대해서 간섭할 수 없다는 것이다.[3]

 옥스퍼드의 크라이스트 쳐치 대학을 졸업한 다음에 로크는 그 대학의

---

3   Marshall, *John Locke*, 5-6

강사가 되었다. 이곳에서 그는 동료 강사인 헨리 스터블(Henry Stubble)이 종교의 관용에 대해서 쓴 논문(Essay in Defence of the Good Old Cause, 1659)을 읽었다. 스터블는 누구도 성서에 대해서 오류가 없는 해석을 할 수 있다고 주장할 수 없기 때문에 다른 종파에 관용을 베풀어야 한다고 주장하였다. 여기에 대해서 천주교는 자신들만이 성서를 바로 해석한다고 주장하기 때문에 다른 종파를 인정하지 않는다. 로크는 스터불의 이런 주장에 동의하였다. 로크는 천주교는 종교의 관용의 대상이 아니라고 보았다. 그 이유는 천주교는 다른 종파의 관용을 인정하지 않기 때문이다.

일년 후인 1660년, 에드워드 바그셔(Edward Bagshawe)가 "종교예배의 사소한 문제에 대한 중요한 질문"(The Great Question Concerning Things Indifferent in Religious Worship)이라는 논문을 발표하였다. 여기서 바그셔는 개인은 자신의 내적인 양심을 따라서 예배를 드릴 수 있는 자유가 있다고 주장하였다. 그리고 이런 문제에 국가가 힘으로 강요해서는 안 된다고 보았다. 기독교 신앙의 본질은 자유이며, 강요되지 말아야 한다. 예배는 본질적으로 자발적 헌신(Free Will Offering)이기 때문이다. 이것은 분명히 당시 영국 국교회를 공격한 것이다. 국교회는 자신들의 예배의식을 모든 영국인들에게 강요하고자 하였다.

로크는 본질적으로 이런 주장에 동의하였다. 하지만 로크는 이런 주장의 문제점을 지적하였다. 로크는 1660년 말, 정부에 관한 논문(Two Tracts Upon Government, 1660)을 쓰고, 여기에 종교의 관용에 대한 자신의 생각을 기술하였다. 종교의 자유는 자신이 주장하는 종교를 마음대로 주장할 수 있는 분위기를 제공하고, 이것은 결국 열광주의자들이 활동할 수 있는 여건을 마련해 준다. 로크는 이런 문제점을 이미 청교도 혁명에서 보았다. 청교도는 자신의 마음대로 예배드릴 수 있는 자유를 가졌다. 하지만 그 결과는 엄청난 비극이었다. 종교적인 열정에 사로잡힌 청교도들은 수많은 사람들을 죽였고, 영국을 전쟁으로 내몰았다. 로크는 종교의 자유가 잘못 전달되면 이것은 "종교의 광신적 독재"(Tyranny of a Religious Rage)를 가져온다고 보았다. 이런 점에서 종교의 자유가 가지고 있는 문제점을 지적하면서 정부가 종교적인 문제에 관여할 수 있다고 보았다. 로크는 원칙적으로는 종교의 관용을 받아들여야 하지만 실제에 있어서는 대중들이 그런 종교의 관용을 받아들일만한 준비가 되지 못했다고 본 것이다.

당시 영국의 정치적인 상황은 급변하고 있었다. 1662년 찰스 2세가 다시 왕으로 복귀하였고, 영국 국교회의 예식서를 모든 영국 사람들에게 강요하였다. 이제 비국교도들은 박해를 받게 되었다. 대학도 당연히 국교회의 손에 들어가게 되었다. 로크는 이 당시 옥스퍼드의 크라이스트 처치 대학에서 장차 국교회의 성직자가 될 사람들을 가르치고 있었다. 이것은 그가 국교회의 입장에 설 수밖에 없다는 것을 보여 준다. 이것은 그가 1660년 말 쓴 논문에서 국교회의 입장을 지지하는 내용을 담았다는 점에서 잘 드러난다.

하지만 이런 그의 입장은 변하였다. 찰스 2세가 왕으로 복귀하면서 비국교도들에게 관용을 약속하였다. 그러나 그는 비국교도들에게 관용을 허락하지 않았을 뿐만 아니라 천주교에 대해서 매우 호의적인 입장을 가졌다. 여기에 대해서 강력하게 반대한 사람이 바로 로크의 후견인이자, 로크가 자문역할을 했던 영국의 유명한 정치가 샤프트베리의 백작(Earl of Shaftesbury) 애쉴리(Ashley)였다. 원래 샤프츠베리는 찰스 2세의 최 측근이었다. 하지만 종교의 관용문제로 찰스와 결별하게 되었고, 후에는 망명하게 되었다. 그는 자신의 주장을 뒷받침할 수 있는 이론적인 근거를 얻기를 원했다. 여기에 도움을 준 것이 바로 로크이다. 로크는 1667년 샤프츠베리의 캠프에 조인하였고, 같은 해 말 종교의 관용에 대한 논문을 작성하였다. 이 논문은 이전의 논문과는 달리 관용에 대해서 강력하게 지지하는 것이었다.

1665년에 로크는 클레베스(Cleves)라는 지역을 방문한 적이 있었다. 이곳에서 로크는 천주교, 루터교, 그리고 칼빈주의자들이 공존하는 것을 보았다. 이곳에서 종교의 일치를 주장하는 것은 이곳의 안녕을 해치는 것이라는 것을 알게 되었다. 지금까지 유럽 사회는 다양한 종교가 사회의 안녕을 해친다고 주장했다. 하지만 일치의 강조가 바로 사회의 안녕을 해치는 것이 되는 것이다. 사실 영국에서, 그리고 미국에서 종교의 자유가 용인된 것은 그렇게 되지 않고서는 사회가 평화를 찾을 수 없기 때문이다. 다시 말하면 종교의 일치가 평화를 주는 것이 아니라 종교에 대한 관용이 평화를 보장해 주는 것이다. 이것은 사회의 새로운 근거가 되었다.

당시 영국에서 종교의 관용은 매우 중요한 문제였다. 종교문제 때문에 전쟁을 경험한 영국은 종교 간의 갈등을 어떻게 해결하는 가가 매우 중요하였다. 철저한 보수주의자들은 영국 국교회의 단일체제를 강조하였지만 대부분의 사람들은 어느 정도의 관용은 필요한 것으로 이해했다. 만일 이런 관용이 용납되지 않는다면 영국은 다시금 전쟁에 휘말릴 수 있기 때문이다. 하지만 이런 실질적인 것만이 이슈였던 것은 아니다. 종교의 관용은 보다 더 근본적인 것을 문제 삼도록 만들었다. 그것은 교회가 무엇인가 하는 것이다. 오웬은 교회가 자발적인 공동체라고 주장하였다. 그러므로 국가가 강제로 신앙을 강요할 수 없으며, 교인으로 만들 수 없다고 보았다. 이것은 종교를 선택의 대상으로 보는 것이다. 그러나 오웬이 국가교회 자체를 부정한 것은 아니었다. 그는 국가의 지배자들이 자신들이 믿는 종교에 특혜를 주는 것은 당연한 것으로 이해했다. 그가 반대한 것은 국가교회에 조인하지 않는다고 불이익을 주거나 박해해서는 안 된다는 것이다. 로크는 이런 오웬의 주장에 큰 영향을 받았다.

2. 1667년의 "종교의 관용에 대한 에세이"

로크가 본격적으로 종교의 관용에 대해서 논문을 쓴 것은 그가 샤프츠베리의 자문이 된 1667년 말이었다. 이때부터 로크는 옥스퍼드의 강사생활을 청산하고, 샤프츠베리의 집에서 머물며 그의 정치적인 자문역할을 하였다. 로크의 이 논문은 결코 출판되지는 않았다. 하지만 우리는 로크의 이 논문에서 이미 관용론에 관한 충분한 사상적인 준비가 되어있는 것을 발견하게 된다.[4]

로크는 이 논문에서 사변적인 견해와 예배의 형태에 대해서 국가가 관용해야 한다고 주장하였다. 여기서 말하는 사변적인 견해란 기독교의 교리를 말하는 것으로 원죄에 관한 교리와 삼위일체에 관한 교리도 포함시켰다. 그는 이런 교리의 차이가 시민사회의 안녕에 해롭지 않다는 것이다. 국가는 그의 영역이 시민사회이므로 시민사회에 직접적으로 해를 끼치지 않는 교리에 대해서 간섭해서는 안 된다고 보았다. 그러나 무신론은 용납하지 않았다. 무신론을 용납하지 않은 것은 신의 존재가 시민사회의 도덕의 기초이므로 이것을 부정하면 사회의 도덕이 무너진다고 보았다. 여기서 우리는 로크에게서 계몽주의적인 요소를 보게 된다.

또한 로크는 여기서 예배 형태와 장소, 그리고 시간에 대해서 정부가 간

---

4 로크의 이 에세이는 K. Inoue, ed., *John Locke, An Essay Concerning Toleration and Toleratio* (Nara, Japan: Nara University Press, 1973)에 포함되어 있다.

섭해서는 안 된다고 주장하였다. 영국 국교회의 기도문은 이것에 대해서 규정하고 있다. 하지만 로크에 따르면 이런 것의 차이가 시민사회의 안녕에 아무런 해를 끼치지 않는데, 이런 문제에 정부가 관여해서는 안 된다는 것이다. 로크에 의하면 예배 형태는 근본적으로 하나님과 예배드리는 개인이 결정할 문제이지 국가가 관여할 일은 아니라고 보았다.

로크의 근본적인 주장은 국가의 임무가 공동체의 보존과 이익에 국한되어야 한다는 것이다. 그리고 여기서 로크는 공동체의 영적인 부분에 대해서는 전연 언급하지 않고 있다는 점이다. 이것은 매우 중요한 요소이다. 고대 로마사회는 근본적으로 수호신들을 섬기는 종교 공동체였고, 기독교가 국교로 공인된 다음에 국가의 가장 기본적인 임무는 기독교 신앙을 유지하고, 발전시키는 것이었다. 그런데 로크는 국가에서 이런 영적이고, 종교적인 측면을 제거시켜 버린 것이다. 이것은 근대 사회의 발전에 매우 중요하다. 로크의 『정부론』은 사실 미국 독립헌법의 기초가 되었고, 이것은 근대 민주사회의 기본으로 정착하였다.

국가의 임무가 바로 이렇게 공동체의 현실적인 안보와 이익으로 제한되어진다면 당연하게 국가의 공권력은 이런 임무에만 사용되어져야 한다. 다시 말하면 로크는 어떤 종교행위가 사회의 안녕과 질서를 해치는 경우가 아니면 국가의 공권력이 여기에 동원되어서는 안 된다고 보았다. 이것은 국가가 종교적인 문제에 대해서 거리를 두도록 하자는 것이다. 이렇게 함으로써 국가가 종교적인 문제에 개입하지 않고, 그렇게 함으로써 사실은 종파 간의 갈등이 사회의 갈등으로 전개되는 것을 막자는 것이다.

로크는 이런 원칙에 의거하여 천주교와 퀘이커에 대한 입장을 밝혔다. 로크는 원칙적으로 천주교도 자신들의 방식으로 예배를 드릴 수 있는 권리가 있다는 것을 인정하였다. 하지만 천주교는 근본적으로 자신들 이외의 예배에 대해서는 인정하지 않을 뿐만 아니라 더 나아가서 자신들과 다른 예배를 정죄하고 파괴하려고 하기 때문에 현실적으로는 천주교는 종교 관용의 대상에서 제외시켜야 한다고 보았다. 천주교가 관용에서 제외되는 것은 그들이 관용을 받아들이지 않기 때문이다.

로크는 이런 관점에서 비국교도들에 대해서도 매우 의심스러운 눈으로 보았다. 지금은 숫자가 적기 때문에 비국교도들은 공존을 말하지만 그들이 숫자적으로 많아지게 되고, 그래서 자신들의 신앙을 다른 사람에게 강요할 힘이 생긴다면 그때 가서는 그들도 다른 신앙을 관용하지 않고 힘으로 강제하려고 할 것이라는 것이다. 로크는 그래서 항상 비국교도들을 잘 관찰해야 하고, 이들에게서 종교적인 분쟁을 일으킬 요소가 생긴다면 그것을 제지해야 한다고 보았다.

우리는 이런 로크의 관점을 종교개혁자들과 비교해서 살펴 볼 수 있다. 루터는 독일귀족에게 보내는 편지에서 교황의 부패에 대해서 평신도 귀족들이 분연히 일어나서 개혁자들을 보호하고 개혁을 주도해 나가야 한다고 강조하였다. 루터의 종교개혁은 독일 영주들의 도움으로 이루어졌다. 루터 다음의 칼빈은 만일 통치자가 이일을 제대로 감당하지 못할 경우에는 통치자의 다음 서열에 있는 관원들이 이 일을 감당해야 한다고 보았다. 이 경우 대부분은 의회를 말한다. 그래서 칼빈의 스위스 종교개혁은 의회와의 협력 가운데서 발전하였다.

하지만 로크는 전연 다른 주장을 하고 있다. 교회를 개혁하는 것은 통치자의 임무를 넘어선다는 것이다. 통치자는 사회의 세속적인 안녕과 이익을 다루면 족하지 그 이상에 대해서는 자신의 범위를 넘어서는 것이다. 로크는 통치자들이 자신의 임무를 영적인 데까지 확대시켜 놓음으로써 통치자들로 하여금 영적인 일에 관여하도록 만들었고, 결국에 가서는 종교

전쟁을 만들었다는 것이다. 이같은 관점에서 본다면 루터와 칼빈은 여전히 중세적인 인물이며, 로크는 근대 사회의 입장을 반영한다고 보여진다.

일반적으로 사람들은 단지 설득으로 사람을 변화시킬 수 없다고 생각한다. 그러므로 만일 어떤 것이 참이라고 생각한다면 강제적으로라도 강요해야 한다는 것이다. 하지만 로크는 강제적인 힘이 과연 사회의 안정을 가져왔는가를 문제 삼는다. 로크는 역사로부터의 구체적인 경험을 통하여 이것이 사실이 아니라고 생각하였다. 초대교회는 박해를 통하여 더욱 튼튼해졌고, 영국교회가 비국교도들을 박해하였을 때 비국교도들은 굴복하기보다는 오히려 단합하여 자신들의 주장을 강화시켰다. 이것은 종교 문제에 대한 강제적인 힘이 실제로는 별로 효용성이 없다는 것을 의미한다.

로크는 강제적인 힘이 사람의 마음을 바꿀 수 없다면 오히려 상대방으로 하여금 신뢰를 갖게 하는 것이 중요하다고 보았다. 여기에는 예의, 친교와 같은 부드러운 방법이 포함된다. 로크는 여기서 한 걸음 더 나아간다. 사람의 마음을 바꾸는 것은 교회의 공식적인 교리를 가르침으로서가 아니라 우리 자신의 신앙적인 고백(Your Profession)이 보다 효과적이라는 것이다. 사람들은 교회의 공식적인 교리를 듣기를 원하는 것이 아니라 당신 자신의 고백을 듣고 싶어 한다. 이것은 근대 사회의 종교가 공적인 교리의 영역에서 사적인 체험의 영역으로 전환된다는 것을 의미한다. 우리는 이런 로크의 주장에서 왜 근대 복음주의가 간증을 강조하며, 이것을 중심으로 발전했는가를 살펴 볼 수 있다.

로크의 이런 주장이 당시의 분위기를 반영하는 것은 아니다. 로크의 스승이었던 오웬의 경우에도 그가 그렇게 양심의 자유를 강조하였을 지라도 그는 여전히 정부는 참된 종교를 격려하고 도와 주어야 한다고 보았다. 독립파인 오웬이 이렇게 주장하였을 때에는 장로파나 국교도의 경우는 말할 것도 없다. 17세기의 세계관은 국가의 가장 중요한 임무 가운데 하나는 여전히 참된 종교를 지원하는 것이다. 오웬이 영국 국교회와 차이가 있는 것은 참된 종교를 지원하는 방법에 있어서 다른 종파들을 힘으로 박해해서는 안 된다는 것이다. 이런 점에서 로크는 당시의 종교가들이나 정치가들보다 더욱 진보적이었다고 말할 수 있다.

3. 17세기 후반의 영국 정치와 로크

로크가 관용론을 쓴 다음 영국의 정치는 복잡하게 발전하였다. 로크의 관용론은 단지 이론이 아니었다. 이것은 그의 후원자인 샤프츠베리를 통하여 구체적으로 영국 정치에 반영되었다. 샤프츠베리는 찰스 2세의 최고 각료로서 오랫동안 활동하였다. 찰스 2세는 왕정복고부터 종교의 관용을 약속하였다. 그리고 샤프츠베리는 이것을 믿고, 그를 지지하였다. 하지만 종교의 관용이 무엇인가를 물을 때 그 내용은 매우 다른 것이었다. 찰스 2세는 종교의 관용이 일차적으로 영국에서 천주교의 관용을 의미하는 것인 반면에 샤프츠베리는 비국교도의 관용을 의미하는 것이었다. 이것은 17세기 후반 영국 사회의 가장 중요한 문제였다. 사실 17세기 후반 영국 사회의 가장 큰 이슈는 바로 이 종교의 관용문제였던 것이다. 특별히 이것은 청교도 혁명을 지난 다음이기 때문에 사람들은 이 문제가 얼마나 사회를 혼란으로 빠뜨리는가를 잘 알고 있었다.[5]

---

5   Mauris Cranston, "John Locke and The Case for Toleration," *John Locke: A Letter Concerning Toleration in Focus*, ed. John Horton and Susan Mendus, 79.

우리가 로크라는 인물을 이해하기 위해서는 그의 사상적인 배경의 복잡함을 이해해야 한다. 대부분의 천재적인 사상가들이 다 그런 것처럼, 로크도 많은 소스로부터 영향을 받았다. 그에게는 경건한 청교도적인 요소가 있는 반면에 또한 당시의 계몽주의적인 요소의 영향을 받기도 하였다. 우선 전자의 영향은 앞에서도 언급했지만 그가 엄격한 칼빈주의적인 배경에서 성장했다는 것과 또한 유명한 청교도 설교가인 오웬의 영향을 받았다는 점에서 잘 드러난다. 이것과 더불어서 로크의 종교적인 측면은 그의 연인이었던 다마리스 마샴(Damaris Masham)과의 관계를 통해서 잘 알 수 있다.

로크는 유명한 캠브리지 플라톤주의자인 랄프 커드워쓰(Ralph Cudworth)의 딸인 마샴과 사랑에 빠졌다. 로크는 다마리스의 권고로 성경을 열심히 읽었으며, 신학서적들도 많이 읽었다.[6] 그는 신학에 있어서 아마추어가 아니라 거의 전문가가 되었다. 로크는 그녀에게 종종 시를 적어 보내기도 하였다. 1704년 인생의 말년을 로크는 마샴의 집에서 보냈으며, 그가 임종을 맞이하였을 때, 마샴은 로크에게 성경을 읽어 주었다. 로크는 하나님의 말씀을 들으면서 눈을 감았다. 로크와 마샴의 관계는 이런 사적인 데서 끝나지 않는다. 로크는 캠브리지 플라톤주의자인 마샴 아버지의 책을 진지하게 읽었다. 뿐만 아니라 다른 캠브리지 플라톤주의의 영향도 많이 받았다. 캠브리지 플라톤주의란 당시에 새로 시작되는 과학의 발전과 더불어서 사회가 세속화되는 것을 반대하고, 고전적인 기독교 신앙으로 돌아가자는 것이다.[7] 이것은 로크가 기독교 신앙을 진지하게 취급했다는 것을 보

6　Marshall, *John Locke*, 148-150.
7　여기에 대해서는 G. R. Cragg, ed. *Cambridge Platonists* (New York: Oxford University Press, 1968)을 참고하시오.

여 주는 것이다.

하지만 로크는 동시에 당시의 진보적인 그룹에 속했던 광교회주의자들(Latitudinarians)과도 깊은 접촉을 가졌다. 이것은 그가 샤프츠베리의 정치 자문관이 된 다음에 이루어진 것 같다. 그리고 이것은 그가 정치적으로 중요한 인물이 되어감에 따라 더욱 두드러졌다.[8] 당시 영국 국교회 내에는 종교의 관용을 주장하는 그룹과 이것을 반대하는 그룹이 있었다. 관용을 주장하는 그룹이 바로 광교회주의자들로 이들은 영국 국교회가 사소한 것에 매여서 분쟁을 조장하지 말고, 비국교도들을 포용해야 한다고 주장하였다. 많은 국교회의 고위 성직자들은 이런 사상을 가졌다. 이들은 엄격한 칼빈주의자들보다는 보다 자유로운 알미니안적인 사상을 받아들였다. 로크는 바로 이런 영향 아래 있었다.

로크는 어디까지나 영국 국교회의 신자였고, 영국 국교회 안에서 산 사람이었다. 이것은 왕정복고 이후에 더욱 분명하다. 다른 많은 사람들과 같이 왕정복고 이후에 로크는 공식적으로 영국 국교회 신자가 되었고, 평생 영국 국교회에 출석하였다. 아마도 이것은 로크가 당시 영국의 정치가들과 가까웠으며, 그들의 정치 자문 역할을 했다는 사실에서 잘 들어난다. 당시 영국의 정치와 국교회는 상호 밀접한 관계를 갖고 있었다. 다시 말하면 국교회에 속하지 않은 사람이 영국의 정치에 대해서 말할 수 없는 것이다.

17세기 후반 로크의 운명은 그의 후견인인 샤프츠베리와 함께 한다. 샤프츠베리는 찰스 2세와 종교의 관용에 대해서 의견을 달리하였다. 찰스 2세는 왕권의 강화를 희망하였고, 이런 그의 생각은 절대왕정을 주장했던 프랑스의 루이 14세로부터 영향을 받았다. 루이 14세는 종교의 관용을

---

8 Marshall, *John Locke*, 78-79.

허용했던 낭트 칙령을 무효화하고, 다시 천주교만을 유일한 합법적인 종교로써 프랑스에 강요했다. 이런 영향을 받은 찰스 2세는 친 카톨릭 정책을 펼치고, 당시 영국 사회에서 일어나고 있던 종교의 관용에 대해서 부정적이었다. 아마도 찰스에게는 프랑스의 절대왕정 체재가 매력적이었는지 모른다.

하지만 이것은 의회를 중심으로 오랫동안 새로운 정치 질서를 모색해 왔던 영국에는 치명적인 타격이 되는 것이다. 샤프츠베리는 의회를 중심으로 강력한 반대 운동을 벌였다. 그는 의회와 대부분의 비국교도들이 자신을 지지한다고 생각하였다. 이럴 즈음에 찰스는 자신의 후계로서 제임스를 지목하였다. 문제는 제임스가 명백한 카톨릭주의자라는 것이다. 만일 제임스가 다음 왕이 된다면 영국은 다시 천주교로 돌아갈지 모르며, 이것은 절대왕정으로 복귀하는 것을 의미한다. 동시에 당시 상당한 숫자로 성장한 비국교도들에게는 재앙이 될 것이다. 여기서 샤프츠베리는 반 제임스 운동의 중심인물이 되었다.

로크는 샤프츠베리를 후원하기 위해서 1674년에 "파문"(Excommunication)이라는 원고를 발표하였다. 여기서 로크는 과거의 어떤 글보다도 종교의 관용을 강조하였다. 로크는 교회가 국가와 다르다는 점을 강조하였다. 국가는 근본적으로 자발적인 공동체가 아니다. 다시 말하면 영국인이 되는 것은 선택에 의해서 되는 것이 아니다. 로크는 국가는 계약에 의해서 이루어지지만 이것은 자발적인 개인의 계약이 아니라 조상의 계약을 통해서라는 것이다. 하지만 교회는 다르다. 영국인으로 태어났다고 해서 영국 국교도로 태어나는 것은 아니라는 것이다. 영국 국교도가 되든지, 장로교인이 되든지, 독립파가 되든지 그것은 개인의 결단에 의해서 이루어지는 것이다. 다시 말하면 국가는 자발적인 공동체가 아닌 반면에 교회

는 철저하게 자발적인 공동체라는 것이다.[9]

만일 영국에 국교회라는 것이 존재해서 모든 사람들이 국교회를 믿어야 한다면 그것은 영국의 모든 시민들의 동의를 얻어야 한다. 하지만 영국 사회에서 이런 동의가 이루어진 적이 없다. 한번도 비국교도들이 영국교회만이 합법적인 국가종교라는 것에 동의한 적이 없다. 따라서 왕정복고 이후에 영국 왕이 백성의 동의를 거치지 않고 일방적으로 발표한 통일령(Act of Uniformity, 1662)은 무효라는 것이다.

1675년 로크의 이론적인 후원에 도움을 받은 샤프츠베리는 익명으로 왕의 정책에 대해서 강력한 반대를 담은 글을 발표하고, 캠페인을 벌였다. 이것은 1675년 영국에서 가장 강력한 사회적인 이슈였다. 결국 왕은 1675년 말 익명으로 발표된 글을 불태워 버리고, 샤프츠베리는 정치적으로 실패자가 되어서 영국을 떠나지 않으면 안 되었다. 이것은 로크도 마찬가지였다. 이 사건 이후 로크는 프랑스로 망명하여 이곳에서 3년의 세월을 보냈다.

로크가 프랑스에 있을 때 그는 프랑스 얀센파인 삐에르 니콜(Pierre Nicole)이 쓴 논문을 읽었다. 이 글에서 니콜은 종교적인 지식이 신비에 속한 문제라서 인간의 능력으로는 그것을 다 이해하기 힘들다고 주장하였다. 그는 대부분 논쟁하고 있는 많은 문제들이 인간 이성으로는 옳고 그름을 판단하기 힘든 것이라고 지적하였다. 로크는 여기에 많은 감명을 받았다. 그리고 이것을 영어로 번역하여 출판하고자 하였다. 그러나 로크는 니콜의 주장에 동의하면서도 경험에 비추어서 지금까지 저지른 실수를 최소화하기 위해서 노력해야 한다고 주장하였다. 로크가 문제 삼은 것은 진

9　Marshall, *John Locke*, 84-85.

리 자체가 아니다. 그것은 인간의 이성의 영역을 넘어서는 것이다. 로크가 문제 삼은 것은 그것이 시민사회에 적용될 때 나타나는 문제점들을 어떻게 처리할 것인가 하는 점이었다.[10]

로크가 프랑스에 있을 때 그는 절대왕정이 어떤 문제를 가지는지 눈으로 확인할 수 있었다. 천주교의 절대주의와 결탁한 프랑스의 절대왕정을 로크와 그의 후견인 샤프츠베리는 결코 받아들일 수 없었다. 이것은 1685년 낭트칙령의 철회와 더불어서 잔인한 박해로 구체화되었다. 로크의 관용령은 이런 국제적인 분위기에서 형성된 것이다. 만일 영국에도 같은 정책이 받아들여진다면 그곳에서도 같은 피비린내를 피할 수 없기 때문이다.

로크는 1679년 다시금 영국으로 돌아왔다. 로크의 후원자인 샤프츠베리는 1681년 영국이 절대왕정으로 회귀하는 것을 반대하는 캠페인을 벌렸고, 동시에 제임스가 왕권을 계승하는 것을 막고자 노력하였다. 당시 영국에서는 교회의 정치 제도에 대한 심각한 논쟁이 벌어지고 있었다. 독립파들은 초대교회에는 어떤 특별한 교회제도도 지지하지 않고 있다고 주장하였고, 엄격한 국교회주의자들은 초대교회는 분명하게 감독제를 지지한다고 보았으며, 국교회 내의 광교회주의자들은 초대교회에서 장로제도와 감독제도 사이에는 본질적인 차이가 없으므로 제도에 대해서 관대해야 한다고 주장하였다.[11]

이런 상황에서 영국 국교회의 고위성직자인 에드워드 스틸링플리트(Edward Stillingfleet)가 "분리의 비합리성"(Unreasonableness of Separation)라는 설교를 발표했다. 이 설교의 내용은 천주교와 대결하기 위해서는 모든

---

10 Marshall, *John Locke*, 89-90.

11 Marshall, *John Locke*, 95.

개신교는 국교회를 중심으로 연합해야 하며, 따라서 국교회에서 분리하려는 것은 잘못이라는 것이다. 스틸링플리트에 의하면 기독교의 가장 중요한 목적은 평화를 유지하는 것인데, 분리주의자들이 바로 그 평화를 저해한다는 것이다. 그는 비국교도들은 초대교회의 중심제도인 감독직을 법적으로 계승하지 않았기 때문에 합법성이 없다고 보았다. 그리고 이것을 위해서 무력의 사용을 정당하게 생각하였다.

로크는 스틸링플리트의 주장에 대해서 비판하는 긴 논문을 발표하였다. 우선 로크는 국가가 종교의 문제에 있어서 무력을 사용하는 것을 반대하였다. 로크에 의하면 무력은 평화를 가져오기보다는 오히려 평화를 저해한다고 보았다. 교회의 가장 중요한 목적이 평화라면 그것은 무력으로 비국교도들을 억압하기보다는 관용으로 비국교도들을 용인함으로 이루어진다고 보았다. 로크는 종교가 힘을 사용하지 말고 설득의 수단으로 사람들을 감화시켜야 한다고 보았다. 그리고 설득의 수단은 온유와 단순한 설교, 그리고 모범적인 삶이라고 강조했다. 우리는 여기서 종교의 관용이 어떻게 보다 나은 종교로 나갈 수 있는 가를 보게 된다. 교회가 더 이상 힘을 사용할 수 없게 되면 교회는 이제 사람을 설득해야 되고, 이것은 온유와 단순한 설교와 모범적인 삶으로 가능하다는 것이다. 이것은 국가의 힘에 의해서 지원받아 유지하는 종교보다 훨씬 성서에 가까우며, 국가 권력에 뿌리를 내리기보다는 사람들의 심령에 뿌리를 내리게 된다.

로크는 이 논문에서 국교회의 의식에 대해서 강력하게 비판하였다. 그에 의하면 국교회의 의식이 미신이라고 비판하면서 미신이란 "외적인 의식으로 하나님을 기쁘게 할 수 있다고 생각하는 것"이라고 정의하면서 사람은 이성이나 정서보다 미신에 의해서 영향을 받으며, 이것을 국교회나 천주교에서 찾아보게 된다고 비판하였다.

로크는 교회의 가장 중요한 임무는 사람들을 교화(edification)시키는 것이라고 보았다. 그러나 이 교화는 외적인 힘이 아니라 올바른 지식으로 이해를 얻게 하고, 하나님의 뜻에 순종하게 함으로써 가능하다고 보았다. 다시 말하면 지적인 이해와 의지적인 순종으로 가능하다고 본다. 그런데 이것을 가능하게 하는 것은 강제가 아니라는 것이다. 오히려 이해와 의지에 가장 강력하게 영향을 미치는 것은 관습이다. 관습의 힘으로 사람들은 교화된다고 보았다. 그런데 이런 관습은 교회의 생활에서 형성되고, 전달되고, 학습된다.

이런 가운데 영국에서는 절대왕권을 강화시키려는 움직임이 강력하게 전개되었다. 이런 흐름에 맞추어서 로버트 필머(Robert Filmer)는 『가부장권론』(Patriacha)이라는 저서를 발표하였다. 이 책의 내용은 태초에 하나님이 아담에게 온 세상을 다스리는 권세를 주셨는데, 이것은 왕을 통하여 계승되었다는 것이다. 여기서 아담은 보통명사가 아니라 지배자를 말하며, 이것은 단지 자연에 대한 지배가 아니라 인간에 대한 지배도 포함된다는 것이다. 이런 것을 근거로 해서 필머는 절대왕정을 견제하는 의회의 권리를 부정하였다. 의회는 단지 왕에게 건의할 수 있는 권한만을 가지고 있다는 것이다.

이런 필머의 주장과 함께 절대왕정으로 복귀하려는 움직임은 거세졌다. 샤프츠베리와 로크는 이런 움직임이 가져올 재앙을 예견하고 있었다. 이 두 사람은 만일 제임스가 다음 왕으로 선출된다면 제임스는 영국의 루이 14세가 될 것이라고 판단했다. 그래서 이들은 절대왕정으로 복귀하려는 움직임에 대해서 강력하게 저지하는 저항운동을 했다. 실제로 로크는 레지스탕스 운동에 가담했다. 하지만 이런 운동은 결국 성공하지 못했다. 제임스는 왕이 되었고, 생명의 위협을 느낀 샤프츠베리와 로크는 1682년 말 네덜란드로 망명하였다. 샤프츠베리는 얼마가지 않아서 세상을 떠났지만 로크는 네덜란드에서 1689년까지 머물렀다.

4. 로크의 "관용에 관한 편지"(1689)

로크는 네덜란드에서 망명생활을 하면서 1685년 말 관용에 관한 편지(A Letter Concerning Toleration)를 썼다. 사실 이 편지는 1667년에 썼지만 결코 공식적으로 발표되지 않았던 "관용에 관한 에세이"에 근거한 것이다. 당시 네덜란드에는 프랑스에서 많은 사람들이 망명와 있었다. 루이 14세는 개신교에게 관용을 허락했던 낭트칙령을 철회하고 천주교로 복귀하든지, 아니면 죽음을 각오하든지 선택을 요구하였다. 많은 위그노파 사람들이 네덜란드로 망명하였다. 로크는 이들과 교제를 나누면서 종교의 관용에 대한 자신의 생각을 정리하였다. 물론 이것은 이전의 생각에 기초한 것이지만 그의 생각은 보다 체계화되었다. 하지만 그는 이것을 당장 출판하지는 않았다. 로크의 이 글은 1689년 관용령이 영국에서 발표되었을 때, 처음 라틴어로 발표되었고, 얼마가지 않아서 영어로 출판되었다.[12] 이것은 로크가 처음 공식적으로 자신의 관용에 관한 논문을 발표한 것이다.

로크는 이 편지에서 먼저 참된 교회의 가장 특징적인 표시가 관용이라고 주장한다. 천주교는 참된 교회의 표시가 사도권의 계승이라고 보고, 개신교는 하나님 말씀의 바른 선포라고 보지만 로크는 관용이라고 보았다.

---

12 Susan Mendus and John Horton, "Locke and Toleration," *John Locke*, ed. Horton and Mendus, 7.

로크는 여기서 누가복음 22장 25절과 26절을 인용한다: "예수께서 이르시되 이방인의 임금들은 저희를 주관하며, 그 집권자들은 은인이라 칭함을 받으나 너희는 그렇지 않을지니 너희 중에 큰 자는 젊은 자와 같고, 두목은 섬기는 자와 같으니라." 이방 왕은 그의 백성들을 지배하나 기독교의 집권자는 그렇지 말아야 한다는 것이다. 다시 말하면 이방 종교는 힘으로 그의 백성들을 지배하지만 우리 주 예수님의 종교는 그렇지 않다는 것이다. 기독교는 오히려 힘으로 지배하는 것이 아니라 덕과 경건으로 사람들을 교화시켜야 한다는 것이다.[13]

로크는 여기서 지금까지 기독교가 힘으로써 사람들을 변화시키려고 했다고 비판한다. 천주교는 사람들이 무지하므로 참된 종교를 가르치기 위해서는 강제로라도 기독교로 개종시켜야 하고, 이단을 박멸해야 한다고 보았다. 하지만 로크는 과연 기독교의 역사가 이것을 인정해 줄 수 있는가를 묻고 있다. 사실은 바른 종교를 전한다는 명목으로 얼마나 많은 사람들이 희생을 당하고, 고통을 받았는가를 묻고 있다. 사실 이들은 신앙을 위해서 이렇게 했다고 하지만 이들의 행동을 통해서 하나님의 영광은 가려졌고, 이들은 기독교의 가장 중요한 덕목인 사랑에 배신하는 행동을 했다.

로크는 여기서 종교의 임무와 국가의 임무는 다르다고 주장한다. 단적으로 말해서 시민국가(civil government)의 임무는 시민사회의 이익을 확보하고, 보존하며, 증대시키는 것이다. 이것은 시민법의 정당한 집행에 의해서 이루어진다. 로크가 여기서 말하는 시민사회의 이익이란 외적으로 확인할 수 있는 외적인 것에 국한한다. 외적인 것으로 확인할 수 없는 영적인 것

---

13 John Locke, "A Letter Concerning Toleration," *John Locke*, ed. Horton and Mendus, 14. 로크의 "관용에 관한 편지"는 Horton과 멘두스가 편집한 위의 저서에 포함되어 있고, 본 논문은 여기서 인용하고 있다.

은 여기서 제외된다. 로크는 시민국가에게 이것을 뛰어넘는 영적인 임무가 맡겨지지 않았다는 것을 다음의 세 가지를 통해서 강조한다.

첫째, 영혼을 보살피는 것은 일반 행정당국에 맡겨지지 않았다. 로크에 의하면 시민정부는 시민들의 계약에 의하여 맡겨진 것을 담당하는데, 어떤 사람도 자신의 영혼의 문제를 정부에게 맡아달라고 위임하지 않았다. 사람은 자신의 영혼의 문제를 다른 사람에게 맡기지 않는다. 시민정부는 백성이 위임하지 않은 일을 감당해서는 안 된다. 둘째, 영혼을 보살피는 것은 일반 행정당국에 맡겨질 수 없다. 행정의 권력은 인간의 외적인 것에 국한되고, 종교의 문제는 내적인 것에 국한되기 때문에 영적인 문제를 시민정부가 다룰 수 없는 것이다. 참된 종교란 영적인 세계를 이해하고, 수용하는 것인데 이것은 법으로 감당할 수 없는 것이다. 셋째, 영혼을 보살피는 것이 일반 행정당국의 임무가 아닌 것은 강제력에 의해서 신앙을 가졌다고 할지라도 그것이 그의 영혼의 구원을 위해서 아무런 도움이 되지 못하기 때문이다. 정부의 강요에 의해서 통치자의 종교를 따랐다고 할지라도 그의 내부에서 다른 소리가 들려오고, 이것 때문에 내적인 동의가 이루어지지 않는다면 그것은 그의 영혼을 위해서 아무런 도움이 되지 않을 것이다.[14]

로크는 이어서 교회의 임무에 대해서 설명한다. 로크에 의하면 교회는 근본적으로 인간의 자발적인 사회이다. 교회는 사람이 자신의 영혼을 위하여 가장 합당하다고 생각하는 진리와 예배 형식을 선택하여 자신의 동의로서 가입하는 공동체라는 것이다. 종교도 재산과 같이 부모의 것을 이어받을 수 있다. 하지만 종교의 유일한 목적이 영혼의 구원에 있기 때문에

---

14   John Locke, "A Letter Concerning Toleration," 17-19.

자신의 영적인 구원을 위하여 합당하지 않은 것을 가르치고, 그런 방식으로 예배를 드리는 공동체에 강제적으로 속할 아무런 이유가 없는 것이다. 사람이 어떤 민족으로 태어나는가와 어떤 신앙을 갖는가는 근본적으로 다르다. 어떤 민족으로 태어나는 가는 사람이 선택할 수 없는 문제이지만 어떤 신앙을 가질 것인가는 선택의 대상이다. 따라서 로크는 본질적으로 교회를 자발적인 공동체라고 본다.[15]

교회가 자발적인 공동체라면, 이 공동체는 어떤 방식으로 운영되어야 하는가? 로크는 자발적인 공동체도 그 자체의 법이 있어야 한다고 보았다. 그리고 그 법에 의해서 운영되어야 한다. 이 법은 그 공동체에 속한 사람이 동의해서 만들어야 하며, 이 공동체에 들어오기를 원하는 사람은 여기에 동의해야 한다. 여기서 언급해야 할 법에는 예배의 장소와 시간, 멤버의 허입과 축출에 대한 규정, 이런 것들을 집행할 직책 등이 포함되어야 한다.

로크는 여기서 참된 감독이 없으면, 혹은 장로제도가 없으면, 혹은 연속적인 사도권의 계승이 없으면, 참된 교회가 아니라는 기존 교회들의 주장을 반박한다. 로크에 의하면 이것들은 성서에 어긋난다. 마태복음 18장 20절에 의하면 "두 세 사람이 내 이름으로 모이면 나도 그들 가운데 있을 것이다"고 말씀하셨다. 로크에 의하면 교회는 영혼의 구원을 위해서 존재하며, 이것을 위하는 조직을 갖추면 그것으로 족하다. 그는 우리가 고려해야 할 것은 인간이 만들어 놓은 제도에 맞는가 아닌가가 아니라 구원에 족한가 그렇지 않은가여야 한다. 로크는 심지어 성례전의 집행을 위해서는 그런 직책이 필요하다고 주장하는 사람들에 대하여 성서가 그것을 구원

---

15 John Locke, "A Letter Concerning Toleration," 20.

에 절대적으로 필요한 것으로 언급하지 않았다고 반박한다. 그리스도의 법이 아닌 인간의 법에 합치되지 않는다고 해서 참된 교회가 아니라고 말하는 것은 잘못이라고 본다.[16]

로크는 종교는 영적인 구원과 관련된 자발적인 공동체로 머물러야 한다고 주장한다. 로크는 종교공동체의 가장 중요한 목적은 예배이며, 이 예배를 통하여 하나님이 주시는 영생을 얻게 된다. 종교단체의 모든 행위는 여기에 초점을 맞추어야 한다. 종교 단체가 세상이 갖는 재산이나 강제적인 힘을 소유해서는 안 된다. 특별히 로크는 종교와 무력에 대해서 길게 설명한다. 일부 사람들은 만일 종교가 힘을 갖지 않으면 어떤 방법으로 종교를 유지할 수 있을 것인가를 문제 삼는다. 여기에 대해서 로크는 종교는 종교에 합당한 방법으로 다스려져야 한다는 것이다. 그리고 종교에 합당한 방법이란 권면과 충고이다. 그러나 이런 방법이 통하지 않으면 종교는 그 사람을 그 공동체에서 추방할 수 있다. 이것이 종교가 할 수 있는 최후의 방법이다. 이것을 넘어서서는 안 된다. 이것을 통해서 그 사람은 이제 그 종교와는 관계없는 사람이 된다.[17]

로크는 그 다음에 관용이 어느 범위까지 용인되어져야 하는 가를 다룬다. 로크는 첫째, 종교의 관용이 어떤 특정 인물을 보호하는데 사용되어져서는 안 된다. 예를 들면 사회의 질서인 법을 어기고도 종교의 관용을 빌어서 보호를 받으려고 한다면 그것은 큰 잘못이다. 종교의 관용은 종교적인 부분에 국한되는 것이며, 그 범위를 넘어가서는 안 된다.

둘째, 어떤 개인도 다른 사람에게 자신과 다른 종교를 가지고 있기 때문

---

16   John Locke, "A Letter Concerning Toleration," 21.

17   John Locke, "A Letter Concerning Toleration," 22.

에 그에게서 재산을 몰수하거나 시민적 자유를 빼앗는 불이익을 주어서는 안 된다. 이것은 기독교인이나 비기독교인이나 다 마찬가지이다. 위에서 언급한 것처럼 교회는 근본적으로 시민사회의 권력을 갖고 있지 않다. 따라서 어떤 사람이 종교의 이름으로 상대방에게 재산을 몰수하거나 시민적 자유를 제한하는 시민사회의 권력을 행사할 수 없다.

로크는 여기서 당시 모슬렘 치하에 있는 콘스탄티노플에 칼빈주의자와 알미니안주의자가 살고 있다고 가정하고 설명한다. 만일 여기서 한 종파가 다른 종파에 대해서 재산을 몰수하거나 사회적 지위를 박탈할 수 있다고 생각한다면 이것은 웃기는 일이 될 것이다. 어느 한 쪽이 자신이 그런 권리를 가졌다고 주장하려면 그 주장의 근거는 자신들의 종파가 정통이라는 것을 입증해야 할 것이다. 칼빈주의자들이 정통이라고 주장한다면 알미니안들도 그렇게 주장할 것이다. 서로 그렇게 주장한다면 모슬렘이 주관하는 콘스탄티노플에서는 누가 그것을 판단할 수 있을까? 아무도 없을 것이다. 여기서 로크는 정통과 이단에 관한 판단은 오직 하나님께 속한 것이라고 주장한다. 그리고 이방권력이 지배하는 콘스탄티노플에서 이런 주장을 한다면 그것은 웃기는 일에 속하게 된다.[18]

셋째, 종교의 관용을 위해서 소위 성직자들에게 요구되는 것이 무엇인가를 살펴보아야 한다. 로크는 우선 성직자의 권한은 종교적인 부분에 제한되어야 한다는 것을 전제한다. 성직자는 하늘의 것과 땅의 것을 함께 다루려고 해서는 안 된다. 하지만 성직자가 소극적으로 세상의 일에 초연한 것으로 족하지 않다. 성직자는 사도의 후예로서 예수님이 가르쳤던 평화의 방법을 가르쳐야 한다. 우리 주 예수님의 복음은 평화의 복음이며, 그

---

18 John Locke, "A Letter Concerning Toleration," 23-24.

의 계승자를 자처하는 성직자들도 평화의 복음을 전해야 한다.

　여기서 매우 흥미있는 것은 로크는 종교를 경제, 건강, 가사와 같은 반열에 놓는다. 지금까지 종교는 공적이고, 시민사회의 영역에 속해 있었다. 하지만 로크는 종교가 이런 영역의 것이 아니라는 것이다. 사람들은 그가 좋아하는 방법에 의해서 운동을 하며 자신의 건강을 유지한다. 사람들은 자신의 선택에 따라서 자신의 경제를 부요하게 하기도 하고, 그저 현상을 유지하기도 한다. 사람들은 자기의 땅에 자기가 심고 싶은 것을 심는다. 마찬가지로 사람들은 남의 간섭을 받지 않고, 자신이 원하는 종교를 선택할 수 있고, 자기가 원하는 방식으로 하나님께 예배를 드릴 수 있고, 그렇게 함으로써 자신의 구원을 확신할 수 있다. 아무도 남의 경제운영방식이나, 어떤 농작물을 심을 것인가에 대해서 간섭하지 않는다. 마찬가지로 아무도 다른 사람의 종교선택의 자유와 예배방식의 자유에 대해서 간섭하지 말아야 한다.[19]

　마지막으로 로크는 종교의 관용에 있어서 관료들이 어떤 의무를 갖고 있는가를 살펴본다. 로크는 무엇보다도 영혼을 돌보는 것은 관료들의 임무가 아니라는 것을 분명히 하고자 한다. 관료들의 임무란 법의 강제적인 힘에 의해서 사람들을 강요할 수 있는 영역의 것이다. 하지만 영혼을 돌보는 것은 이런 법적인 문제가 아니다. 영적인 문제는 개인의 자발적인 의사가 동반되지 않으면 아무런 효과가 없는 것이다. 따라서 종교 관용의 가장 중요한 명제인 바로 영혼의 문제는 개인이 결정할 문제이지 관료들이 다룰 문제가 아니라는 것이다. 로크는 이것을 경제와 건강의 문제에 결부시킨다. 관료가 그의 백성들의 경제문제에 강요하지 않고, 건강문제를 강제

19　John Locke, "A Letter Concerning Toleration," 26-28.

로 집행하지 않는 것처럼 종교문제도 강요할 수 없다.

로크는 종교를 경제나 건강과 같은 사적인 영역으로 이해했다. 여기에 국가가 관여할 수 없다. 국가가 개인의 건강을 위해서 특정한 운동을 강요할 수 없는 것처럼 개인의 영혼을 위해서 특정한 종파를 강요할 수 없다. 그러나 로크는 종교가 경제나 건강과 차이가 있는 점을 인식하고 있다. 건강에 이르는 여러 길이 있고, 부를 축적하는 다양한 방법이 있지만 영생에 이르는 길은 오직 하나라고 사람들은 주장한다. 따라서 국가가 이 길을 강요해야 한다는 것이다. 로크는 여기서 구원의 방법이 기독교 이외의 길이 있다고 말하지는 않는다. 그러나 그가 문제 삼고 있는 것은 예루살렘(영생)으로 가는 길이 오직 하나라고 할지라도, 거기에 가기 위해서 어떤 구두를 신을지, 머리 모양을 어떻게 할지는 개인의 취향에 맡겨야 한다는 것이다. 우리는 여기서 로크의 종교의 관용은 기독교 신앙을 전제한 관용이며, 기독교 신앙이 전제된다면 그 안에서는 자유를 허락해야 한다는 것이다.[20]

로크는 여기서 구원이 이르는 길이 하나라는 견해를 인정한다. 문제는 누가 그 길을 알 수 있는가 하는 것이다. 로크는 여기서 다시금 종교를 건강과 비교한다. 병에서 낫기 위해서는 오직 한 가지 약이 있다는 것을 인정하지만 어떤 약을 먹을 것인가는 관료가 결정하는 것이 아니라 개인이 결정하는 것이다. 개인은 여러 가지 서적과 의사들의 견해를 참고할 수 있다. 하지만 근본적으로 건강의 문제는 개인이 결정할 문제이지 관료가 결정할 문제가 아니라는 것이다. 로크는 제후가 권력에 있어서는 다른 사람보다 우월한 위치에서 태어나지만, 그러나 그가 구원에 문제에서 보통 사람보다 뛰어난 것은 아니다. 따라서 제후가 이런 문제를 결정할 수 없다.

---

20 John Locke, "A Letter Concerning Toleration," 29.

구원의 길이 유일하지만 그러나 어떤 길이 유일한 길인가를 결정하는 것은 국가나 관료가 아니라 개인인 것이다. 여기서 로크가 주장하는 관용이 요즈음 말하는 다원주의와는 구별되는 것이라는 것을 알 수 있다. 그가 주장하는 것은 구원에 이르는 길이 다양하다는 것이 아니라, 그것을 선택할 수 있는 권리가 개인에게 있다는 것이다.[21]

여기서 다른 문제가 제기될 수 있다. 그것은 구원에 이르는 길은 제후가 정하는 것이 아니라 교회 회의가 정하고, 그것을 제후가 집행한다는 것이다. 로크는 여기에 대해서 의문을 갖는다. 사실 역사가 보여 주는 것은 교회가 권력자들에 의해서 얼마나 큰 영향을 받는가 하는 것이다. 교회 회의는 권력자가 원하는 것을 빨리 파악하고, 그것에 따라서 결정한다. 이것은 콘스탄틴 이후에 종종 있어 왔던 것이며, 동시에 영국에서도 있어왔던 일이다. 로크의 결론은 이것이다. 국가의 결정이든, 교회 회의의 결정이든 간에 그것을 개인이 진정으로 받아들이지 않는다면 그것은 아무런 의미가 없는 것이다. 왜냐하면 하나님은 중심을 보시는 분이시기 때문이다. 따라서 국가나 국가의 권력을 등에 없는 교회도 강제적으로 그의 백성들의 신앙을 강요할 수 없다.

그러면 어떻게 종교생활을 유지할 수 있을 것인가? 어떤 방법으로 종교단체는 유지될 수 있을까? 더 이상 강제적 외적인 힘이 존재하지 않는다면 어떤 방법이 가능한 방법으로 제시될 수 있을까? 로크는 여기서 계약사상을 제공한다. 외적인 강제력이 사라진 대신에 개개인은 자신의 자발적인 동기에 의해서 신앙의 내용과 형식을 선택할 수 있고, 이것은 같은

---

21   John Locke, "A Letter Concerning Toleration," 30.

생각을 공유하는 사람들 사이에서 서로 계약을 맺을 수 있다.[22]

로크는 여기서 종교의 관용의 문제를 구체화하면서 예배 형식의 문제와 신조의 문제를 언급한다. 로크는 예배 형식의 문제를 다룬다. 여기서 그가 언급하는 것은 형식이다. 예배의 내용에 대해서는 그가 다루는 범주를 넘어선다. 예배의 형식에 대해서 국가는 간섭할 아무런 권한이 없다는 것이 그의 일관된 주장이다. 국가가 관심 가져야 할 것은 그 행동이 일반시민사회의 복지에 영향을 미치는가 하는 것이다. 그런데 예배 형식이 어떤 방식이든지 간에 그것 때문에 일반시민사회가 영향을 받지 않는다. 이것은 다른 차원에서도 마찬가지이다. 교회의 영역은 영혼의 문제이다. 그런데 교회가 이것을 넘어서서 국가에 영향을 미치려고 한다면 그것은 잘못이다. 로크는 여기서 영국 국교회가 세속적인 권력을 추구하는 것을 반대하는 것이다. 이런 점에서 오늘의 상황과는 다르다고 말할 수 있다.

로크는 예배 형식에 대해서 국가가 관여하지 말아야 할 이유에 대해서 구체적인 예를 들어서 설명한다. 어린아이가 태어났을 때 아이를 물로 씻는 것이 아이의 건강에 대해서 유익한 것이라면 국가는 그것을 법으로 규정할 수 있다. 이것은 시민사회의 유익이 되기 때문이다. 하지만 유아가 성직자에 의해서, 성당의 세례반(洗禮盤)에서 반드시 세례를 받아야만 한다고 법으로 정할 수는 없다는 것이다. 만일 이렇게 한다면 세례를 받는 대신에 할례를 받는 유대인의 경우는 어떻게 할 것인가? 유대인에게 그것을 면제해 준다면 이것은 결국 필수적인 것이 아니며, 그렇다면 유대인에게 강요하지 않는 것은 왜 기독교인들에게는 강요하는가를 문제 삼을 수 있다.

---

22   John Locke, "A Letter Concerning Toleration," 30-33.

더 나아가서 로크는 당시 영국 국교회가 강요하고 있는 의식에 대해서 언급한다. 영국 국교회는 수많은 의식을 만들었다. 이것은 분명히 성경에서는 언급하지 않은 것이다. 하나님은 분명히 의식보다는 마음을 원하신다. 진정으로 하나님께 드려지는 예배가 되기 위해서는 의식이 중요한 것이 아니라 영과 진리가 중요한 것이다. 따라서 하나님이 만들지 않은 수많은 의식을 법으로 규정하고, 그것을 일반에게 강요하는 것은 잘못된 것이다. 여기서 로크는 예배 자체(worship itself)와 주변적인 것(circumstance)을 구분한다. 예배 자체는 영과 진리로 드리는 것이다. 예배의 주변적인 것은 예배의 시간과 장소이다. 로크는 이 주변적인 것에 대해서는 자유를 주어야 한다고 본다. 그러므로 어떤 종교단체가 자신들의 선택에 의해서 자신들이 좋아하는 방식으로 예배를 드리고 있다면 국가는 그것에 대해서 간섭하지 말아야 한다.[23]

로크는 여기서 예배 형식과 일반법과의 관계를 말한다. 일반법은 예배를 드릴 때 짐승으로 예배를 드리든지, 곡물로 예배를 드리든지 관계하지 않는다. 그것이 일반시민의 복지에 아무런 관계가 없기 때문이다. 하지만 고대 가나안의 종교에서 보듯이 아기를 제물로 드린다면 이것은 일반법에 어긋나는 것이다. 일반법은 인간의 생명을 보호하는 것을 기본으로 하고 있다. 아무리 예배라고 해도, 그 관용의 범위는 일반법과 상치되지 말아야 한다. 로크는 종교관용의 범주는 그것이 시민사회의 공익을 해치지 않아야 한다는 것이다.

그런데 문제가 되는 것은 우상 숭배의 경우이다. 역사를 보면 국가는 올바른 종교를 보호하고, 우상 종교를 박멸한다는 명분으로 종교문제에 간

---

23 John Locke, "A Letter Concerning Toleration," 35.

섭하여 왔다. 로크는 어떤 이유에서도 이런 것은 잘못이라고 본다. 그에 의하면 모든 권력자들은 자신들의 종교가 정통이라고 주장한다. 그래서 올바른 종교를 보호한다는 명분으로 제네바(칼빈주의자)에서는 우상 숭배하는 자들(천주교도들)을 폭력과 피로써 몰아냈고, 동시에 바로 제네바의 이웃에 있는 나라(프랑스)에서는 정통종교를 보호한다는 명분으로 개혁교회를 박해했다. 로크에 의하면 예배의 본질은 하나님이 용납하시는가 그렇지 않은가 인데, 이것은 인간이 판단할 문제가 아니라 하나님께 맡겨야 할 문제라는 것이다.

로크는 여기서 중요한 경고를 하고 있다. 많은 경우 기독교인들은 소수일 경우에는 자신들의 종교를 보호받기를 원하며 다른 사람의 신앙에 도전하지 않는다. 그러는 가운데 그들은 다수가 되고, 지배자들이 그들의 종교를 믿는 사람으로 채워지게 된다. 이렇게 될 경우 그들은 다른 사람들의 권리를 인정하지 않고, 자신들의 신앙을 다른 사람에게 강요하게 된다. 이러는 가운데 이들의 종교적인 소망보다는 인간적인 욕망이 전면에 등장하게 되고, 사회는 혼란에 빠진다.[24] 로크는 영국 국교회의 문제에 대해서도 날카롭게 지적하고 있지만 동시에 소수파였던 청교도들이 사회의 지배자들이 되었을 때 그들이 어떤 태도를 취했는지도 잘 파악하고 있었다.

그러나 어떤 사람들은 우상 숭배는 죄이므로 관용되어서는 안 된다고 주장한다. 로크도 우상 숭배가 죄라는 점에는 동의한다. 우상 숭배는 분명히 죄이다. 하지만 모든 죄가 다 법률적인 제재로 이어지는 것은 아니다. 게으름, 탐욕, 그리고 이기적인 행위도 분명히 죄이지만 그것을 법률로 강요하지는 않는다. 또한 모세의 율법에 우상 숭배는 제거하라고 명령하지

---

24   John Locke, "A Letter Concerning Toleration," 37-38.

않았는가를 묻는다. 그러나 기독교는 모세의 시대와는 다른 시대에 살고 있다. 그러므로 구약의 모델을 그대로 오늘의 상황에 적용할 수 없다.

로크는 여기서 유대사회와 관련해서 두 가지를 언급한다. 첫째는 구약의 법의 독특성이다. 구약의 율법은 하나님으로부터 직접 유래했다. 따라서 그 율법은 영적인 것과 세상적인 것을 다 포함한다. 하지만 현재의 법은 그렇지 않다. 현재의 법은 의회를 통한 동의의 과정을 거친다. 따라서 구약의 경우를 오늘의 경우에 그대로 적용할 수 없다. 로크는 만일 오늘날에도 구약의 경우처럼 어떤 공동체가 하나님으로부터 직접 유래하는 법을 따른다면 자신도 우상을 국가의 권력에 의해서 파괴하는 것에 동의할 수 있다고 말한다. 하지만 지금 현재 그런 공동체는 없다는 것이다.

둘째는 구약의 법은 이스라엘 백성들에게 제한되어 있다는 것이다. 하나님은 이스라엘과 특별한 계약관계에 있으며, 이 계약관계를 맺은 이스라엘 사람들에게만 이 법은 효력을 발생한다. 하나님은 다른 민족에게도 같은 법을 강요하지 않았다. 재미있는 것은 다윗과 솔로몬이 하나님이 주신 가나안 땅의 범주를 넘어서서 그들의 영토를 확장했을 때, 그 확장한 영토에서는 구약의 법률을 강요하지 않았다. 그것은 하나님과 그들의 계약은 하나님이 그들에게 특별히 주신 땅, 곧 가나안 땅에 제한되기 때문이다.[25]

다음으로 로크는 신조에 대해서 언급한다. 로크는 신조 가운데는 추상적인 내용과 현실적인 내용이 있다고 본다. 교리와 같은 추상적인 내용에 대해서 국가는 관여해서는 안 된다고 주장한다. 그 이유는 교리의 영역은 시민사회의 질서를 유지하는 것이 근본 임무인 국가의 범주에서 벗어나기 때문이다. 그리고 그 교리의 내용이 시민사회의 질서에 아무런 영향을

---

25   John Locke, "A Letter Concerning Toleration," 39-40.

미치지 않는다. 예를 들면 천주교가 빵을 진실로 그리스도의 몸으로 믿는 것이 실제 사회에 아무런 영향을 미치지 않고, 유대인이 신약을 하나님의 말씀으로 받아들이지 않는다고 해서 그것이 시민사회의 질서를 해치지 않는다. 따라서 어떤 종파의 교리가 사회의 질서를 해치지 않는 한 그것에 대해서 국가가 간섭해서는 안 된다.[26]

그런데 신자의 선한 생활에 대해서는 종교와 국가의 영역이 선명하게 구별되지 않는다. 이 선한 생활에 인간의 영적인 문제와 시민사회의 복지가 다 함께 달려 있기 때문이다. 도덕적인 삶을 살지 못했을 때 그것은 시민법정에 서야 하지만 동시에 하나님 앞의 양심의 법정에 서기도 한다. 로크는 인간의 가장 중요한 관심은 영혼의 구원이라고 본다. 그런데 영혼의 구원을 위해서 우리는 두 가지를 유념해야 한다. 첫째는 영혼의 구원을 위해서 이 세상에서 최선을 다해서 선한 삶을 살아야 한다는 것이며, 둘째는 다른 사람의 권리를 해치거나 사회를 붕괴시키지 않는 한 그 이상의 것은 개인의 영혼의 문제는 개인에게 맡겨야 한다는 것이다.[27]

로크는 국가가 어떤 각도에서 법률을 제정해야 하는가를 설명한다. 우리는 영적인 존재이지만 동시에 우리는 세상에 발을 붙이고 살아간다. 세상에서 살아가는 우리 자신을 위해서 법률이 필요하다. 그런데 이 법률은 그 범주를 분명하게 설정해야 한다. 그것은 시민사회의 복지이다. 이것을 넘어서서 영적인 문제를 법률에 포함시키는 것은 자신의 범주를 넘어서는 것이다. 로크는 국가가 자신의 영역을 넘어서서 백성들에게 영적인 영역을 강제로 강요한다면 그것에 대해서는 항거해야 한다고 주장한다. 국

26　John Locke, "A Letter Concerning Toleration," 41.

27　John Locke, "A Letter Concerning Toleration," 42.

가는 그런 권한을 어느 누구에게도 위임받지 않았다.

문제는 관료가 영적인 문제에 관한 법을 제정하고, 그것이 시민사회에 유익이 되는 법이라고 주장하면서 강요한다면 어떻게 할 것인가이다. 여기서 어려운 문제가 생긴다. 그것은 누가 그것이 시민사회에 유익이 되는지 아닌지를 판단할 수 있는가이다. 로크는 이런 문제에 대해서 판단할 수 있는 분은 오직 하나님 외에 없다고 본다. 그런데 문제는 우리가 이런 상황에서 어떻게 행동할 것인가 하는 점이다. 로크는 먼저 자신의 영혼을 위해서 무엇이 유익한 것인가를 판단해야 한다고 주장한다. 영혼의 구원보다 더 중요한 것은 없기 때문이다. 다음으로 판단해야 할 것은 사회의 평화를 위해서 무엇이 유익한 것인가이다.[28]

반대로 교회는 시민사회의 복지에 어긋나는 규칙을 만들어서는 안 된다. 하지만 로크는 실지로 이런 일들은 별로 많지 안다고 주장한다. 시민사회의 법률에 어긋나는 규칙을 제정하는 종파는 실지로 별로 없고, 문제는 겉으로는 시민법을 거역하지 않지만 내용적으로는 시민법을 거역하도록 만드는 경우가 있다는 것이다. 이들은 대부분 자신의 가치가 시민적인 가치보다 높다고 생각하며, 간접적으로 시민사회의 복지를 위협하며, 그것을 전복하려고 하는 집단이 있다. 로크는 여기서 천주교를 언급한다. 천주교는 "신앙은 이단과 같이 갈 수 없다"고 주장한다. 겉으로는 이것은 별 문제가 없는 것 같다. 하지만 그 내용은 카톨릭 신앙이 아닌 것은 사회에서 제거되어야 한다는 뜻이다. 천주교는 이단을 판단하는 권한이 자신들에게 있다고 믿는다. 이것은 결국에 가서는 카톨릭 신앙을 갖지 아니한 왕은 파문할 수 있고, 그들을 왕위에서 축출할 수 있다. 따라서 로크의 경우

---

28 John Locke, "A Letter Concerning Toleration," 43-45.

에는 천주교 신앙은 관용의 대상이 아니라고 믿는다. 천주교는 아이러니하게도 자신들의 종교에 대해서는 관용을 요구하면서도 다른 사람의 종교에 대해서는 관용하지 않는다. 로크는 통치자는 이런 종파에 대해서까지 관용을 제공할 수 없다고 본다.[29]

또한 로크는 무신론을 주장하는 사람들에게도 관용을 베풀어야 하는가하는 문제를 다루고 있다. 로크의 대답은 "아니요"이다. 그 이유는 약속이나, 계약, 혹은 맹세 같은 사회적 행위의 근본에는 하나님의 존재를 믿는 신앙이 전제되어야 한다. 최종적인 심판자가 없이 어떻게 이런 사회적 행위들이 유지될 수 있는가?[30] 로크에게 있어서는 신의 존재에 대한 신앙은 단지 영적인 것이 아니라 시민사회의 복지를 위해서 필수적인 요소이다. 신의 존재를 믿는 것은 영적인 일이다. 하지만 그것이 사회의 복지와 관계될 때 그것은 동시에 시민사회의 일이 되는 것이다.

종교의 관용에 있어서 또한 중요한 이슈가 되는 것은 집회의 자유이다. 많은 통치자들이 종교의 집회를 사회에 불안을 주는 요소로 인식하고, 집회의 자유를 제한해 왔다. 그러나 로크는 이것은 통치자가 종교의 집회를 관용하지 않고 그것을 억압했기 때문에, 자연히 그런 종교의 집회는 비밀집회가 될 수밖에 없고 그것은 자연히 시민사회에 적대적이 될 수밖에 없다는 것이다. 만일 종교의 집회의 자유가 보장된다면 그 종교의 집회는 덜 반사회적인 집회가 될 수 있고, 시민사회의 복지를 해치지 않는 집회가 될 것이다. 따라서 로크는 종교의 집회에 대하여 관용을 베풀어야 한다고 본다.

또한 사람들은 어떤 종교의 집회는 일반에게 개방되어있지 않고, 자신

29　John Locke, "A Letter Concerning Toleration," 45-46.

30　John Locke, "A Letter Concerning Toleration," 47.

들과 같은 신앙을 갖는 사람들에게만 개방되어 있다고 비판한다. 하지만 로크는 이런 비판은 잘못된 것이라고 주장한다. 왜냐하면 시민사회의 집회에도 모든 사람에게 개방되어 있지 않은 집회도 많이 있기 때문이다.

로크는 이 문제에 대해서 결론적으로 말하기를 통치자는 자신의 종파가 아닌 다른 종파에 대해서 두려움을 갖고 있기 때문이라고 말한다. 통치자는 자신의 종파에 대해서는 두려움을 느끼지 않는다. 하지만 다른 종파에 대해서는 두려움을 느낀다. 그 이유는 왜 그럴까? 그것은 명백하게 자신의 종파에 이익을 주고, 그렇지 아니한 자들에게는 그런 혜택을 주지 않을 뿐만 아니라 경우에 따라서는 불이익을 주었기 때문이다. 그러므로 만일 통치자가 모든 종교 집단에게 공평하게 대우해 준다면 이런 불안을 사라지게 될 것이다.[31]

우리는 위에서 로크가 종교 선택의 자유를 경제적인 선택이나, 치료방법의 선택처럼 사적인 영역에 놓는 것을 보았다. 로크는 여기서 다시금 종교의 집회를 일반 집회의 차원에서 이해한다. 시장에도 온갖 사건이 일어난다. 하지만 시장의 집회를 누구도 억압하지 않는다. 종교의 집회에도 그런 일들이 일어날 가능성이 있다. 하지만 그런 사건 때문에 종교 집회의 자유가 제한되어서는 안 된다. 로크는 종교의 집회를 제한하는 것이 오히려 사회의 불안을 강화하고, 사회를 불안하게 한다고 본다. 로크는 반문한다. "사람들을 공식적으로 만나지 못하게 하고, 사적으로 개인의 집에서 모이게 한다고 해서 사회가 더욱 안전하겠는가?"[32] 로크는 집회의 자유를 억압함으로써가 아니라 집회의 자유를 허락함으로써 사회의 안전이 더욱

---

31   John Locke, "A Letter Concerning Toleration," 47-49.
32   John Locke, "A Letter Concerning Toleration," 51.

더 잘 보전된다고 생각한다.

　마지막으로 로크는 배교, 이단, 그리고 분열을 구분한다. 배교는 자신이 믿는 종교를 배신하는 것이다. 기독교인이 모슬렘을 믿는다면 그것은 배교이다. 모슬렘은 기독교 세계 밖에 살기 때문에 모슬렘에게 기독교적인 원칙을 적용하는 것은 잘못이다. 사실 당시 영국에서 종교의 관용을 말할 때 다른 종교의 관용에 대해서는 언급하지 않았다. 실질적으로 당시 영국 사회에 모슬렘이 거주할 공간은 없었다. 문제는 기독교 공동체 내에서 존재하는 이단과 분열이 문제였다.

　이단은 기독교 공동체 내에서 근본적인 잘못을 범한 집단에게 붙여지는 명칭이다. 기독교 공동체는 같은 신앙과 같은 예배를 드려야 한다. 그런데 이 근본적인 부분에서 다르다면 그것은 이단이다. 기독교 내에서도 같은 신을 섬긴다고 말하면서 이 근본적인 부분에서 다르다. 예를 들면 개신교는 천주교와 다르다. 그래서 천주교는 개신교를 이단이라고 규정하였다. 하지만 천주교는 자신들이 성서 이외의 것에 근거해서 개신교를 이단이라고 주장하였다. 로크는 천주교가 기독교의 근본적인 것이라고 주장하는 것이 성서와는 관계없이 자신들의 임의대로 만든 것이라면 천주교가 개신교를 이단이라고 부르는 것은 정당하지 않다는 것이다.[33]

　분열은 이런 근본적인 오류가 아니라 교회의 제도나 조직에서 문제가 있어서 생긴 것으로서 사소한 차이 때문에 발생하였다. 그런데 로크는 여기에 대해서 성서가 분명하게 말하지 않는 사소한 차이 때문에 어떤 사람을 분열주의자라고 공격할 수는 없다는 것이다. 기독교 공동체를 위해서 필요한 것은 이미 성서에 담겨져 있다. 성서가 명백하게 말하지 않는 부

33　John Locke, "A Letter Concerning Toleration," 54-55.

분에서 차이가 있다고 해서 분열이라고 말하는 것은 잘못이다. 로크는 결론적으로 성서에 명백하게 거슬리지 않는 한 이단도, 분열도 없다고 보았다.[34] 기독교 공동체를 위해서는 우리의 입법자가 되시는 그리스도와 그의 제자 사도가 성령의 영감을 통해서 우리에게 명백하게 표현한 것으로 족하다. 여기서 벗어나는 인간적인 기준을 가지고 이단이나 분열이라고 말하는 것은 옳지 못하다.

로크는 사람은 누구나 성경을 통해서 자신의 신앙을 결정할 수 있다고 본다. 하지만 그는 자신의 신앙이 다른 사람의 신앙보다 낫다고 다른 사람에게 강요할 수는 없다. 그것은 자신을 성령의 인도하심보다 높게 놓는 것이다. 이것은 바로 하나님이 가장 싫어하시는 교만이다.

우리는 이상에서 로크의 관용에 대한 서신을 살펴보았다. 우리는 그에게서 영혼의 문제는 국가의 문제가 아니라 개인의 문제이며, 이것은 힘에 의해서가 아니라 설득에 의해서 이루어져야 한다는 것을 배울 수 있다. 그리고 그 개인들은 자신들의 자발적인 의사에 의해서 자신들의 종교단체의 규약을 만들 수 있으며, 만일 이 규약을 어겼을 경우에는 국가의 힘에 의해서가 아니라 종교단체의 규약에 의해서 그를 축출할 수 있다고 본다. 이렇게 해서 로크는 종교의 문제를 국가의 법적인 문제에서 개인의 사적인 문제로 바꾸어 놓았다. 로크의 이런 주장은 근대국가의 종교사상의 근간으로 받아들여지고 있다.

---

34   John Locke, "A Letter Concerning Toleration," 55-56.

5. 존 로크와 프로스트(Proast)와의 논쟁

관용령이 통과되고, 로크의 관용에 대한 서신도 출판되었지만 이것으로 종교의 관용에 관한 논쟁이 끝난 것은 아니었다. 종교의 관용은 계속적으로 문제가 되었고, 논쟁을 오랫동안 지속되었다. 로크의 관용에 관한 글이 출판된 다음 해인 1690년에 여기에 대한 반박의 글이 무명으로 출판되었다. 제목은 "관용에 관한 서신 논쟁"(The Argument of the Letter concerning Toleration, Briefly Considered and Answered) 이었다. 하지만 얼마 가지 않아서 이 글은 프로스트(Jonas Proast)의 글이라는 것이 밝혀졌다. 프로스트는 옥스퍼드의 신학자이며, 동시에 영국 국교회의 성직자였다. 프로스트는 상당히 많은 부분 로크와 동의한다. 즉 그는 로크와 같이 종교적인 문제에 국가가 근본적으로 무력을 사용하지 말아야 한다고 본다. 하지만 그는 인간은 원죄 아래 태어난 우매한 존재이기 때문에 적당한 분량의 강제력이 있어야 참된 종교를 찾을 수 있다는 것이다.

이 두 사람 사이의 논쟁은 계속되었다.[35] 로크는 몇 달 후 "관용에 관한 두 번째 서신"(A Second Letter Concerning Toleration)(1690)을 썼다. 프로스트는 얼마가지 않아서 여기에 대한 반박의 글을 발표하였다. 로크도 프로스트의 반박에 대해서 세 번째 서신(The Third Letter for Toleration, 1692)을 발표하였다. 이 세 번째 서신은 프로스트의 글을 조목 조목 반박하는 것으로 매우 지루하여 학자들 사이에서도 거의 읽혀지지 않는다. 프로스트는

---

[35] 로크와 프로스트 사이의 논쟁에 관한 학문적인 개관을 위해서는 Richard Vernon, *The Career of Toleration: John Locke, Jonas Proast, and After* (McGill-Queen's University Press, 1997)을 참고하시오. 이 논문은 정치사상사 측면에서 이 논쟁을 다루었으나, 그는 신학적인 관점을 이해하지 않고서는 로크의 정치사상을 이해할 수 없다고 강조하였다. 그럼에도 불구하고, 이 논쟁의 중심 과제 가운데 하나인 기적에 관한 부분은 다루지 않았다.

여기에 대해서 반박하지 않았다. 사람들은 로크의 주장이 승리한 것이라고 말하였다. 오랜 세월이 지난 다음에 다시 프로스트가 여기에 반박하는 글을 발표했다. 자기의 침묵이 로크의 주장을 받아들이는 것으로 이해되는 것을 원치 않는다는 것이다. 이 책의 이름은 "관용에 관한 세 서신의 저자에게 보내는 두 번째 서신"(A Second Letter to the Author of the Three Letter for Toleration)(1704) 이었다. 하지만 이 서신의 내용은 대단하지 않았다. 단지 이전의 주장을 반복할 뿐이었다. 로크는 마지막으로 여기에 대한 반박을 준비했다. 하지만 그는 같은 해 10월에 세상을 떠났기 때문에 그의 "관용에 관한 네 번째 서신"(The Fourth Letter for Toleration)은 그의 사후에 출판되었다.[36]

프로스트는 로크와 같이 이 세상에는 하나의 참된 종교가 있다는 점에 동의한다. 문제는 이 종교를 어떻게 전할 것인가 하는 것이다. 로크는 이성과 설득을 통해서 이것이 가능하다고 보았다. 프로스트도 여기에 동의한다. 문제는 강제력이 사람을 참된 종교로 인도하는데 있어서 전연 도움이 되지 않는가 하는 점이다. 프로스트는 이 점에서 로크와 의견을 달리한다. 프로스트에 의하면 보통 사람들은 부주의와 게으름 때문에 참된 종교에 나가기를 꺼려하기 때문에 적당한 강제력이 동원된다면, 그것은 그 사람들을 참된 진리로 인도하는데 도움을 주게 될 것이다.[37] 더욱이 이것은 유일한 하나의

---

36 Peter Nicholson, "John Locke's Later Letters on Toleration," *John Locke: A Letter Concerning Toleration in Focus*, ed. John Horton and Susan Mendus, 163-164. 존 로크의 관용에 관한 서신 가운데 많은 학자들은 오직 첫 번째 서신에만 관심을 가지고 살펴본다. 하지만 세 번째 서신이 가장 길지만 어느 학자도 이 세 번째 서신을 진지하게 취급하지 않았다. 로크의 관용에 관한 네 서신은 The Works of John Locke, 10 vols. (1812), 6권에 전부 수록되어 있다.

37 Jonas Proast, *The Argument of the Letter concerning Toleration*, 4; Nicholson, "John Locke's Later Letters on Toleration," 165.

종교가 있다고 하는 것을 전제하면 더욱 분명하다. 사람들을 유일한 진리의 종교로 인도하기 위해서는 강제력도 필요하다. 여기서 우리는 유일신 종교가 신앙에 있어서 강제력을 사용하게 된다는 것을 알게 된다.

프로스트에 의하면 거짓 종교는 그들의 게으름 때문에 진리에 진지하게 접근하지 않았고 인간의 욕망과 감정에 매여 잘못된 길로 나가기 때문에 생긴다. 프로스트는 세상을 솔직하게 살펴보면 이성과 고려에 의해서 진리에 이끌리는 사람들보다 단지 교육 때문에, 유명한 사람이기 때문에, 세상적인 존경 때문에 다른 종교로 움직이는 사람이 많다고 지적한다. 또한 사람들은 한번 자신이 어떤 종교를 선택하면 이성적으로 그것을 판단하는 것이 아니라 자존심 때문에 그 종교를 고집한다. 다른 한편 어떤 종교를 택하면 그 종교만 연구하기 때문에 종교를 이성적으로 판단하기는 어렵다.[38]

프로스트에 의하면 이런 잘못된 다른 길을 막을 수 있는 방법은 거짓 종교를 택하고, 잘못된 길로 가는 사람들에게 약간의 제재를 가하는 것이다. 물론 처음부터 이런 방식을 선호하는 것은 아니다. 국가가 처음에는 설득으로 참된 종교를 전해야 한다. 하지만 이런 방법이 통하지 않게 되면 강제력 이외의 다른 방법이 없다는 것이다. 하지만 프로스트는 어떤 정도로 제재를 가해야 하는 가하는 것은 논란의 대상이 될 수 있다고 본다. 너무 과해서 사람들에게 증오를 심어 주어도 안 되고, 너무 약해서 실제적인 효과를 상실해도 안 된다.[39]

프로스트는 영적인 문제는 개인에게 맡겨야 한다는 로크의 주장에 대

---

38 Jonas Proast, *The Argument of the Letter concerning Toleration*, 9-12; Nicholson, "John Locke's Later Letters on Toleration," 166-167.

39　Jonas Proast, *The Argument of the Letter concerning Toleration*, 15; Nicholson, "John Locke's Later Letters on Toleration," 167.

해서 반대한다. 프로스트는 건전한 통치자는 그 시민의 현실적인 복지 뿐만이 아니라 영적인 복지를 증진시켜야 하며, 이것을 증진시키기 위해서 적절한 수단을 가져야 한다. 물론 이 수단에는 강제력도 포함되어야 한다. 프로스트는 이런 통치자의 의무와 권한은 통치자에게만 해당되는 것이 아니라 하급관리에게도 해당되며, 더 나아가서는 가정의 가장에게도 해당된다고 본다.[40]

프로스트는 매우 적극적으로 종교의 문제를 개인에게 맡겨 놓는 것은 결국에 가서는 종교를 개인의 감정과 편견에 넘겨주는 결과를 가져온다고 말한다. 로크에 의하면 개인은 자신의 영혼의 문제를 국가나 타인에게 양도할 수 없다고 본다. 하지만 프로스트는 종교를 개인에게 맡겨 놓으면 그 사람은 잘못된 종교에 빠져 멸망에 이르게 된다고 주장한다. 로크에 의하면 통치자의 권력은 강제적인 힘이며, 이것은 사람들의 영혼을 설득할 수 없다고 본다. 하지만 프로스트는 이런 강제적인 힘을 통하여 사람들로 하여금 자신들의 영혼을 다시 한 번 돌아보게 한다는 것이다.[41]

우리는 여기서 프로스트와 로크가 각각 다른 정부와 개인을 상정하고 있는 것을 보게 된다. 프로스트에게 있어서 국가는 선한 기관이며, 참된 종교를 갖고 있고, 그래서 개인들의 영적인 복지를 책임지는 기관이다. 하지만 로크에게 있어서 국가는 자신의 범주를 넘어서서 개인의 영적인 문제에 관여하고, 자신의 기호에 따라 자신의 종교를 참된 종교라고 강요하며, 그래서 결국은 교회를 국가에 예속시켜서 사람들로 하여금 참된 신앙

---

40 Jonas Proast, *The Argument of the Letter concerning Toleration*, 16; Nicholson, "John Locke's Later Letters on Toleration," 168.

41 Jonas Proast, *The Argument of the Letter concerning Toleration*, 22-23; Nicholson, "John Locke's Later Letters on Toleration," 168-69.

생활을 하는 것을 방해한다. 프로스트는 영국 국교회의 성직자이며, 로크는 관용을 주장하는 근대 사상가인 것이다.

또한 개인에 대해서도 서로 다른 개인을 전제하고 있다. 프로스트에게 개인은 아직 감정적이고, 편견에 사로 잡혀서 자신의 영혼을 책임질 수 없는 존재이지만, 로크는 개인을 자신의 영적인 문제에 대해서 이성과 설득을 통해서 결정할 수 있는 존재로 보고 있다. 프로스트가 국가를 긍정적으로 보고, 개인을 부정적으로 보는 반면에 로크는 국가의 역할에 회의를 표시하며, 오히려 개인에게 맡기는 것이 낫다는 입장을 갖고 있다.

여기서 우리는 프로스트가 근대 이전의 사회관을 갖고 있으며, 그것을 대변하고 있는 것을 볼 수 있다. 근대 사회 이전에는 종교는 사회의 가장 중요한 단위였으며, 국가와 가정의 가장 중요한 임무는 바로 이런 종교적인 임무였다. 하지만 프로스트는 근대 사회가 형성되면서 이런 사회상이 바뀌어지고 있으며, 종교의 문제는 사회의 영역에서 개인의 영역으로 전환되고 있다는 것을 충분하게 인식하지 못하고 있는 것이다. 이런 점에서 로크는 근대 사회 사상가이다. 그는 사회의 변화를 분명하게 인식하고 있으며, 그것을 자신의 사상에서 충분하게 반영하고 있다.

로크는 프로스트의 반박 서신을 중요하게 생각했다. 로크는 이제 겨우 관용령이 통과되었고, 정치상황이 안정되지 않았기 때문에 언제, 어떤 문제가 발생할지 알지 못한다고 생각했다. 이런 상황에서 프로스트가 로크의 관용론에 대해서 강력한 반박을 제기한 것이다. 그래서 로크는 프로스트의 서신에 대해서 주의 깊게 답변하였다. 니콜슨은 로크의 답변을 다음의 세 가지 범주를 통해 설명하고 있다.

첫째로, 프로스트의 주장이 현실적이지 못하다는 것이다. 프로스트는 적절한 강제력이 사람들로 하여금 종교의 문제를 진지하게 생각하게 해

준다고 본다. 하지만 적절한 강제력이 어느 정도인가에 대해서 결코 말하지 않았다. 약간의 강제력을 사용했을 때, 그것이 효력이 없으면 그 다음은 보다 강력한 강제력을 사용할 것이요, 그것이 안 되면 그 다음에는 더욱 강력한 강제력을 사용할 것이다. 결국 강제력의 사용은 수많은 희생자만 만들 뿐이다. 실질적으로 권력자들의 강제력은 종교의 문제를 진지하게 생각하지 않아서 발동하는 것이 아니라 사람들이 권력자가 좋아하는 종교를 선택하지 않았기 때문에 생길 것이다.[42]

둘째로, 프로스트의 주장은 합법적이지 않다는 것이다. 로크는 성경은 어느 누구에게도 구원을 위해서 강제력을 사용할 것을 허용하지 않았다고 주장한다. 성경이 가르친 것은 설교하라는 것이다. 만일 사람들이 그것을 듣지 않으면 떠나라고 했다. 로크는 프로스트에게 왕이 그의 타락한 그의 신하의 영혼을 위해서 거세할 것을 명령할 수 있는가를 묻는다. 로크는 우리 주님이 우리에게 명령한 이외의 방법을 주장하는 것은 인간의 영혼을 가장 잘 아는 그리스도의 뜻에 어긋나는 것이라고 주장한다.[43]

세 번째로, 로크는 집권자가 종교문제에 강제력을 사용할 권한이 없다고 주장한다. 로크의 사회계약 사상에 의하면 시민사회는 상호간의 계약에 의해서 형성되는데, 결코 개인들이 자신들의 영적인 문제를 통치자에게 위임한 적이 없다는 것이다. 위임한 적이 없는 권한을 사용하는 것은 시민사회의 기초를 흔드는 일이다. 어떤 종교를 갖는가 하는 것은 시민사회의 복지와는 관계가 없는 것이다. 따라서 시민사회의 복지와 관계없는

---

42 John Locke, "A Second Letter Concerning Toleration, To the Author of the Argument of the Letter concerning Toleration," *The Works of John Locke*, 10 vols. (London: 1823): VI: 77.

43 John Locke, "A Second Letter Concerning Toleration," 81.

것이 통치자가 관여하는 것은 월권인 것이다.[44]

로크는 프로스트의 주장의 핵심에는 영국 국교회가 참된 교회이며, 이것은 공적인 권위에 의해서 보호되고 유지되어야 한다는 주장이 자리 잡고 있다고 보았다. 여기에 대해서 프로스트는 그것이 자신의 주장의 핵심이라고 응답하였다. 로크는 이것에 문제가 있다고 보았다. 로크는 구원을 위해서 필수적인 것과 그것을 표현하는 사소한 것을 구별한다. 이것은 기독교 신앙의 독특성을 인정하지만 그것을 표현하는 다양한 교회를 받아들이는 것이다. 이것이 사실에 있어서는 관용론의 저변에 깔려 있는 사상이다. 사실 로크가 기독교 이외의 종교를 관용해야 한다고 주장하지는 않았다. 그가 주장한 것은 기독교 내에서 다양한 예배 형태와 신앙형태가 존재할 수 있다는 것이다. 이것은 그 후 미국에서 교파제도를 형성하는데 결정적인 공헌이 되는 것이다.[45]

교파제도란 기독교 안에서 근본적인 신앙은 같지만 그것을 표현하는 방법에 있어서 다양한 견해가 있을 수 있다는 것을 전제한다. 미국의 교파제도는 이런 전제 위에서 출발하였다. 교파제도는 오랫동안 단일한 국가교회를 강조하던 중세시대나, 국교회를 인정하지만 그 안에 비국교도가 존재했던 영국의 교회와는 달리, 국가교회가 없는 새로운 상황에서 여러 종교집단들이 자유롭게 자신들의 신앙을 표현하는 제도를 말한다. 유명한 종교사회학자 브라이언 윌슨(Bryan Wilson)은 이 교파제도야말로 제도적인 측면에서 볼 때 세계에 공헌한 가장 중요한 부분이라고 주장한다. 그

---

44   John Locke, "A Second Letter Concerning Toleration," 212.

45   Nicholson, "John Locke's Later Letters on Toleration," 176-179.

런데 바로 그 뿌리에는 영국의 사상가 존 로크가 자리 잡고 있는 것이다.[46]

학자들은 로크와 프로스트 사이의 논쟁을 다루는데 있어서 기적의 문제를 제대로 다루지 않고 있거나 잘못 이해하고 있다.[47] 하지만 이 논쟁에서 기독교를 전파하는데 있어서 기적의 필요성의 문제는 강제력의 필요성 문제와 함께 중요하다. 만일 기독교의 전파에 강제력이 필요하다면 우리는 어떻게 초대교회의 전파를 설명할 수 있을까? 우리가 알다시피 초대교회는 정부의 강제력의 도움을 받은 것이 아니라 오히려 정부의 박해를 받았다. 여기에 대한 프로스트의 대답은 기적이다. 초대교회는 정부의 강제력이 없어도 기적 때문에 사람들이 기독교로 개종할 수 있었다는 것이다. 그러나 콘스탄틴이 기독교를 공인하고, 로마제국이 기독교를 강제력으로 후원하게 되자 기적은 사라졌다는 것이다. 프로스트의 주장에 의하면 기적이 사라진 지금, 정부의 강제적인 도움이 없다면 사람들은 참된 종교를 찾지 않을 것이라는 것이다.[48]

우리가 위에서 살펴 본대로 로크는 프로스트와 달리 기독교의 전파를 위해서 정부의 강제력이 필요 없다고 보았다. 기독교의 복음은 국가의 도움으로 이루어지는 것이 아니라 기독교 복음 자체가 가지고 있는 아름다움, 힘, 그리고 합리성(its own beauty, force, and reasonableness)에 의해서 이루

---

46 Bryan Wilson, "New Images of Christian Community," *Oxford History of Christianity*, ed. John McManners (New York: Oxford University Press, 1990), 592.

47 마샬은 로크의 "관용에 관한 세 번째 서신"이 기적의 역할을 축소시키기 위한 것이라고 설명했는데, 이것은 그가 로크를 이신론자로 해석하려고 의도적으로 기적을 축소하기 때문이다. Marshall, *John Locke: Resistance, Religion and Responsibility*, 370-383. 니콜슨은 기적의 문제는 부차적인 문제라고 하면서 이 논쟁 가운데 기적에 관한 것은 무시해 버렸다. Peter Nicholson, "John Locke's Later Letters on Toleration," 171. 하지만 기적의 문제에 대해서 램지는 진지하게 설펴보고 있다. 필자는 램지의 소개 글에서 많은 도움을 받았다.

48 John Locke, "A Third Letter for Toleration," *The Works of John Locke*, VI: 443.

어진다는 것이다. 이것은 초대교회에서도 마찬가지이다. 초대교회는 전적으로 국가의 도움이 없었지만 오히려 복음의 능력에 의해서 그리고 복음의 능력이 가져오는 기적에 의해서 전파되었다. 사실 초대 기독교인들 모두가 기적을 체험하고 기독교를 받아들인 것은 아니다. 하지만 이들은 모두 기적과 관련된 이야기를 듣고, 그것을 믿었다. 그리고 실제적으로 많은 사람들은 그 기적을 구체적으로 체험하였다. 로크에 의하면 기적은 기독교 복음이 사람들을 설득할 수 있는 한 요소라는 것이다. 그에 의하면 기적은 기독교의 합리성과 배치되는 것이 아니라 그것과 잘 조화되는 것이다. "참된 종교는 초대교회에서 그랬던 것처럼 그것을 유지하는데 있어서 권력을 의지하는 것이 아니라 기독교가 가지고 있는 아름다움, 힘, 그리고 합리성에 의해서 지금도 전파될 수 있고, 지금까지 많은 곳에서 그렇게 전파하여 왔다."[49] 로크는 이어서 기적은 기독교 전파의 강력한 수단의 하나라고 본다.

프로스트는 기독교가 제국의 종교가 되었을 때에는 기적이 중지되었다고 주장한다. 국가의 강제적인 도움이 없었을 때에는 기독교를 전하기 위해서 기적이 필요했지만 기독교가 로마제국의 종교가 되었을 때에는 기적은 사라졌다는 것이다.[50] 하지만 로크는 이런 프로스트의 주장이 사실이 아니라고 주장한다. 로크는 교회사의 증거를 인용하면서 프로스트의 주장이 틀렸다는 것을 입증한다. 교회의 역사를 보면 콘스탄틴이 기독교를 인정한 다음에도 수많은 기적이 나타났다. 기독교의 공인 이후 정통주의의 수호자인 아다나시우스가 쓴 안토니의 생애를 보면 수많은 기적으로 가득 차 있다. 어거스틴은 그의 신국에서 자신의 교구에서 일어난 많은

---

49 John Locke, "A Third Letter for Toleration," 444.
50 John Locke, "A Third Letter for Toleration," 448.

신유의 기적에 대해서 말하고 있다.[51] 이렇게 콘스탄틴의 기독교 공인 이후에도 계속 기적이 나타났다면 기적은 단지 초대교회에 참된 종교를 전하기 위한 강제적인 힘으로가 아니라 다른 목적을 가지고 있다고 보아야 한다고 로크는 주장하고 있다. 로크는 이 문제에 대해서『기독교의 합리성』에서 계시자의 신뢰를 주기 위해서라고 말한다. 다시 말하면 기적은 기적을 행하는 사람의 계시나 예언이 참되다는 것을 입증하기 위해서 주어진다고 본다.

로크는 초대교회 자체 내에서도 외부적인 힘이 아니라 복음이 가지는 능력으로 선교가 이루어졌다고 말한다. 로크는 기독교 선교가 단지 외부적인 힘이 아니라 자체의 능력으로 이루어졌다는 것을 강조하기 위해서 초대교회가 말씀과 기적을 함께 사용했음을 언급한다. 이것은 사도행전에 나타난 대로 말씀을 전하고 기적을 행한 것과 같다. 로크의 가장 중요한 관심은 개종이 국가의 강제적인 힘에 의해서 이루어지는 것이 아니라 복음자체가 가지고 있는 능력에 의해서라는 것이다. 그리고 그 능력의 핵심이 바로 말씀과 기적이다.[52]

로크는 더 나아가서 기적은 국가나 정부가 사용하는 외부적인 강제적인 힘과는 다르다고 본다. 국가의 강제적인 힘은 개인의 의사를 반하여 집행할 수 있다. 따라서 국가가 강제적인 힘으로 어떤 특정 종교를 강요할 때 겉으로는 그것이 효과를 나타내어 사람들을 종교로 들어오게 할 수 있지만 그것은 하나님 앞에서는 아무런 효과가 없는 행위라는 것이다. 왜냐하면 하나님은 사람의 중심을 보시기 때문이다. 하지만 기적은 다르다. 기

---

51 John Locke, "A Third Letter for Toleration," 449-452.

52 John Locke, "A Third Letter for Toleration," 454.

적은 외부에서 사람을 강요하는 것이 아니라 내부에서 사람을 설득하는 것이다. 참된 기적을 보는 사람은 그 기적 때문에 순종하게 되고, 이것은 어떤 논리보다도 사람들을 설득하는 힘을 갖고 있다. 따라서 예수의 가르침이 사실이라는 것은 그의 가르침의 논리를 따져서 이루어지는 것이 아니고, 그가 행한 기적에 의해서 확증된다는 것이다.

로크는 기독교의 복음이 지금까지 전파되고 확장된 것은 국가의 힘에 의해서가 아니라 복음자체가 갖고 있는 능력, 즉 말씀과 그것과 더불어 나타나는 능력 때문이라는 것이다.[53] 이렇게 생각할 때 기독교의 유지를 위해서 국가의 권력이 필요하다는 프로스트의 주장은 틀린 것이다.

IV. 기독교의 설득력: 기적과 도덕

우리가 로크가 주장하는 종교의 관용론을 살펴보면 참된 기독교는 더 이상 국가의 강제력을 의지할 수 없기 때문에 새로운 방법으로 복음을 전해야 한다는 것을 알 수 있다. 개인은 그의 영적인 문제를 국가에 맡길 수 없다. 개인은 자신의 영혼의 문제를 자신이 결정해야 한다. 그러면 이제 관건은 개인으로 하여금 기독교 신앙이 참된 신앙이라는 것을 설득하는 것이다. 여기에 기독교의 성공과 실패가 달려 있는 것이다. 로크는 결코 기독교 신앙이 참되다는 것을 입증하려고 하지 않았다. 그가 강조하는 것은 설득(persuasion)이다. 이런 관점에서 로크는 이제 기독교 신앙이 참되

53　John Locke, "A Third Letter for Toleration," 462.

다는 것을 잘 설명하여 사람들로 하여금 기독교 종교가 참되다는 것을 인정하게 하는 것이 중요하다고 생각하였다.

로크는 1689년 종교의 관용에 대한 서신을 쓰고, 계속 이어서 프로스트와의 논쟁을 거듭하였다. 그래서 그는 1690년과 1692년에 종교의 관용에 대한 서신을 다시 쓰게 된 것이다. 세 번째 서신을 쓴 다음에 프로스트에게서 아무런 응답이 없었다. 이것으로 논쟁은 일단락된 것 같았다(하지만 논쟁은 끝난 것이 아니고 1700년대 초에 다시금 이어졌다). 이제 로크는 종교의 관용이라는 정치적인 문제에서 벗어나서 보다 구체적으로 기독교 신앙의 본질에 대해서 연구하고, 이것을 글로 발표하고 싶었다. 이렇게 해서 나타난 것이 1695년에 처음으로 출판된『기독교의 합리성』(The Reasonableness of Christianity)이다.[54]

우선 우리는 이 책의 제목에 대해서 살펴보아야겠다. 로크가 기독교의 합리성(reasonableness)라고 말했을 때 그것은 그가 기독교의 진리를 이성에 맞추어서 설명하려는 것으로 이해하면 안 된다. 다음에 좀더 자세하게 설명하겠지만 그는 기독교의 진리의 핵심을 인간의 이성으로 설명할 수 있는 것으로 이해하지 않는다. 기독교의 진리는 성서에 계시된 것이지 인간의 이성의 설명에 의존하지 않는다. 로크의『기독교의 합리성』의 가장

54　로크의『기독교의 합리성』은 여러 출판사에 의해서 출판되었다: John Locke, *The Reasonableness of Christianity with A Discourse of Miracle and part of A Third Letter Concerning Toleration*, Edited, Abridged, and Introduced by I. T. Ramsey (California: Stanford University Press, 1958); John Locke, *The Reasonaleness of Christianity As delivered in the Scriptures*, Edited with Introduction, Notes, Critical Apparatus and Transcriptions of Related Manuscripts by John C. Higgins-Biddle (Oxford: Oxford University Press, 1999); John Locke, *The Reasonaleness of Christianity As delivered in the Scriptures*, Complete, Unabridged, Annotated with Some References to Other Works of the Author, edited by George W. Ewing, with a new Foreword by Harold Brown (Washington, D.C.: Regnery Publishing, 1997)이 있다.

중요한 핵심은 왜 사람들이 예수 그리스도의 말씀을 진리로 받아들일 수 있는가 하는 것이다. 성서의 사실이 비록 이성으로 설명할 수 없는 이성을 초월하는 것이지만 그럼에도 불구하고 기독교는 합리성을 가지고 있다고 본다. 여기서 그가 주장하는 합리성은 이성의 논리에 합치되는 합리성이 아니라 사람들의 이성을 설득할 수 있는 설득의 합리성이다.

우리는 로크의 이 책의 부제가 "성서에 제시된 대로"(As delivered in Scripture)라는 것을 기억해야 한다. 로크는 이 책의 서문에서 대부분의 신학 서적에서 만족을 얻지 못하고, 그들의 글에서 일관성을 보지 못했기 때문에 자신이 스스로 기독교 종교를 이해하기 위해서 모든 기독교인들이 그 권위를 인정하는 성서를 홀로 연구하기로 작정하였다고 고백하고 있다.[55]

로크의 신학자들에 대한 불만은 오래되었다. 그의 유명한 『인간오성론』 (An Essay concerning Human Understanding)에서 그는 신학자들의 자만과 사변 때문에 사람들은 진리에 가까이 가기보다는 오히려 방해를 받고 있다고 보았다. 그래서 로크는 스스로 이들의 허영과 무식을 부수고 진리에 도달하려는 욕망을 갖게 되었고, 결국에 가서는 스스로 성서를 연구하게 되었다는 것이다.[56] 사실 로크는 어려서부터 신학적인 논쟁에 익숙해 있었다. 그는 보수적인 청교도와도 가까웠고, 수많은 계몽주의자들과도 친분이 많았다. 그가 네덜란드에서 망명생활을 할 때에는 알미니안들과 깊은 교제를 나누기도 하였지만 동시에 그는 자신의 최후를 신앙심이 깊은 캠브리지 플라톤주의자의 딸인 마샴의 집에서 보냈다. 이런 가운데서 그는 자신의 신학을 발견한 것 같다. 그는 사람들의 의견을 추종하기보다는

---

55 John Locke, *The Reasonableness of Christianity*, the preface.
56 "Editor's Introduction," John Locke, *The Reasonableness of Christianity*, 9.

성서를 직접 연구하기로 작정하였고, 그것이 『기독교의 합리성』에 잘 나타나고 있다.

우리는 이미 그의 종교의 관용에 관한 글에서 그가 성서를 얼마나 중요하게 언급하고 있는 가를 살펴보았다. 그가 반복적으로 강조하는 것은 당시의 영국교회가 성서와 다르다는 것이다. 성서는 신앙을 전하기 위해서 강제력을 사용할 것을 인정하지 않았고, 성서는 당시의 교회들이 그렇게 중요하게 생각하는 예배의식이나 제도에 대해서 별다른 언급이 없다는 것이다. 이것은 성서가 이런 것들을 우리의 구원을 위해서 필수적인 것으로 인정하지 않는다는 것을 입증해 준다. 로크에 의하면 성서가 중요하게 생각하지 않는 것에 대해서 교회는 서로 분쟁을 하고 있는 것이다. 그래서 로크는 일관되게 성서로 돌아가기를 원하는 것이다.

많은 학자들은 로크의 『기독교의 합리성』의 합리성이란 단어에 집착한 나머지 그 다음 부분에 있는 "성서에 제시된 대로"라는 말을 생략해 버린다. 사실 많은 사람들에게 로크는 계몽주의의 조상이다. 그러므로 그는 당연히 이성을 높이고, 계시를 무시하는 것으로 이해한다. 이런 잘못된 이해는 최근에도 그대로 반복된다. 예를 들면 워드(Thomas J. Ward)는 최근의 논문에서 "존 로크는 종교를 비신비화하려는 그의 노력 때문에 널리 유명세를 얻었다. 『기독교의 합리성』(1695)에서, 로크는 기독교 종교는 단순히 루터가 강조한 '오직 성서만'이라는 구조보다는 이성적인 진리에 그의 뿌리를 두고 있다고 강조하였다"[57]고 말한다. 로크가 말하는 기독교는 합리적인 기독교이며, 이것이 계몽주의적인 신학의 근본이라고 보는 것이다.

57　Thomas J. Ward, Adam Smith's Views on Religion and Social Justice," *International Journal on World Peace*, Vol. XXI No. 2 (June 2004): 48.

물론 로크는 계몽주의자이다. 하지만 그가 기독교 신앙을 설명하는데 있어서는 이성에 근거하기보다는 이성을 초월하는 성서적인 진리에 의존한다. 이런 점에서 우리는 로크를 보다 진지한 신학적인 관점에서 접근해야 한다.[58]

로크는 『기독교의 합리성』이라는 책을 쓰기 오래 전부터 이성과 신앙의 관계에 대해서 생각해왔고, 이것은 그의 유명한 저서 『인간 오성론』에서도 언급된다. 『인간 오성론』에 의하면 로크는 종교를 세 가지 관점에서 설명한다. 첫째는 이성에 합치되는(according to reason) 종교이며, 둘째는 이성을 초월하는(above reason) 종교이고, 세 번째는 이성에 반대되는(contrary to reason) 종교라는 것이다. 첫째의 경우에는 우리가 감각과 관찰을 통해서 받아들인 개념을 분석하고, 추적하여, 우리가 진리라고 인식한 명제이다. 이것은 로크의 유명한 경험주의 철학의 원리이다. 우리가 로크 철학의 기여를 말할 때 이것을 언급하는 것이다. 두 번째의 경우는 이성으로서 우리가 유출할 수 없는 명제가 여기에 속한다. 세 번째의 경우는 우리가 갖고 있는 개념과 도저히 일치할 수 없는 명제이다. 로크에 의하면 첫 번째의 경우가 하나님은 한분이라는 것이요, 하나님이 한분 이상이라는 주장은 세 번째의 것이요, 죽은 자의 부활은 인간의 이성을 넘어서는

---

58 로크를 보다 신학적인 관점에서 평가하려는 노력이 최근에 나타나고 있다. John Perry, "Locke's Accidental Church: The Letter Concerning Toleration and the Church's Witness to the State," *Journal of Church and State* (Spring 2005): 296-298. 하지만 존 페리는 로크를 신학적으로 재평가하는데 있어서 약간 부정확하다. 그는 로크가 자신의 신학을 정통주의라고 이해하고 있다고 본다(270). 하지만 로크는 자신을 정통이라고 보지 않았고, 단지 모든 사람은 자신의 종교를 정통이라고 본다고 말했을 뿐이다. 로크는 자신의 기독교가 기독교 전통에 얼마나 합치하는 것보다는 성서에 얼마나 합치하는 가에 더 큰 관심을 가졌다. 사실 정통주의라는 것과 성서적이라는 것은 다른 뉘앙스를 갖고 있다. 로크는 정통주의도 때때로는 성서적인 지지를 받지 못하는 경우가 있다고 본다. 로크는 성서적인 기독교를 받아들이고자 하였다.

것으로 두 번째의 경우라는 것이다.[59]

  로크에 의하면 이성에 합치되는 종교와 이성에 반대되는 종교는 문제될 것이 없다. 전자는 받아들이고, 후자는 거부하면 된다. 로크에 의하면 어떤 종교도 이성과 반대하여 삼각형을 사각형이라고 주장하지 않는다. 로크는 그런 종교는 현실적으로 존재할 수 없다고 본다. 문제는 이성을 뛰어 넘는 종교이다. 여기서 신앙이 등장한다. 로크는 이성과 신앙을 다음과 같이 구분한다. 이성은 신앙과 대립되는 것으로서 감각과 관찰을 통하여, 다시 말하면 인간의 기능을 통하여 받아들여진 자료를 분석하는 것으로서 이것을 통하여 진리, 혹은 어떤 명제에 도달하는 것이다. 여기에 반하여 신앙은 이성의 연역법적인 방법에 의해서가 아니라 제안자에 대한 신뢰에 의해서 받아들여지는 것이다. 여기서 제안자는 기독교 신앙에서 특별한 대화방법(in some extraordinary way of communication)을 통하여 말씀하시는 하나님이며, 그가 말하는 것을 우리는 계시라고 부른다.[60]

  여기서 우리는 로크가 말하는 합리성이라는 것을 알 수 있다. 로크에 의하면 비록 이성의 연역법적인 관찰에 의한 것이 아니라도 제안자가 신실하며, 믿을 만하여 그의 명제에 동의하는 것은 "합리적"(reasonable)이라는 것이다. 그러므로 로크가 여기서 말하는 합리성이라는 것은 그의 경험주의 철학에서 말하는 합리성을 말하는 것이 아니라 우리에게 말씀하시는 분이 신실하므로 우리는 그 분의 말을 믿을 수 있다는 점에서 합리적이라는 것이다. 로크의 강조점은 제안자에 대한 신뢰, 곧 계시의 주인이신 하나님에 대한 신뢰에 근거해서 기독교 신앙은 존재한다는 것이다.

---

59 John Locke, *An Essay concerning Human Understanding*, Bk. IV, Ch. 17, para. 23.
60 John Locke, *An Essay concerning Human Understanding*, Bk. IV, Ch. 18, para. 2.

이제 문제의 핵심은 어떻게 계시자에 대한 신뢰를 확보할 수 있는가 하는 점이다. 로크는 계시의 제안자가 신뢰할 만한 분이라는 것을 우리에게 확신시키기 위하여 특별한 방법의 대화수단이 필요하고, 이것은 곧 "외적인 표시"(outward sign)가 필요하다는 것이다. 사실 로크는 이것을 구약의 모세에게서 찾고 있다. 모세는 하나님께 내가 어떻게 바로에게 가서 그로 하여금 당신이 보낸 사람임을 믿게 할 수 있냐고 물었을 때에 하나님은 모세에게 외적인 표징을 주셨고, 이것을 통해 모세가 신뢰할 만한 존재라는 것을 입증한 것이다. 여기서 흥미있는 것은 로크가 기독교 신앙의 핵심인 계시의 신빙성을 입증하기 위하여 특별한 대화수단인 외적인 표징을 언급하고 있다는 것이다.[61] 로크는 『인간 오성론』에서 여기까지만 언급하고 있다. 이 외적인 표징이 무엇인지, 그것이 기독교 신앙에서 무엇을 의미하는 지는 1695년에 쓴 『기독교의 합리성』에 잘 나타나 있다.

로크에 의하면 기독교 신앙의 핵심은 예수 그리스도이다. 구약의 행위의 법과는 달리 신약의 믿음의 법은 예수 그리스도에 대한 믿음이 그 핵심이다.[62] 예수를 메시야, 혹은 하나님의 아들로 받아들이는지, 그렇지 않은지, 바로 그것이 그 사람이 기독교 공동체에 속하는지 그렇지 않은 지를 결정하는 핵심 문제이다. 로크는 이 문제를 길게 다룬다. 초대교회는 예수가 메시야라는 것을 입증하기 위해서 노력했고, 사도들의 메시지의 핵심은 바로 이것이다. 예수가 메시야라는 것을 믿는 믿음이 기독교 신앙의 핵심이라는 것이 이 책의 가장 중심이 되는 부분이다.

문제는 우리가 예수 그리스도를 어떻게 믿을 수 있는가 하는 점이다. 다

61　John Locke, *An Essay concerning Human Understanding*, Bk. IV, Ch. 19, para. 15.

62　John Locke, *The Reasonableness of Christianity*, para. 26-28.

른 말로 하면 사람들이 어떻게 예수 그리스도가 계시한 말씀이 참되다는 것을 알 수 있는가 하는 것이다. 위에서 언급한 것처럼 여기에 인간의 이성을 뛰어 넘는 특별한 대화방법이 요구되는 것이다. 로크에 의하면 예수가 메시야라는 것을 입증하기 위해서 행하신 특별한 대화방법이 바로 기적이라는 것이다.[63] 사실 이스라엘 백성들은 다른 나라의 지배를 받았다. 이들은 특별한 능력을 가진 자신들의 메시야가 나타나서 기적을 베풀어 주기를 바랐다. 또한 그들은 이스라엘 백성들 가운데 특별한 기적을 행하는 분을 메시야라고 생각했다. 사람들의 기대대로 예수는 이스라엘 사람들 가운데서 놀라운 기적을 행하였다. 사실 복음서에는 예수의 기적으로 가득차 있다. 따라서 사람들은 이 기적을 보고 예수가 메시야라는 것을 받아들이게 되었다. 복음서에 의하면 예수가 메시야인가라는 질문에 대해서 가난한 자가 부요하게 되고, 눈먼 자가 보게 되고, 눌린 자가 해방되는 기적이 일어나면 그가 곧 메시야라는 것이다.[64] 요한복음 7장 31절에 보면 "무리 중에 많은 사람들이 예수를 믿고 말하되, 그리스도께서 오실지라도 그 행하실 표적이 이 사람의 행한 것보다 더 많으랴"고 기록하고 있다. 이것은 예수의 기적이 바로 예수의 메시야임을 입증하는 것이라는 것이다.[65]

로크가 기적과 더불어서 그의 메시야 됨을 증명하는 특별한 대화방법은 예언의 성취이다. 구약성서는 메시야가 올 것을 예언하였다. 그리고 메시야가 오시는 방법에 대해서 구체적으로 설명하였다. 예수는 그 구약의 예언의 성취였다. 그는 구약이 예언한 대로 처녀의 몸에서 태어났고, 구약

---

63 John Locke, *The Reasonableness of Christianity*, para. 29.

64 John Locke, *The Reasonableness of Christianity*, para. 88.

65 John Locke, *The Reasonableness of Christianity*, para. 58. 76.

이 예언한 대로 다윗의 자손으로 태어났으며, 구약이 예언한 대로 십자가에 달려 돌아가셨다. 로크에 의하면 예수가 메시야라는 사실은 이런 예언의 성취로 입증된다.[66]

예수의 메시야 됨을 입증하기 위하여 기적과 예언의 성취가 종합적으로 나타난 것이 바로 부활이다. 사실 전능하신 하나님은 항상 기적을 행하실 수 있지만 그렇다면 사람들은 기적과 기적이 아닌 것을 구분하지 못할 것이며, 자연적인 것과 초자연적인 것을 구별하지 못할 것이다.[67] 그는 놀라운 방법으로 인간에게 자신의 뜻을 계시하기 위하여 특별한 방법으로 기적을 행하신다. 이런 하나님의 놀라운 지혜에 의하여 이루어진 것이 바로 예수의 부활이다. 예수는 사람들에게 모욕을 당하고, 재판을 받고, 십자가에서 죽으셨다. 이런 비극의 마지막에 하나님은 예수를 죽음에서 살리셨다. 이것은 인류 역사에 있어서 가장 중요한 기적이다. 이 기적이 나타났을 때, 사람들은 예수가 메시야라는 것을 받아들였다. 예수님은 자신이 메시야라는 것을 입증하는 가장 중요한 것은 십자가에서 죽고 사흘 만에 다시 살아나는 것이라고 말씀하셨다. 사실 사도들은 예수가 메시야라는 사실을 그가 죽음에서 부활한 기적에서 찾고 있다. 이런 점에서 기독교는 부활의 기적 위에 근거하고 있는 것이며, 이것은 로크가 말하고 있는 이성을 넘어서는 것이다(above reason).

이 기적은 단지 기적일 뿐만 아니라 예언의 성취이다. 예수는 자신의 죽음과 부활을 예언하였고, 이것은 얼마가지 않아서 성취되었다. 처음에 제자들은 이 예언을 중요하게 생각하지 않았지만 예수의 부활 이후에 이것

---

66   John Locke, *The Reasonableness of Christianity*, para. 61, 78.

67   John Locke, *The Reasonableness of Christianity*, para. 143.

은 그들에게 분명하게 들어났고, 이 예언의 성취야말로 예수의 메시야 됨을 입증하는 결정적인 요소가 되었다.

하지만 로크는 성서는 영혼의 구원을 위해서 단지 예수가 메시야라는 것을 아는 것으로 충분하다고 말하지 않는다고 주장한다. 예를 들면 귀신도 예수가 메시야라는 것을 알았다. 여기서 역사적인 신앙과 구원하는 신앙을 구분한다. 역사적인 신앙이란 단지 예수가 메시야라는 것을 믿는 것이다. 구원하는 신앙은 여기서 한 걸음 더 나아가서 회개하고, 회개의 열매를 맺는 것이다. 로크는 예수가 메시야라는 것을 믿는 역사적인 신앙과 더불어서 참된 회개를 통하여 새로운 삶을 사는 것도 새로운 계약의 필수적인 조건으로 이해한다.[68] 로크는 "믿음과 회개라는 두 가지, 즉 예수가 메시야라는 것을 믿는 것과 선한 삶은 새로운 계약의 필수적인 조건이며, 이것은 영생을 얻고자 하는 모든 사람이 추구해야 할 것이다"[69]라고 말한다.

여기서 로크는 또 다른 단계로 나아간다. 그것은 도덕이다. 이미 위에서 언급한대로 로크는 국가의 지원이 없는 새로운 상황에서 사람들을 종교로 인도하기 위해서는 그들에게 도덕적인 삶을 보여 주어야 한다고 보았다. 그러면 도덕은 어떻게 사람들에게 전달되는가? 로크는 도덕은 사제, 철학자, 통치자라는 세 가지 수단을 통해서 일반 사람들에게 전달되었다고 주장한다.[70]

먼저 사람들은 자신의 욕망에 눈이 어두워서, 그리고 영적인 무지로 인한 공포로 인해서 자신들의 영적인 문제를 사제에게 넘겨주고 말았다. 사

---

68   John Locke, *The Reasonableness of Christianity*, para. 167.

69   John Locke, *The Reasonableness of Christianity*, para. 172.

70   John Perry, "Locke's Accidental Church: The Letter Concerning Toleration and the Church's Witness to the State," 276 - 277.

제들은 인간들로 하여금 자신의 영혼을 바로 인도하기보다는 오히려 사람들을 공허한 전례의식으로 인도하고 말았다. 이들은 하나님을 기쁘게 하는 것은 외적인 의식이라고 강조하여, 하나님이 정말로 원하시는 영과 진리로 예배하고 참된 열매를 맺는 것을 방해하였다. 로크는 일관되게 이것을 미신이라고 본다. 미신이란 의미 없는 전례를 반복함으로써 하나님의 마음을 살 수 있다고 잘못 생각하는 것이다.[71]

여기에 비해서 철학자들은 도덕을 강조한다. 하지만 철학자들은 도덕을 실제로 강화시켜 줄 영생의 문제를 다루지 못한다. 사람이 현세의 도덕적인 행동에 보상을 줄 내세를 믿지 못한다면 도덕적인 삶은 가능하지 않다. 이런 점에서 철학자들은 참된 도덕을 증진시키는데 실패했다. 아울러서 이들은 많은 추종자들을 만드는데 실패했다. 철학자들은 단지 소수의 사람들에게 영향을 미칠 뿐이다.[72]

사제와 달리, 통치자는 실질적인 덕을 가르치고, 철학자와 달리 사람들로 하여금 도덕을 실천하도록 하는 수단을 갖고 있다. 하지만 이들은 종종 권력욕에 눈이 어두워서 자신들의 수단을 잘못 사용한다. 또한 통치자가 관심을 갖고 있는 도덕은 단지 시민사회의 외적인 복지를 유지하는 정도에서 가능한 것이다. 단지 이런 외적인 도덕을 가지고는 사람들은 진정으로 도덕으로 인도하지 못한다.[73]

로크는 진정한 도덕은 예수 그리스도를 믿는 신앙 안에서 가능하다고

---

71 John Locke, *The Reasonableness of Christianity*, para. 238.

72 John Perry, "Locke's Accidental Church: The Letter Concerning Toleration and the Church's Witness to the State," 276, John Locke, *The Reasonableness of Christianity*, para. 288.

73 John Perry, "Locke's Accidental Church: The Letter Concerning Toleration and the Church's Witness to the State," 276-277.

본다. 모든 인간은 자신들의 영원한 구원을 진지하게 생각하고, 이것을 위하여 단지 외적인 행동이 아니라 진정한 내적인 변화를 추구하고, 이것 때문에 참된 도덕적인 삶을 살게 되는 것이다. 여기서 우리는 로크의 목적을 알게 된다. 그것은 기독교라는 종교가 시민사회의 근본이 되는 도덕을 증진시켜 주기 때문에 사람들은 기독교의 합리성을 인정하게 된다는 것이다. 다시 말하면 국가의 강제적인 힘이 없이도 사람들을 종교를 찾을 수밖에 없다는 것이다. 이것은 기적과 함께 로크가 말하는 기독교의 합리성이다.

로크는 말년에 기적에 대한 또 하나의 글, "기적에 관한 소고"을 썼다. 이 글은 로크가 1701년에 출판된 플리트우드(William Fleetwood)의 "기적에 관한 에세이"를 읽고, 1702년에 쓴 것이다.[74] 이글을 쓴 다음 1704년 그는 세상을 떠났다. 이 글이 출판된 시기는 그가 세상을 떠난 다음인 1706년이다. 플리트우드는 기적을 오직 하나님만이 행할 수 있는 특별한 역사라고 전제한다. 만일 그렇다면 하나님만이 할 수 있는 일인지 아닌지는 역시 하나님만이 판단할 수 있고, 하나님만이 행할 수 있는 특별한 일인지 아닌지는 관찰자가 자연의 법칙에 대해서 얼마나 익숙한가에 따라 다르기 때문에 또 다른 많은 문제를 가져온다고 비판한다. 기적을 이런 식으로 정의한다면 사람에 따라서 기적과 기적이 아닌 것이 달라질 수 있다.[75]

로크에 의하면 기적은 얼마나 초자연적인지가 중요한 것이 아니라 기적을 관찰하는 자가 그것을 신적인 것으로 이해하는지, 그렇지 않은지가 중요하다는 것이다. 기적을 보는 자가 비록 자신의 이해의 범주를 넘어서

74　로크의 이 논문, "A Discourse of Miracles"는 *The Works of John Locke* vol. 3, 451-455에 수록되어 있고, 램지는 이 논문의 전문을 『기독교의 합리성』과 함께 편집하였다. 본 논문의 인용은 램지가 편집한 책에 의존하였다.

75　John Locke, "A Discourse of Miracles," 79, 87.

고, 또한 기존의 자연의 질서와 배치된다고 할지라도 그것을 신적인 것으로 이해한다면 그것은 기적이라고 볼 수 있다.[76]

우리가 이미 살펴 본대로 로크는 기적을 계시와 관련시켜서 이해한다. 기독교를 계시종교라고 할 때, 그 계시가 참된지, 그렇지 않은지는 그 계시자가 믿을 만한 존재인지 아닌지에 의존하게 된다. 이 점이 자연종교와는 구별되는 점이다. 자연종교는 이성의 연역법(Dedution of Reason)을 통해서 유추된 사실에 근거하지만, 계시종교는 계시자의 신뢰성(the Credit of the Proposer)에 의존하게 된다. 여기서 생기는 문제는 계시자의 신뢰성을 어떻게 확보할 수 있는가 하는 점이다. 다른 말로 하면 그 계시가 진정으로 하나님으로부터 왔는지 그렇지 않은지를 어떻게 알 수 있는가 하는 것이다.

로크는 여기서 기적을 언급한다. 계시가 하나님으로부터 왔다는 것을 입증하기 위해서 성서의 예언자들은 기적으로 보여 주었다. 이 점이 히브리 종교와 헬라 종교의 구별되는 점이다. 사도 바울이 고린도전서 1장 22절에 기록한대로 "유대인들은 기적을 구하고, 헬라인들은 지혜를" 구한다. 유대인들은 기적을 행해야 그것이 하나님으로 유래된 것이라고 인정한다. 로크는 여기서 마호멧, 모세, 예수를 비교한다. 마호멧은 자신의 계시가 참되다는 것을 입증하기 위해서 기적을 언급하지 않았다. 마호멧 뿐만 아니라 페르샤의 조로아스터나 인도의 부라마도 기적을 언급하지 않는다. 하지만 기독교는 다르다. 모세는 기적으로써 자신이 하나님의 계시자라는 것을 입증했고, 예수는 기적을 통해서 자신이 하나님으로부터 온 자라는 것을 입증하였다. 니고데모는 하나님과 함께하는 자가 아니면 아

76　John Locke, "A Discourse of Miracles," 80.

무도 이런 기적을 행할 수 없다고 고백하였다. 로크는 기적으로써 예수가 자신이 메시야라는 것을 입증했다는 것을 길게 설명한다.[77]

여기서 로크는 새로운 질문을 제기한다. 만일 그렇다면 사람들로 하여금 기적이라고 받아들이게 만드는 것은 무엇인가? 여기에 대한 로크의 대답은 "위대한 능력의 표시"(the mark of a greater power)이다. 하나님은 그의 메시지를 전달하는 자가 멸시와 조롱의 대상이 되기를 원하시지 않기 때문에 계시자는 일상적으로 볼 수 없는 큰 능력을 나타내게 된다. 이런 위대한 능력은 그 반대자들에게 이 사람이 하나님이 보낸 사람이라는 것을 확증하게 만들어 준다. 예를 들면 바로의 예언자들이 행했던 사술보다 모세가 행한 기적이 훨씬 크기 때문에 사람들은 그것을 보고, 모세가 하나님의 예언자라는 것을 인정하게 된다. 이것은 예수에게도 마찬가지이다. 예수는 죽음으로부터 부활함으로써 어느 인간과도 비교할 수 없는 "위대한 능력의 표시"를 지녔고, 이것 때문에 그가 자신이 메시야라고 주장한 모든 것을 사람들이 받아들이게 되었다.[78]

결론적으로 말한다면 아무리 회의적인 사람이라고 할지라도 기적을 보게 되면 자신의 의심을 철회하고, 하나님의 계시를 받아들이게 된다. 로크에 의하면 이것이 기독교와 다른 종교가 다른 점이며,[79] 이것이 기독교를 사람들에게 합리적으로 설명할 수 있는 근거가 된다는 것이다. 로크는 기독교가 전파된 것은 국가의 강제적인 지원 때문이 아니라 기독교 복음이 가지는 자체적인 능력 때문이라고 보았다.

---

77 John Locke, "A Discourse of Miracles," 81-82.
78 John Locke, "A Discourse of Miracles," 82-83.
79 로크에 의하면 자신은 헬라나 로마의 저작자들의 글에서 기적을 자신의 미션을 정당화시켜 주는 근거로써 제시하는 글을 발견하지 못했다고 주장한다. John Locke, "A Discourse of Miracles," 81.

IV. 존 로크와 근대 사회

1. 관용령과 존 로크

 존 로크가 근대 사회에 미친 영향은 매우 분명하다. 그는 영미 경험주의 철학의 기초를 제공한 사람이다. 그의 경험주의 철학은 근대과학의 발전에 큰 공헌을 하였다. 사실 근대과학은 이런 경험주의적인 정신이 없이는 발전할 수 없다. 보다 중요한 것은 로크가 근대 시민정부의 기초이론을 놓은 사람이라는 것이다. 정부는 천부적인 권위에 의존하는 것이 아니라 시민을 대표로 하는 의회의 결의에 기초한 계약에 의해서 시민을 통치해야 한다는 것이다. 이것은 근대 민주주의의 기초를 놓은 것이다.

 문제는 근대 사회에 이렇게 중요한 영향을 미친 로크가 종교에는 어떤 영향을 미쳤는가 하는 점이다. 로크는 철학이나 정치에 못지 않게 종교에도 큰 공헌을 하였다. 그것은 천년 이상 지탱해 온 정교일치의 국가교회 제도를 부정하고, 다른 신앙을 가진 사람에게도 관용을 주장했다. 이것은 매우 중요한 의미를 갖는다. 콘스탄틴이 기독교를 공인한 이래, 중세사회는 국가의 힘에 의해서 종교를 유지했다. 이것은 중세사회와 천주교의 결탁을 통해서 말할 수 없는 폭력으로 이어졌다. 로크는 이것을 비판하고, 국가의 권력에 의존하지 않는 새로운 기독교를 이야기 한 것이다. 이 새로운 기독교는 국가의 힘에 의존하는 것이 아니라 일반시민의 동의에 의존하게 된다. 이렇게 되었을 때에 가장 중요한 것은 교회가 얼마나 일반인들의 관심을 끌며, 그들에게 설득력을 갖게 되는가 하는 것이다.

 일찍이 미국의 유명한 교회사가 필립 샤프는 1689년의 관용령을 1787년 미국의 헌법에 명시된 종교의 자유를 위한 중요한 디딤돌로 해석하였다.⁸⁰ 확실히 관용령으로 인해서 오랫동안 박해의 대상이었던 비국교도들은 이제 박해에서 해방되게 되었다. 물론 이 관용령이 모든 사람에게 관용을 제공한 것은 아니다. 여전히 삼위일체를 부정하는 유니테리안과 개신교의 존재를 인정하지 않는 천주교에는 제공되지 않았다. 그럼에도 불구하고, 이 관용령은 종교의 자유에 커다란 진전이 된 것은 분명하다. 또한 관용령의 발표 이후에도 여전히 국교회의 특권은 유지되고 있었고, 이것은 원래 로크가 주장하는 것과는 거리가 먼 것이었다. 로크는 국가가 특정 종파를 지원해서는 안 된다고 주장했는데, 여전히 국교회는 특권적인 지위를 가지고 있었다. 로크는 국가는 종교문제에 관여할 권리가 없다고 주장했는데 비해서 관용령은 여전히 국가가 종교문제를 다루도록 제안하였다. 이것은 오늘날 우리가 말하는 종교의 자유와는 거리가 먼 것이다.⁸¹

샤프는 관용령의 정신은 로크에 의해서 가장 잘 표현되고 있다고 지적한다. 물론 1689년의 관용령이 로크의 사상을 다 표현하고 있는 것은 아니지만 이것은 로크의 사상을 구체화하는 방향으로 나가기 위한 중요한 발걸음이다. 로크 역시 관용령에 대해서 만족하지는 않았다. 로크는 림보치(Limborch)에게 보낸 편지에서 당신은 이 관용령의 내용에 대해서 만족하지 못하겠지만 중요한 진전을 이루었다고 강조하면서 이것은 처음 그리스도의 교회가 세워졌던 바로 그 평화와 자유의 기초가 다시 확립된 것이라고 말하였다.⁸²

샤프는 많은 학자들이 관용령을 종교의 절대성을 부인하는 회의주의자

---

80   Phillip Schaff, *The Toleration Act of 1689: A Contribution of the History of Religious Liberty* (London: James Nisbet & Co., 1888), 1.

81   Phillip Schaff, *The Toleration Act of 1689*, 22.

82   *The Works of John Locke*, vol. 10, 23; Phillip Schaff, *The Toleration Act of 1689*: 29.

들의 산물이라고 주장하는 것에 대하여 이의를 제기한다. 프랑스의 경우는 이런 주장이 맞을 수 있다. 프랑스에서의 종교의 자유는 불신자들에 의해서 시작되고, 주도되었다. 프랑스에서의 종교의 자유는 정의와 인간애와 국가의 번영에 기초한 세속적인 동기에 의해서 주도되었고, 이것은 19세기 초 피비린내 나는 프랑스혁명으로 이어졌다. 하지만 영국의 경우는 다르다. 샤프는 로크가 청교도의 후예임을 강조하면서 영국의 경우에는 개인의 신앙을 자유롭게 표현하고, 인간의 영적인 문제에 국가가 간섭할 수 없다는 종교적인 차원에서 종교의 관용이 전개되었다고 주장한다. 그는 "불신앙에 근거한 관용은 모든 신앙의 파괴로 이어지지만 신앙과 자비에 근거한 관용은 성공적이다"고 평가한다.[83]

2. 미국 헌법과 존 로크

존 로크의 관용론이 가장 강력하게 받아들여진 것은 미국의 헌법에서였다. 관용령이 부분적으로 종교의 자유를 받아들였다면 미국의 "종교자유 법안"(Bill for Establishing Religious Freedom)에서는 이것이 충분하게 반영되었다. 1779년에 토마스 제퍼슨(Thomas Jefferson)에 의해서 작성된 이 제안은 1786년 버지니아 주에서 약간의 수정을 거쳐서 통과되었다. 제퍼슨은 이 법률 때문에 "과거와 미래의 모든 귀족적인 요소가 제거되었고, 참으로 공화정부를 위한 기초가 놓여졌다"고 지적하였다.[84] 후에 미국 헌

---

83 Phillip Schaff, *The Toleration Act of 1689*: 27-32.
84 Thomas Jefferson, "Autobiography," *The Complete Jefferson*, ed. Saul K. Padover (New York: Tudor Publishing, 1943), 1150; Sanford Kessler, "Locke's Influence on Jefferson's

법의 수정 1조 조항이 되어 근대 기독교의 역사에서 가장 중요한 법률 조항이 되었다.

많은 학자들은 제퍼슨의 이 제안이 로크의 관용론에 깊게 영향을 받았다는데 동의한다. 제퍼슨은 로크의 "종교의 관용에 관한 서신"과 "기독교의 합리성"을 철저하게 읽었다. 제퍼슨은 이 제안에서 로크의 사상을 그대로 반복하고 있다. 제퍼슨은 로크를 따라서 국가의 영역과 종교의 영역을 구분하였다. 그에 의하면 정부의 목적이 시민의 안녕과 복지이지 시민을 경건하게 만드는 것이 아니었다. 사실 영국에서는 이런 사상은 결코 받아들여지지 않았다. 또한 제퍼슨은 종교는 완전히 자발적인 공동체라고 보았다. 그래서 어떤 정부도 그의 백성들에게 어떤 특정한 신앙을 강요할 수 없었다.[85] 제퍼슨은 새로 시작되는 미국이라는 국가는 종교에 의해서 그 기반이 유지되는 사회가 아니라고 생각하였다. 국가는 영적인 문제에 대해서 다룰 자격이 없고, 신앙의 문제는 세속 정부의 영향을 넘어서는 것이라고 보았다.

하지만 그 음조에 있어서 제퍼슨은 로크를 넘어선다. 로크는 여전히 기독교 신앙을 진지하게 생각했다. 하지만 제퍼슨은 기독교 신앙에 대해서 로크보다 훨씬 비판적이었다. 로크에게 있어서 기독교 신앙은 하나님의 계시에 근거하고 있다. 그러나 제퍼슨은 종교는 계시나 신앙이 아니라 이성에 근거해야 한다고 보았다. 로크는 기독교 신앙은 이성을 넘어서는 계시를 인정했지만 제퍼슨은 그것을 부정하였다. 제퍼슨은 성경이 말하는 기적에 대해서 매우 부정적으로 설명하였다. 로크와 제퍼슨은 다같이 시

'Bill for Establishing Religious Freedom'," *Journal of Church and State*, 25-2 (1983): 232.

85 Sanford Kessler, "Locke's Influence on Jefferson's 'Bill for Establishing Religious Freedom'," 233-235.

민국가는 종교적인 견해에 의존해서는 안 된다고 보았다. 하지만 이것을 주장하는데 있어서 제퍼슨은 좀더 냉소적이었다. 그는 "20명의 신을 믿는다고 말하거나, 아니면 아예 신을 믿지 않는다고 말하거나 그것이 나의 이웃에게 아무런 해가 되지 않는다고 나는 생각한다. 그것은 나의 호주머니를 축내거나 나의 다리를 부러뜨리지 않는다"고 말한다.[86]

비록 로크가 국가의 영역과 종교의 영역을 구분했지만 그는 시민사회를 위협하거나 종교의 관용을 거부하는 천주교나 무신론은 관용의 대상이 아니라고 보았다. 로크는 아직도 기독교적인 세계관을 가지고 있었고, 아직도 상당한 부분에서 국가가 특정한 신앙을 제재할 수 있다고 보았다. 하지만 제퍼슨의 경우는 다르다. 그는 어떤 형태의 종교관도 용인되어야 된다고 생각했고, 이런 종교적인 견해가 미국의 시민사회에 아무런 해를 미치지 않는다고 생각했다. 케슬러는 이런 제퍼슨의 견해에 대해 그가 로크보다 정부에 대해서는 보다 비판적이며, 로크보다 시민에 대해서는 보다 신뢰를 갖고 있기 때문이라고 지적하였다. 제퍼슨은 어떤 신앙을 받아들일 것인가 아닌가는 전적으로 개인의 영역에 속한 것이라고 보았다.[87]

전반적으로 말할 때, 로크는 성서적인 기독교에 충실하려고 하였다. 그가 종교의식이나, 전통교리에 냉소적이었던 것은 그런 것이 성서적인 기독교와 거리가 멀다고 생각했기 때문이다. 하지만 제퍼슨의 경우는 다르다. 그는 로크의 사상을 보다 계몽주의적으로 이해했고, 기독교의 계시

---

[86] Thomas Jefferson, "Notes on the State of Virgina," in *The Complete Jefferson*, 674; Sanford Kessler, "Locke's Influence on Jefferson's 'Bill for Establishing Religious Freedom'," 238.

[87] Sanford Kessler, "Locke's Influence on Jefferson's 'Bill for Establishing Religious Freedom'," 243.

가 인간의 이성과 합치되지 않을 때, 인간의 이성을 따라야 한다고 생각했다. 로크는 신의 존재나, 사후 세계, 그리고 보상에 대한 기대가 인간의 도덕에 지대한 영향을 미친다고 본 반면에 제퍼슨은 이런 것들에 대해서 거의 언급하지 않았다. 결국 근대 역사는 로크를 있는 그대로 받아들인 것이 아니라 계몽주의자로 해석하여 로크를 근대 진보주의의 조상으로 이해했다. 우리는 제퍼슨의 사상에서 로크가 기독교의 합리성의 근거로써 기독교의 역사에서 나타났던 기적을 진지하게 고려하는 그런 신앙적인 태도를 찾아보기는 매우 어렵다.[88]

3. 존 로크의 해석문제

많은 학자들은 로크를 이신론의 조상이며, 계몽주의의 시조라고 믿는다.[89] 현대에 있어서도 이런 경향은 계속된다. 이런 경향을 대표하는 사람이 바로 존 마샬이다. 덴버대학교의 역사 교수인 마샬은 로크의 사상을 역사적으로 연구하는 가운데 그가 어떻게 철저한 칼빈주의자에서 유니테리안으로 넘어가는가를 추적하고 있다. 그는 로크가 말년에는 이신론과 유

---

88 케슬러는 제퍼슨뿐만 아니라 로크도 성서를 기독교 신앙의 가장 중요한 근거로 보는 근본주의와 대립되는 인물로 설명하고 있다. (Sanford Kessler, "Locke's Influence on Jefferson's 'Bill for Establishing Religious Freedom'," 252.). 물론 로크는 근본주의자는 아니지만 그는 역시 성서가 기독교 신앙의 근본적인 권위라고 믿는다.

89 R. N. Stromberg, *Religious Liberalism in the Eighteenth-Century England* (Oxford: 1954), 514; G. R. Cragg, *From Puritanism to the Age of Reason* (Cambridge: 1950), 77-8; G. R. Cragg, *Reason and Authority in the Eighteenth Century* (Cambridge: 1964), 66, 73.

니테리안을 받아들였다고 믿는다.[90]

마샬은 로크가 삼위일체와 원죄교리를 부정한다고 주장한다. 사실 로크는 삼위일체에 대해서 언급하지 않는다. 그는 삼위일체 교리가 기독교 신앙에 대해서 근본적이라고 보지 않는다. 그것은 성서에 그것을 명시적으로 언급하지 않았기 때문이다. 하지만 그렇다고 해서 그가 그리스도의 신성을 부정한 것은 아니다. 그는 기독교 신앙은 예수가 메시야(그리스도)라는 신앙에 근거하고 있다는 것을 강조한다.[91] 이것은 그의 『기독교의 합리성』의 핵심부분에 해당하는 것이다. 따라서 그가 삼위일체를 언급하지 않는다고 해서 그가 그리스도의 신성을 부정했다고 볼 수는 없다.

또한 마샬은 『기독교의 합리성』에서 로크가 원죄를 부정하고 있다고 주장한다.[92] 그러나 우리가 『기독교의 합리성』을 자세하게 살펴보면 그는 명시적으로 원죄를 부정하고 있지 않다. 그가 강조한 것은 아담의 타락으로 죄책이 온 것이 아니라 사망이 왔으며, 이 사망은 그리스도 안에서 회복되었다는 것이다. 로크가 정말로 원죄를 부정했는가는 의문의 대상이다. 사실 로크는 여러 부분에서 인간의 부패를 인정하고 있으며, 이것 때문에 본래의 이성을 잃어버리고, 우상을 섬기며 진리를 잃어버렸다고 말하고 있다.[93] 그는 여기서 계시의 필요성을 말하며, 동시에 계시가 참되다는 것을 입증하기 위해서 하나님은 기적을 베푸셨다고 본다.

로크는 삼위일체나 원죄와 같은 용어를 성서가 사용하지 않았고, 성서가 사용하지 않은 용어를 강요하는 것은 부당하다고 생각했다. 이런 점에

---

90 Marshall, *John Locke*, 454.
91 John Locke, *The Reasonableness of Christianity*, para. 26-33.
92 Marshall, *John Locke*, 414.
93 John Locke, *The Reasonableness of Christianity*, para. 238.

서 마샬과 많은 학자들이 로크를 성서적 기독교를 부정하는 계몽주의의 조상이라고 보는 것은 잘못이다. 로크는 분명히 그리스도의 주되심을 강조했고, 이것은 이성의 영역을 넘어서는 부활이라는 기적에 속하는 것이며, 우리는 그것을 신앙으로 받아들여야 한다고 보았다.[94]

여기에 비해서 로크를 계몽주의와는 다른 차원의 사람으로 이해하려는 시도도 있다. 옥스퍼드의 신학교수인 램지(I. T. Ramsey)는 로크의 『기독교의 합리성』을 그의 기적에 관한 다른 글과 함께 편집하면서 로크가 당시의 계몽주의자들과 얼마나 다른지를 보여 주고 있다. 우리가 잘 아는 대로 로크와 동시대 사람인 존 톨랜드(John Toland)는 1696년에 발표한 『신비적이 아닌 기독교』(Christianity Not Mysterious)에서 이성의 영역을 넘어서는 모든 것을 제거하려고 하였다. 그는 이성에 반대되는 것을 거부했을 뿐만 아니라 이성을 넘어서는 것도 다 부정하였다. 로크가 세상을 떠난 다음 한 세대가 지난 1730년에 출판된 매튜 틴달(Matthew Tindal)의 『창조만큼이나 오래된 기독교』(Christianity as Old as the Creation, or the Gospel, a Republication of the Religion of Nature)는 기독교와 자연종교의 동질성을 강조한 나머지 기독교와 자연종교의 차이점은 단지 그 내용을 전달하는 방법뿐이라고 주장하였다. 램지는 이들 계몽주의자들은 자신들의 어떤 명제를 입증하기 위해서 연역적인 논리를 사용하는 반면에, 로크는 성서에서 기독교의 참됨을 증명하기 위해서 기적과 예언이라는 초자연적인 방법을 사용했다고 주장한다. 램지는 이런 기독교의 방법은 최근 TV 전도

---

94 기독교를 기적에서 해방시켜 완전히 도덕적인 종교로 만들려고 한 사람은 데이비드 흄이다. 여기에 대해서는 Ernest Campbell Mossner, "The Religion of David Hume," *Journal of the History of Idea*, vol. 39, no. 4 (Oct.-Dec. 1978), 653-663.

자들이 기적과 예언으로 메시지를 전달하는 것과 비슷하다고 주장한다.[95]

램지는 우리가 기독교를 보다 경험적으로 설득력 있게 전달하려면 우리는 톨랜드나 틴달과 같은 이신론자들처럼 연역적으로 기독교의 진리를 전하기보다는, 로크의 주장처럼 기적을 진지하게 취급해야 한다. 기독교는 하나님의 능력에 관한 종교이다. 인간의 경험적인 직관(intuition)은 이것을 인정하고 있다. 램지는 기독교는 단지 여러 명제들을 모아 놓은 진리의 주장이 아니라고 본다. 기독교는 하나님이 우리에게 주신 계시이며, 이 계시는 기적으로 입증되고, 이것은 우리의 경험으로 확인할 수 있는 것이라는 것이다. 램지는 로크의 『기독교의 합리성』은 바로 이런 이신론자들에게 계시와 기적의 필요성을 설명하기 위해서 쓴 것이라고 강조한다.[96]

램지는 근대 기독교가 기독교의 합리성을 주장하기 위해서 로크를 의존하기보다는 헤겔을 의존한 것이 실수라고 본다. 헤겔의 관념론적인 신학이 기독교의 합리성의 기준이라면 기독교 신앙은 합리성이 없는 종교가 되고 만다. 이것은 이신론자들의 주장과 같다. 이신론자들은 기독교가 합리적이기 위해서는 그 독특성을 제거해야 한다. 램지는 기독교의 과제는 기독교의 독특성을 유지하면서 동시에 기독교의 합리성을 어떻게 유지할 수 있는가 하는 점이다. 램지는 로크의 주장에서 이것을 보려고 한다. 기적과 합리성은 로크에게서 대립되는 개념이 아니라 보완되는 것이다.[97]

필자의 견해로는 로크를 철저하게 학문적이면서도, 객관적으로 잘 평가한 사람은 히긴스-비들(John C. Higgins-Biddle)이라고 생각한다. 히긴

---

95 I. T. Ramsey, "Editor's Introduction," in John Locke, *The Reasonableness of Christianity*, 17.

96 Ramsey, "Editor's Introduction," 18.

97 Ramsey, "Editor's Introduction," 19-20.

스-비들은 로크의 신학의 핵심은 성서라고 본다. 로크는 기존의 학자들이나, 종파의 신학에 만족을 얻지 못했다. 그래서 그는 복잡하고, 사변적인 신학에서 배우기보다는 자신이 스스로 성서를 연구하기로 작정하고, 오랜 시간을 걸쳐서 성서를 철저하게 연구하였다. 그는 기존 신학자들의 권위를 인정하지 않았다. 오직 성서만이 그의 권위의 근거였다. 그는 자신의 신학이 정통이 아니라고 주장하는 사람들에 대하여 "성서는 나에게 항상 동의를 가져오게 만드는 계속적인 안내자였고, 앞으로도 그럴 것입니다. 그리고 나는 항상 성서를 가장 중요한 문제(Things of the highest Concernment)에 대해서 부족함이 없는 진리(infallible Truth)를 포함한 말씀으로 귀를 기울이고 있습니다"고 고백했다.[98] 이런 로크의 주장은 번쇄한 신학을 주장하는 신학자들이나 복잡한 의식을 통해서 권위를 입증받으려고 하는 고위 성직자들에 대한 반감으로도 표현되었다. 하지만 이런 신학이나 성직자들에 대한 반대를 기독교에 대한 반대로 이해해서는 안 된다.

히긴스-비들은 이런 관점에서 로크가 이신론자요, 유니테리안이라는 주장에 대해서 반박한다. 많은 사람들은 로크가 『기독교의 합리성』을 쓴 바로 다음에 대표적인 이신론자인 톨란드의 『신비적이 아닌 기독교』가 출판되었기 때문에 상호연관이 있을 것이라고 생각한다. 실질적으로 톨란드는 로크를 찾아와서 후원을 요청하였다. 그러나 로크가 톨란드에게 후원해 주었다는 기록은 나타나 있지 않다. 아마도 로크는 톨란드의 저서의 원고를 읽었던 것 같다. 그러나 로크는 톨란드의 책을 지지하는 것이 아니라

---

[98] John C. Higgins-Biddle, "Introduction," xix-xxi; 여기에 대한 보다 자세한 논쟁은 Hans Aarsleff, "The State of Nature and the Nature of Man in Locke" and Richard Ashcraft, "Faith and Knowledge in Locke's Philosophy," in John W. Yolton (ed.), *John Locke: Problems and Perspectives* (Cambridge: 1969), 99-136; 194-223.

오히려 그런 기독교의 본질을 왜곡시키는 이신론을 반대하기 위하여 『기독교의 합리성』을 출판하였다. 이 책은 로크의 다른 책들과 마찬가지로 원래 익명으로 출판되었기 때문에 사람들은 이 책의 저자가 로크라는 것에 대해서 알지 못했다. 하지만 이 책은 "철저하게, 그리고 분명하게 기독교인이 아닌 사람들에게, 다시 말하면 기독교의 근본진리를 믿지 못하거나 의심하는 사람들에게" 쓰여졌다. 더 나아가서 그는 보다 분명하게 이 책이 "기독교에 대항하는 이신론자"들을 대상으로 쓰여졌다고 밝히고 있다.[99]

또한 당시의 많은 사람들은 로크가 유니테리안, 또는 소시니안이라고 주장한다. 소시니안은 카톨릭 교회 내에서 삼위일체를 부정하고, 정통교리에 대해서 반대한다. 이런 사상이 개신교에서 나타난 것이 바로 유니테리안이다. 유니테리안들은 오랫동안 위대한 사상가인 로크가 바로 자신들의 조상이라고 주장하였다. 사람들이 로크를 이렇게 비판하는 것은 그가 정통교리의 용어를 사용하지 않을 뿐만 아니라, 오히려 정통교리에 대해서 비판적인 입장을 취하고 있기 때문이다.

히긴스-비들은 로크가 이신론자들과 다르며, 유니테리안과 다르다는 것을 조목 조목 지적하고 있다. 로크는 성서의 권위를 믿고 있으며, 이것은 단지 이성적으로 판단할 수 없으며, 기독교 신앙의 독특성은 단지 신의 존재를 믿는 것으로 만족할 수 없고, 한 걸음 더 나아가서 예수 그리스도의 구속을 받아들여야 한다. 기독교 신앙이란 아담의 범죄로 인해서 잃어버린 생명을 예수 그리스도 안에서 찾는 것이다. 히긴스-비들은 로크가 이렇게 철저한 기독교인이었음에도 불구하고, 이신론자들과 유니테리안들은 로크가 정통교리를 비판하고, 합리성에 대해서 언급하는 것을 자신들의

---

99 John C. Higgins-Biddle, "Introduction," xxvii.

주장을 지지하는 것으로 이해하고, 로크를 왜곡하였다고 주장한다.[100]

복음주의 기독교인들은 로크에 대해서 진지하게 언급한 것은 많지 않다. 그러나 텍사스 애빌린 대학의 교수인 어윙(George W. Ewing)은 로크에게서 신약성서로 돌아가자는 환원운동과 좀더 넓게는 복음주의적인 요소를 보고 있다. 그는 많은 사람들이 로크를 이신론과 유니테리안의 입장에서 이해했지만 이제 근대 복음주의의 부흥과 더불어서 성서의 권위를 강조하는 복음주의적인 관점에서 로크를 해석할 필요가 있다고 지적한다.[101]

최근(1997)에 시카고 트리니티 신학대학원 교수인 브라운(Harold O. J. Brown)은 1965년에 어윙의 편집으로 출판된 로크의 『기독교의 합리성』에 대한 새로운 서문에서 로크에게서 날카로운 기독교 지성과 초자연적인 기적을 믿는 신앙의 조화를 찾아 볼 수 있다고 지적한다. 브라운은 로크에게서 발견되는 단순한 신앙을 찬양하면서도 그가 기독교의 근본신앙(혹은 신조)에 대해서 충분한 배려를 하지 않은 점에 대해서 비판하고 있다. 이것은 칼빈주의적인 복음주의자들이 로크에 대해서 가질 수 있는 당연한 비판이다.[102]

---

100 John C. Higgins-Biddle, "Introduction," xxxi - xxxvii.

101 George W. Ewing, "Introduction," xx-xxi.

102 Harold O. J. Brown, "Foreword," vii-ix.

V. 맺는 말: 존 로크와 근대 기독교

지금까지 로크에 대한 연구는 주로 역사가들이나 정치가들, 혹은 철학자들에 의해서 주도되었다. 로크의 사상에서 신학이 중요함에도 불구하고, 로크를 신학적인 측면에서 평가하는 작업은 많지 않았다.[103] 특별히 복음주의자들 가운데서 로크를 연구하는 사람들은 더욱 찾아보기 힘들다. 그것은 로크가 계몽주의의 조상이라는 선입견 때문일 것이다. 하지만 우리는 로크에게서 근대 기독교의 중요한 출발점을 잘 발견할 수 있다.

우선 로크는 근대 사회의 핵심인 정교분리와 종교의 자유를 확립한 위대한 사상가이다. 과거 서구사회는 기독교의 단일성에 근거한 사회였다. 하지만 근대 사회에서 이 단일성은 사회에 평화를 가져오기보다는 분열을 가져왔다. 이런 상황에서 로크는 오히려 다양한 종교를 관용하는 것이 사회의 안정을 가져오는 핵심이라고 보았다. 그리고 이런 사상은 국가의 임무에서 종교보호를 삭제하는 방향으로 전개되었다. 국가는 근본적으로 세속단체이다. 이런 세속단체가 종교문제를 언급하는 것은 주제를 넘는 일이다. 이렇게 해서 로크 이후의 근대세계는 종교는 사적인 영역으로 옮겨져 갔다.

이와 같은 정교분리와 종교의 자유는 근대 사회에 새로운 기독교를 가져왔다. 그것은 복음주의이다. 복음주의 신앙의 핵심은 성서와 인격적인 신앙이다. 복음주의 신앙은 기독교 신앙은 전통이나 제도, 그리고 교리보다도 성서에 계시된 하나님의 진리에 기초해야 한다고 믿는다. 이런 점에

---

103   로크의 신학에 관심을 가진 최근(Spring 2005)의 논문으로는 John Perry, "Locke's Accidental Church: The Letter Concerning Toleration and the Church's Witness to the State," *Journal of Church and State*, 47(2005) 가 있다.

서 로크는 복음주의 신앙을 갖고 있다고 말할 수 있다. 천주교나 성공회, 또는 정통기독교는 성서에 근거하지 않은 인간의 전통과 교리에 근거해서 자신들과 다른 신앙을 가졌다고 이단이라고 공격했다. 로크는 이런 태도는 잘못이라고 보았다. 그래서 그는 기존의 신학을 인정하지 않고, 스스로 성경을 연구해서 기독교의 본질을 밝히려고 하였다.

복음주의 신앙은 기독교가 근본적으로 하나님과 개인의 인격적인 관계에 기초해야 한다고 믿는다. 개인의 신앙은 다른 사람이 대신할 수 없다. 또한 국가가 강제로 강요한 신앙은 궁극적으로 개인의 영혼에 별 도움이 되지 않는다. 이런 점에서 로크는 종교의 자유를 주장한다. 개개인이 자유로운 의사에 의해서 하나님을 믿어야 그 신앙이 참된 신앙이 될 수 있다는 것이다. 이런 점에서 로크는 복음주의 신앙의 본질을 잘 이해하고 있는 것이다.

복음주의적인 기독교는 다양한 형태로 발전되었다. 그 중의 하나가 바로 오순절 운동이다. 로크는 정교의 분리가 이루어진 사회에서 종교가 존재하려면 기적을 통해서 신뢰성을 얻어야 한다고 보았다. 국가가 권력으로 도와 줄 수 없는 상황에서 이제 종교는 스스로 갖고 있는 영적인 힘, 곧 기적에 의해서 사람들에게 자신의 종교가 참된 종교라는 것을 입증해야 한다. 오늘날 전 세계적으로 가장 활발하게 움직이는 것이 바로 오순절 운동이다. 그런데 오순절 운동은 하나님의 살아계심을 기적으로 입증하려고 한다. 이런 점에서 본다면 로크는 근대 사회의 흐름이 어떻게 진행될 것인가를 미리 인식한 사상가라고 말할 수 있을 것이다.

기적과 더불어서 로크가 강조한 것은 도덕이다. 더 이상 국가의 도움이 주어지지 않는 상황에서 종교가 사람들에게 신뢰를 얻을 수 있는 길은 사회의 도덕적인 책임을 강조하는 일이다. 사실 복음주의 교회는 개인의 윤리뿐만 아니라 사회봉사를 강조하여 왔다. 살아계신 하나님을 믿는다면 우리의 행동 가운데서 그런 증거를 나타내야 할 것이다. 최근 한국 사회가 종교에 도덕적인 책임을 강조하는 것은 로크가 이미 강조했던 것이다. 한국교회는 이 점을 뼈아프게 받아들여야 할 것이다.

우리는 다종교사회에서 살고 있다. 하지만 다종교사회는 종교 간의 갈등에 빠질 염려가 있다. 특히 복음주의 신앙을 가진 사람들은 더욱 그렇다. 자신들의 신앙의 절대성을 강조한 나머지 다른 사람들의 신앙을 무시하고 자신들의 신앙을 강요할 소지를 많이 갖고 있다. 하지만 로크는 기독교 신앙의 본질을 평화에 두었고, 비록 자신의 신앙의 절대성을 믿고 있지만 결코 다른 사람의 신앙을 힘으로 제압하려 해서는 안 된다는 것을 분명히 했다. 이런 점에서 한국 복음주의 기독교인들은 로크에게서 배워야 할 점이 많이 있다고 생각한다.

참고문헌 제 1 장

Aarsleff, Hans. "The State of Nature and the Nature of Man in Locke" *John Locke:Problems and Perspectives*. edited by John W. Yolton. Cambridge: 1969.

Ashcraft, Richard. "Faith and Knowledge in Locke's Philosophy." *John Locke: Problems and Perspectives* edited by John W. Yolton. Cambridge: 1969.

Cragg, G. R, ed. *Cambridge Platonists*. New York: Oxford University Press, 1968.

_____. *From Puritanism to the Age of Reason*. New York: Cambridge University Press, 1950.

_____. *Reason and Authority in the Eighteenth Century*. New York: Cambridge University Press, 1964.

Cranston, Mauris. "John Locke and The Case for Toleration." *John Locke: A Letter Concerning Toleration in Focus*. edited by John Horton and Susan Mendus. London and New York: Routledge, 1991.

Gough, J. W. "The Development of Locke's Belief in Toleration." *John Locke: A Letter Concerning Toleration in Focus*. edited by John Horton and Susan Mendus. London and New York: Routledge, 1991.

Jefferson, Thomas. "Autobiography." *The Complete Jefferson*. edited by Saul K. Padover. New York: Tudor Publishing, 1943.

Kesslerm Sanford. "Locke's Influence on Jefferson's 'Bill for Establishing Religious Freedom.'" *Journal of Church and State*, 25-2 (1983).

Locke, John. "A Discourse of Miracles." *The Works of John Locke*. 10 vols. London: 1823.

_____. "A Letter Concerning Toleration." *John Locke: A Letter Concerning Toleration in Focus*. edited by John Horton and Susan Mendus. London and New York: Routledge, 1991.

_____. "A Second Letter Concerning Toleration, To the Author of the Argument of the Letter concerning Toleration." *The Works of John*

Locke. 10 vols. London: 1823.

_____. *An Essay Concerning Toleration and Toleratio*. edited by K. Inoue. Nara, Japan: Nara University Press, 1973.

_____. "*An Essay concerning Human Understanding*." The Works of John Locke. 10 vols. London: 1823.

_____. *The Reasonableness of Christianity* with *A Discourse of Miracle and part of A Third Letter Concerning Toleration*. edited, abridged, and introduced by I. T. Ramsey. California: Stanford University Press, 1958.

_____. *The Reasonableness of Christianity As delivered in the Scriptures*. edited with Introduction, Notes, Critical Apparatus and Transcriptions of Related Manuscripts by John C. Higgins-Biddle. Oxford: Oxford University Press, 1999.

_____. *The Reasonableness of Christianity As delivered in the Scriptures*. complete, unabridged, annotated with some references to other works of the author, edited by George W. Ewing and Harold Brown. Washington, D.C.: Regnery Publishing, 1997.

_____. *The Works of John Locke*. 10 vols. London: 1823.

Marshall, John. John Locke: Resistance, Religion and Responsibility. New York: Cambridge University Press, 1994.

Nicholson, Peter. "*John Locke's Later Letters on Toleration.*" *John Locke: A Letter Concerning Toleration in Focus*. edited by John Horton and Susan Mendus, London and New York: Routledge, 1991.

Perry, John. "Locke's Accidental Church: The Letter Concerning Toleration and the Church's Witness to the State." *Journal of Church and State*, (Spring 2005).

Proast, Jonas. *The Argument of the Letter concerning Toleration*. London: Printed at the Theatre for George West and Henry Clements, 1690; EEBO Edition, Proquest, 2011.

Schaff, Phillip. *The Toleration Act of 1689: A Contribution of the History of Religious Liberty*. London: James Nisbet & Co., 1888.

Stromberg, R. N. *Religious Liberalism in the Eighteenth-Century England*. Oxford: 1954.

Vernon, Richard. *The Career of Toleration: John Locke, Jonas Proast*, and After. McGill-Queen's University Press, 1997.

Ward, Thomas, J. "Adam Smith's Views on Religion and Social Justice." *International Journal on World Peace*. Vol. 21, No. 2 (June 2004).

Wilson, Bryan. "New Images of Christian Community." *Oxford History of Christianity*. edited by *John McManners*. New York: Oxford University Press, 1990.

제 2 장

아담 스미스의 자본주의와 근대 기독교

Christianity in the Transition of Modern Society

Christianity in the Transition of Modern Society

I. 자본주의와 도덕, 그리고 종교 간의 경쟁

20세기 역사에서 가장 큰 사건은 공산주의의 종말이다. 막스의 이론에서 출발한 공산주의는 1917년 볼세비키 혁명 이래 엄청난 속도로 전 세계에 전파되었다. 인류사에서 어떤 종교나 사상의 확장보다도 빠르게 공산주의는 전파되었고, 지구의 반절 이상이 공산주의를 받아들였다. 그러나 한 세기가 다 가기 전에 공산주의는 외부의 침략이 아니라 자체의 문제 때문에 붕괴되고 말았다. 인류 역사상 가장 큰 실험이 실패로 돌아간 것이다.

공산주의 붕괴로 분명해 진 것은 21세기의 사회는 자본주의에 근거한 사회가 될 것이었다. 공산주의 종주국이었던 소련이 자본주의를 받아들이기 시작했고, 중국도 자본주의를 받아들였다. 사회주의적인 정책을 사용했던 유럽도 자본주의적인 요소를 받아들이고 있다. 20세기 이데올로기 경쟁에서 분명한 것은 공산주의는 패배했다는 것이다.

하지만 자본주의는 많은 문제점을 우리에게 제공하고 있다. 자본주의는 개인의 이익과 사회의 이익이 조화될 수 있다는 전제 아래 출발한다.

하지만 소위 신자유주의가 세계를 지배한 이래 빈부의 격차는 더 심해지고, 사회의 갈등은 깊어만 간다. 그렇다면 자본주의는 공산주의가 말하는 대로 자체의 모순 때문에 실패할 수밖에 없는 것인가? 우리는 여기서 자본주의의 근본에 대해서 살펴 보아야 할 것이다.

우리는 자본주의의 사상적 근원이 아담 스미스라는 것을 잘 알고 있다. 그런데 아담 스미스는 철저한 장로교인이었다. 그는 유명한 『국부론』을 쓰기 전에 이미 『도덕감각론』을 저술하였다. 이것은 자본주의의 배경에는 개신교의 도덕적인 정신이 자리를 잡아야 한다는 것이다. 이런 기초 위에 건전한 자본주의는 자리 잡을 수 있다. 한국 사회는 자본주의 체제이지만 불행하게도 이런 자본주의의 도덕적인 기반에 대해서는 깊게 연구하지 않았다. 이런 점에서 우리는 아담 스미스를 공부해야 할 필요가 있다.

자본주의는 경쟁체제에 기초하고 있다. 자유로운 경쟁은 생산자와 소비자에게 다같이 유익하다는 것이다. 이런 경쟁체제는 자본주의의 근간을 이루고 있다. 아담 스미스는 이런 경쟁 체재를 단지 경제에만 국한 하지 않고, 종교의 영역까지 확대하였다. 종교의 경쟁은 성직자로 하여금 보다 신자들의 영적인 욕구를 만족시켜 주며, 따라서 종교를 발전하게 만들어 준다는 것이다. 전통에 익숙한 국교회는 경쟁을 원하지 않지만 새로운 소종파는 경쟁을 받아들이고, 신자들에게 적합한 종교적 서비스를 제공하고자 한다.

우리는 이미 앞장에서 현대 사회가 다종교사회라는 것을 배웠다. 그렇다면 다종교사회는 당연하게 종교 간의 경쟁이 존재할 수밖에 없는 사회이다. 우리는 여기서 아담 스미스가 종교와 경쟁의 관계를 어떻게 설명하는가에 귀를 기울여야 할 것이다. 전통적으로 종교의 경쟁은 종교를 파멸로 이끌 것이라고 보았다. 하지만 스미스는 오히려 종교 간의 경쟁이 종교를 발전시킨다고 보았다. 우리는 스미스에게서 오늘의 종교를 배워야 할 것이다.

II. 아담 스미스의 『도덕감각론』

많은 사람들은 아담 스미스의 시장경제 이론의 가장 큰 문제는 도덕에 있다고 본다. 사람들은 시장은 도덕이 지배하는 곳이 아니라 이익이 지배하는 곳이며, 결국에는 시장은 도덕과는 배치되는 곳이라고 생각한다. 그러나 우리는 아담 스미스가 시장경제의 고전이라고 불리는 『국부론』을 쓰기 전에 『도덕감각론』(The Theory of Moral Sentiment)를 썼다는 사실을 기억해야 한다. 따라서 우리는 스미스의 종교에 대한 이해를 살펴보기 전에 그의 도덕을 생각해 보아야 한다.

실제로 스미스는 『국부론』을 『도덕감각론』의 연장선상에서 저술하였다. 스미스는 세상을 떠나기 바로 전에 마지막으로 개정한 『도덕감각론』의 개정판에서 『국부론』이 도덕감각론의 연장선상에 있다는 것을 밝히고 있다. 그는 인간의 도덕에 대해서 말하고, 그 기초 위에서 경제를 말하고자 했던 것이다. 이것은 우드로 윌슨의 평가에서 잘 드러난다. "이 거대한 사상의 논문, 곧 국부론도 겉으로는 완전한 시스템을 갖춘 저작 같지만 그러나 독립된 체계로써 홀로 설 수 없다는 것을 지적해야 한다. 사실 이 『국부론』은 단지 『도덕감각론』의 부록으로 존재할 뿐이다. 이 두 저작은 저자가 계획한 거대한 체계의 한 장으로 존재해야 할 것이다."[104]

우리는 아담 스미스의 『도덕감각론』을 본격적으로 다루기 전에 그의 생애에 대해서 간단하게 살펴보아야 할 것이다. 그의 생애에 대해서는 많은 것들이 알려져 있지 않다. 1723년 스코틀랜드 장로교의 가문에서 태어난 그는 태어나기 전에 아버지를 잃었다. 평생 결혼하지 않았던 그는 경건한 장로교인이었던 어머니와 함께 살았다. 그의 어머니는 스미스가 거의 세상을 떠날 때까지 살았다.

고향에서 기초교육을 받은 후에 글라스고 대학을 졸업하였다. 당시의 글라스고 대학은 소위 "스코틀랜드 계몽주의"(Scotland Enlightenment)라고 불리는 학문의 센터였다. 이곳에서는 유명한 상식철학의 시조인 프란치스 허치슨(Francis Hutcheson)이 가르치고 있었고, 허치슨은 스미스에게 가장 강한 영향을 미쳤다. 스미스는 그를 "결코 잊을 수 없는 허치슨"(the never to be forgotten Hutcheon)이라고 불렀다.[105] 그 후 그는 옥스퍼드에 가서 공부하였지만 당시의 옥스퍼드는 학문과는 거리가 멀었다. 하지만 옥스퍼드에는 훌륭한 도서관이 있었기에 그는 스스로 공부하였다. 그 후 1752년 27살의 나이에 글라스고 대학의 교수가 되었고, 다음 해에는 허치슨의 뒤를 이어 글라스고 대학의 가장 중요한 교수직인 도덕교수직을 얻게 되었다. 이것은 엄청난 학문적인 명예였다.

아담 스미스는 많은 책을 쓰지 않았다. 그는 완벽주의를 추구하는 사람으로 많은 책을 쓰기보다는 자기가 쓴 책을 새로 수정하여 새롭게 출판하였다. 그가 출판한 책은 오직 두 권밖에 없는데, 하나는 1759년 글라스고

---

104   Robert Brank Fulton, *Adam Smith Speaks to Our Time* (Boston: The Christopher Publishing House, 1963), 41-42.

105   Fulton, *Adam Smith Speaks to Our Time*, 26.

대학의 교수직에 있을 때 쓴 『도덕감각론』이며, 다른 하나는 1776년에 쓴 『국부론』이다. 사실 스미스는 이것 외에도 여러 권의 책을 계획하고 준비했지만 완성하지 못하고, 세상을 떠날 때, 이 모든 것을 불사르고 말았다. 완벽주의를 추구하는 스미스는 미완성의 유고가 출판되는 것을 원치 않았을 것이라고 생각된다. 하지만 1896년에 스미스가 글라스고 대학에서 가르쳤을 때, 그의 강의를 적은 노트가 발견되어 출판되었고, 1963년에는 스미스의 강의록이 또 발견되어 출판되었다.[106]

스미스가 1759년에 출판한 『도덕감각론』은 상당한 성공을 거두었다. 당시 유명한 철학자 데이비드 흄(David Hume)은 이 책이 출판된 직후에 이 책은 벌써 "대중들의 열광적인 극찬을 받고 있다"고 전하고, 출판사는 그 책이 이미 3분의 2가 팔렸다고 알려왔다.[107] 이 『도덕감각론』은 스미스의 생애에 큰 영향을 미쳤다. 스미스의 『도덕감각론』은 당시 영국 사회의 유명인사인 찰스 타우젠드(Charles Townshend)의 주목을 받게 되었다. 타우젠드는 당시에 프랑스의 귀족 미망인과 결혼하였고, 그 미망인의 아들은 프랑스 블르크의 젊은 공작(Duke of Buccleuch)인데 타우젠드는 이 공작의 개인교사로 스미스를 추천하였다. 글라스고 대학의 교수직보다는 엄청난 대우를 약속받은 스미스는 교수직을 포기하고 프랑스에 가서 대륙의 유명한 지성인들과 교제를 나누게 되었다. 스미스는 얼마가지 않아서 개인교수직을 그만 두었지만 공작은 스미스에게 평생 연금을 지급해 주었다. 그는 평생 경제적인 문제에서 해방되어 스스로 원하는 것을 연구할 수 있

---

106   Jacob Viner, "Smith, Adam," *The International Encyclopedia of the Social Socience*, David L. Sills, ed., (1968), 14: 323.

107   E. G. West, "Introduction," Adam Smith, *The Theory of Moral Sentiment*, (Indianapolis: Liberty Classic, 1976), 19.

었다.

스미스의 도덕감각론은 스코틀랜드의 상식철학에 근거를 두고 있다. 상식철학은 흄의 회의주의와는 달리 우리가 인식하는 것이 사실이라는 긍적적인 인식론에 근거하고 있다. 이 상식철학은 종종 도덕철학이라고도 불려지며 17세기와 18세기 영미 개신교에 가장 큰 영향을 미친 사상이다.[108] 바로 이 상식철학의 대표자가 위에서 언급한 허치슨이며, 스미스는 그 뒤를 이어 받은 것이다. 하지만 스미스와 허치슨이 근본적으로 다른 점은 허치슨은 개인적인 이익이 사회의 공익과 합치될 수 없고, 따라서 개인의 이익은 절제되어야 한다고 주장함에 비하여 스미스는 개인의 이익과 사회의 공익이 일치될 수 있다고 보았다. 이 점이 스미스의 도덕감각론이 가지는 특징이다.

기독교의 전통과 허치슨은 다같이 이웃을 향한 사랑(benevolence)이 인간의 가장 중요한 덕목이라고 강조하여왔다. 이 사랑은 하나님의 사랑을 모방한 것이며, 이것은 인간이 지향하는 '가장 아름다운 모습이다'라고 특별히 허치슨은 강조하였다. 여기에 대해서 스미스도 이론의 여지가 없다. 문제는 이 사랑과 다른 감정이 우리 안에서 나와서 사랑의 덕을 방해한다는 점이다. 허치슨은 이것을 자기 사랑(self love)라고 불렀다. 이 자기 사랑이 강조되는 순간 이웃을 위한 사랑은 식어져 가고, 따라서 이웃을 향한 사랑과 자기 사랑은 양립할 수 없다고 본다. 허치슨에 의하면 자기 사랑과 혼합된 행동은 불순 혼합물과 같아서 사랑의 가치를 떨어뜨렸다는 것이

---

108   여기에 대한 대표적인 연구는 Norman Fiering, *Moral Philosophy at Seventeenth-Century Harvard* (North Carolina: the University of North Carolina Press, 1981); *A Discipline in Transition and Jonathan Edwards's Moral Thought and Its British Context* (North Carolina: the University of North Carolina Press, 1981)가 있다.

다. 그래서 참된 덕이란 "순수하고, 사심 없는 사랑"(pure and disinterested benevolence)에만 존재한다는 것이다. 우리는 허치슨에게서 대표적인 기독교 전통의 인간 이해를 볼 수 있다.[109]

하지만 스미스는 여기에 동의하지 않는다. 그는 오히려 개인의 행복이나 이익에 대한 정당한 추구는 많은 경우 칭찬받을 만한 결과를 가져온다. 이런 자기 사랑은 비난의 대상이 아니다. 사실 경제나, 과학이나, 철학의 위대한 업적들은 이런 자기 이익의 동기에 의해서 조장되고, 성취되었다. 그리고 그들의 업적은 사람들의 존경의 대상이 되었다. 자기 사랑은 순수한 이웃 사랑을 혼합시켜 순도를 떨어뜨리는 것으로 평가되지만 정당한 자기 사랑은 훌륭한 덕목이며, 이것은 정당한 평가를 받아야 한다. 사실 경제적인 많은 문제들은 이웃 사랑의 결핍에서 오는 것이 아니라 개인이 추구하는 이익을 정당하게 평가하지 않은데서 나타난다.[110] 여기서 스미스는 허치슨과 의견을 달리하는 것이다.

이런 허치슨에 대한 스미스의 비판은 곧 만데빌(Mandeville)에 대한 비판으로 이어진다. 만데빌은 유명해지고, 존경받고 싶은 모든 감정(passion)을 악덕으로 보았다. 만데빌은 인간의 행동 배후에 있는 동기를 파헤쳤다. 그에 의하면 인간의 모든 행동은 자신의 허영과 사치와 교만에서 나온다. 이런 모든 감정이 악덕의 근원이라는 것이다. 여기에 대해서 스미스는 동의하지 않는다. 스미스에 의하면 덕에 대한 갈망과 참된 영광을 얻으려는 갈망 사이에는 유사점이 많이 있다는 것이다. 다시 말하면 사람들의 존경

---

109 Smith, *The Theory of Moral Sentiment*, Part VII, Section ii, ch. 3; p. 477. 여기서 우리는 제2차 대각성 운동의 가장 중요한 행동원리인 "사심 없는 사랑"이 허치슨의 도덕철학과 일치하고 있음을 알 수 있다. 특별히 허치슨과 찰스 피니의 관계에 대해서 살펴보는 것도 매우 흥미 있는 일일 것이다.

110 Smith, *The Theory of Moral Sentiment*, Part VII, Section ii, ch. 3; p. 482.

을 받기를 원하기 때문에 참된 덕을 추구하게 된다는 것이다. 오히려 그는 사회가 인간의 감정 속에 있는 긍정적인 요소를 무시하고, 지나치게 금욕주의로 나갔기 때문에 사회가 타락으로 이어졌다고 주장한다.[111]

사실 만데빌도 이런 개인의 사적인 이익의 동기가 없이는 사회가 발전할 수 없다는 것을 안다. 그래서 그는 유명한 "개인의 악덕은 사회의 유익이다"(private vices are public benefits)는 명제를 만들어 냈다. 그러나 스미스는 이런 만데빌의 주장에서 교묘한 모순을 발견한다. 오히려 그는 인간의 사적인 동기 가운데 있는 덕목을 적극적으로 발전시키고자 한다. 그래서 스미스는 "만일 인간의 본성을 형성하고 있으며, 우리의 행동에 결정적인 영향력을 갖고 있는 인간의 정서가 어떤 경우에든지 덕으로 인식되지 못하고, 존경을 받지 못하며, 누구에서든지 추천을 받을 만한 것이 되지 못한다면 인간 본성의 조건은 비정상적으로 어려워 질것이다"고 주장한다.[112]

스미스는 그의 『도덕감각론』 마지막 부분에서 인간의 감정을 어떻게 통제할 것인가에 대한 여러 이론을 설명하고 자신의 입장을 밝힌다. 그가 제일 먼저 다루는 것은 사회가 인간의 감정과 행동을 통제한다는 입장이다. 이것을 강조한 대표적인 학자가 토마스 홉스(Thomas Hobbs)이다. 홉스에 의하면 인간은 도대체 믿을 만한 존재가 되지 못한다. 만일 인간에게 자유를 주면 그것은 곧 "만인에 대한 만인의 투쟁"이 된다. 그렇기 때문에 이 문제를 해결하는 유일한 방법은 곧 사회이다. 사회는 모든 권한을 위임받아서 개인을 통제해야 한다. 인간 사회가 선을 조장하고, 악을 제어해야

111　Smith, *The Theory of Moral Sentiment*, Part VII, Section ii, ch. 4; p. 493-494
112　Smith, *The Theory of Moral Sentiment*, Part VII, Section ii, ch. 3; p. 482-483.

한다. 이것이 홉스의 주장이다.[113] 이런 홉스의 주장은 절대주의 국가를 만들게 된다.

전통적으로 도덕은 국가의 임무가 아니라 종교의 영역이었다. 하지만 홉스는 종교를 신뢰하지 않았다. 그는 종교 대신에 국가에 도덕적인 책임을 넘겨주었다. 홉스에게는 국가만이 인간의 문제를 해결하는 근원이 된다.[114] 이런 홉스의 사상이 서구의 기독교 사회에서 받아들여지기는 어려울 것이다. 이런 사상은 민주주의에 위험한 것으로 인식된다. 홉스의 이런 사상은 인간의 본성에 대해서는 비판적으로 평가하면서 국가의 권력에 대해서는 낙관적으로 생각하는 오류를 보여준다.

다음으로 인간의 이성이 개인의 감정과 행동을 통제한다는 입장이다. 많은 사람들이 인간의 이성이 그런 능력이 있다고 본다. 스미스도 인간의 이성에 어느 정도 그런 능력이 있다고 이해한다. 하지만 인간의 행동은 단지 인간의 이성이 판단해주는 옳고, 그름에 의해서만 움직여지지 않는다. 오히려 인간의 행동에는 기쁨과 고통이라는 감정이 중요한 요소로 작용하는데, 기쁨은 갈망의 대상이요, 고통은 혐오의 대상이다. 따라서 스미스는 이성이 중요하다고 믿으면서도 그것을 넘어서는 것이 있다고 믿는다. 바로 그것이 "직접적인 감각과 느낌"(immediate sense and feeling)이다.[115]

사실 스미스는 허치슨으로부터 많은 것을 물려받았다. 우선 스미스와

---

113 Smith, *The Theory of Moral Sentiment*, Part VII, Section iii, ch. 1; p. 499. 홉스에 대한 스미스의 자세한 비판에 대해서는 David Levy, "Adam Smith's 'Natural Law' and Contactual Society," *Journal of the History of Idea*, vol. 39, no. 4 (Oct-Dec. 1978): 665-674.

114 Smith, *The Theory of Moral Sentiment*, Part VII, Section iii, ch. 2; p. 502.

115 Smith, *The Theory of Moral Sentiment*, Part VII, Section iii, ch. 2; p. 505-7.

허치슨은 다같이 옳고 그름을 판단하는 지각은 인간의 이성에 근거하지 않고, "직접적인 감각과 느낌"이라고 보았다. 이러한 점에서 두 사람은 일치한다. 하지만 과연 이 직접적인 감각과 느낌이 무엇인가 하는 점에서 이 두 사람의 의견은 서로 다르다. 허치슨에 의하면 이것은 도덕감각(moral sense)이다. 허치슨은 인간의 감정과 행동의 근원이 자기 사랑이 아니라 도덕감각이라는 것을 강조하기 위해서 많은 노력을 들였다.

도덕적인 감각이란 인간의 오감과 같은 기능으로 인간의 도덕을 판단하는 기능을 말한다. 이 도덕 감각은 직접적인 감각과 반성적인 감각으로 나누인다. 직접적인 감각이란 어떤 행동을 보았을 때 즉각적으로 느끼는 것이요, 반성적 감각이란 이미 주어진 감각을 바탕으로 해서 판단하는 것이다. 허치슨의 이런 도덕철학은 많은 사람들의 지지를 받고, 18세기와 19세기의 영미 교육에 큰 공헌을 하였다.[116]

하지만 스미스는 여기서 도덕 감각 대신 "목격자"(spectator)의 개념을 내세운다. 그는 허치슨의 도덕 감각 자체를 부정하는 것은 아니다. 그가 문제 삼은 것은 바로 그 도덕 감각의 주체가 무엇인가 하는 것이다. 감각 자체가 중요한 것이 아니요, 그것을 가능하게 만드는 주체가 중요한 것이다.[117] 다시 말하면 도덕 감각을 가지고 인간의 내면에서 판단하는 목격자가 존재한다는 것이다. 인간의 내면에는 "공정한 목격자"(impartial spectator)가 있어서 감각이 바른 방향으로 나가는지 아닌지를 판단한다. 사실에 있어서 공정한 목격자의 개념은 허치슨에게 이미 존재하는 것이지만 이것을 스미스가 발전시킨 것이다.

---

116 Smith, *The Theory of Moral Sentiment*, Part VII, Section iii, ch. 3; p. 508-9.

117 Smith, *The Theory of Moral Sentiment*, Part VII, Section iii, ch. 3; p. 510.

이 공정한 목격자는 우리 내면에 있는 내적 인간(inner man)으로서 이 공정한 목격자에 의해서 우리의 행동은 평가받고, 행동을 해야 할 것인가, 그만 두어야 할 것인가를 결정하게 된다. 이 공정한 목격자는 일종의 인간 내면에 있는 양심이라고 말할 수 있는데, 스미스에 의하면 이 공정한 목격자도 여러 종류의 단계가 있다고 본다. 첫째 단계는 "평균적인 기준"(an average standard)의 단계인데, 이것은 모든 인류가 공통적으로 속한 단계이다. 이 단계의 평균적 목격자는 보통 사람이 느끼는 것으로 용납할 만한 것인가 아닌가를 따진다. 둘째 단계는 한 차원 높은 것으로 "덕의 기준"(the standard of virtue)의 단계에 속한다. 이 단계는 단순한 인준의 단계를 넘어서서 존경을 받는 단계이다. 이 단계는 자신의 이익보다는 차원 높은 사랑을 실천하는데, 여기에 속한 공정한 목격자는 일종의 양심의 사람이다. 이 사람은 단지 보통 사람이 느끼는 도덕을 넘어서서 보다 차원 높은 도덕을 제시하고, 실천한다. 세 번째 단계는 이상적인 기준(ideal standard)을 가진 목격자의 단계인데, 이 단계에 속한 사람은 일상적인 기준을 넘어서서 자율적인 인간으로서 도덕을 실천하는 사람이다. 이것은 가장 높은 단계인데, 이것은 일상적인 인간들이 생각하는 도덕을 넘어서서 일종의 성인의 경지에 이른 사람이라고 볼 수 있다.[118]

스미스에 의하면 이와 같은 공정한 목격자의 활동으로 우리 인간은 자신의 이기적인 행동을 절제하고, 사회를 위한 공익을 조성할 수 있다고 보았다. 이런 점에서 홉스가 인간의 도덕을 사회의 강제성에 의존하는 것은

---

118 Eugene Heath, "The Commerce of Sympathy: Adam Smith on the Emergence of Morals," *Journal of the History of Philosophy*, vol. xxxiii, no. 3 (July 1995), 450-451. T. D. Campbell, *Adam Smith's Science of Morals* (London: George Allen and Unwin, 1971), 137.

스미스로서는 받아들일 수 없는 것이다. 홉스가 절대주의 시대의 사람이라면 스미스는 보다 개방적인 계몽주의 시대의 사람이라고 말할 수 있다.

우리는 공정한 목격자가 종교적인 개념을 갖고 있는 가를 질문할 수 있다. 웨스트는 이 공정한 목격자가 거룩한 신성을 우리에게 전달해 주는 매체라고 주장한다. 그가 신실한 종교인이었는가 아닌가에 대해서도 논란이 많이 있다. 스미스가 종교에 대해서 구체적으로 언급한 것은 많지 않다. 하지만 그의 논문을 읽어 보면 그도 역시 기독교적인 전통에 있으며, 신학적인 용어를 일반적인 철학적이고, 심리학적인 용어를 사용해서 설명하고 있다는 것을 알 수 있다. 사실 계몽주의의 산물인 스미스가 절대자로서의 신성을 인정하는 것은 당연한 일이며, 이 절대자로서의 신성이 인간의 내면에 구체적으로 나타난 것이 바로 공정한 목격자인 것이다.[119] 스미스는 후에 쓴 『국부론』에서 이것을 "보이지 않는 손"(Invisible Hand)이라는 용어로 설명하고 있다.

바이너는 스미스의 "목격자"(spectator)를 "참 목격자"(real spectator)와 "내적 목격자"(internal spectator)로 구분하여 설명하고 있다.[120] "참 목격자"는 우리의 자아와는 구별되는 것으로, 우리의 행동을 인정하고, 안하는 근본적인 근거가 된다. 바로 이 참 목격자의 뜻을 우리 자신 안에서 반영하는 것이 "내적 목격자"인데, 바로 그것이 우리 자신 안에 있는 내적 인간이다. 그런데 바로 이 참 목격자가 누구인가 하는 것이다. 바이너는 참 목격자가 절대자라고 생각한다. 이 절대자가 인간에게 도덕 감각을 주었고, 바로 이 도덕 감각 때문에 인간은 자신의 행동을 다른 사람과의 관계에서 이

---

119   E. G. West, "Introduction," 22.

120   Jacob Viner, "Smith, Adam," 324.

해하게 된다는 것이다. 바로 이것이 "최초의 원인" 또는 "궁극적인 원인"이 되는 것이며, "보이지 않는 손"으로 이해된다.[121]

계몽주의자들은 도덕의 유지를 위해서 신의 존재를 믿었을 뿐만 아니라 내세의 존재를 믿었다. 만일 내세가 존재하지 않는다면, 선악에 대한 보상의 개념이 불분명하게 된다. 아무도 이 세상에서 모든 것이 공정하게 평가된다고 믿지 않는다. 이것은 스미스의 경우도 마찬가지이다. 그도 이 세상이 불완전하기 때문에 모든 것이 분명하게 드러나는 것은 내세에서라고 본다. 그의 도덕철학은 내세를 전제할 때, 모든 것이 조화롭게 진행될 수 있는 것이다.

우리가 스미스의 도덕철학을 설명할 때 "공정한 목격자"의 개념과 더불어서 중요한 것은 "동정"(sympathy)라는 개념이다. 이 동정의 개념은 스미스가 흄으로부터 배운 것을 발전시킨 것인데, 흄은 이 동정이야말로 스미스가 주장하는 도덕철학의 핵심이라고 지적하고 있다. 공정한 목격자가 우리의 행동을 이성적으로 판단하도록 돕는다면, 동정은 우리의 감정으로 하여금 다른 사람에 대해서 관심을 갖게 만든다. 바로 이 점 때문에 스미스는 인간의 감정이 잘 활용되면 사회의 공익을 위해서 기여할 수 있다고 본다. 그러므로 동정은 그의 사상에서 가장 중요한 개념이 되는 것이다.

스미스의 『도덕감각론』의 첫 페이지는 어떻게 이기적인 인간이 다른 사람의 행복을 위하여 행동할 수 있는가를 다룬다. 그리고 그는 그 대답을 이웃에 대한 동정에서 찾는다.[122] 스미스에 의하면 이웃에 대한 동정은 자기 사랑과 마찬가지로 모든 인간에게 보편적이라고 본다. 예를 들면 어떤

---

121 Cf. Richard A. Keller, "Final Causes in Adam Smith's Theory of Moral Sentiments," *Journal of History of Religion*, vol. xxxiii, no. 2 (April 199), 275-300.

122 Smith, *The Theory of Moral Sentiment*, Part I, Section i, ch. 1; p. 47-49.

사람이 강물에 빠져 떠내려가고 있다면 모든 인간은 그런 사람에 대해서 동정을 가진다. 그는 동정과 자기 사랑을 대립된 개념으로 이해하지 않는다. 사실 동정은 자기 사랑의 연장선상에 있는 것이다. 다시 말한다면 모든 인간은 다른 사람을 비참을 볼 때 자신의 비참을 상상한다. 바로 이 자기 사랑에 대한 상상력이 동정을 가져온다는 것이다. 스미스는 상상력을 매우 중요하게 생각한다. 바로 상상력 때문에 이기적인 인간이 다른 사람의 비참함에 동정을 하게 되고, 그리고 그들을 위해서 행동하게 된다는 것이다. 우리는 여기서 그가 어떻게 개인의 이기심과 사회의 공익을 연결시키는 가를 보게 된다.

그는 이어서 어떻게 동정이 구체적으로 작동하는가를 지적한다. 어려움에 빠진 사람은 다른 사람이 자신의 입장을 동정하는 것을 보고 마음에 기쁨을 얻는다. 그래서 동정은 상호간에 인식할 수 있는 동정(mutual sympathy)이 된다. 다시 말하면 동정은 동정하는 자와 동정을 받는다가 상호간에 교류하는 감정이 된다. 이런 감정의 교류는 기쁨(pleasure)이 된다.[123] 이런 동정은 따라서 하나의 일반적인 원칙을 가져오게 된다. 바로 그것은 어려운 사람을 돕는 것은 기쁨을 가져다주며, 이것을 거부했을 때는 마음에 고통을 갖게 된다는 것이다. 스미스는 인간의 행동은 기쁜 것은 행하게 되며, 슬픈 것은 피하게 된다고 주장한다. 이 경우에 다른 사람을 돕는 것은 어려운 이웃을 도와야 한다는 일반적인 원칙을 준수하는 것이며, 이것을 지키는 것이 기쁨이며, 따라서 여기서 자신의 사랑과 이웃의 사랑은 일치된다는 것이다.

스미스는 개인의 이익이 어떻게 사회의 공익으로 이어질 수 있는가를

---

123 Smith, *The Theory of Moral Sentiment*, Part I, Section i, ch. 2; p. 54-57.

설명하는데 존경에 대한 갈망을 든다. 모든 인간은 존경받기를 원한다. 이런 존경을 받기를 원하는 갈망은 무엇이 존경받을 만한 일이며, 무엇이 그렇지 않은 일인가에 대한 일반적인 원칙(general rule)을 만들어 낸다.[124] 그리고 여기에 합당한 행동을 하면 인정을 받게 되고, 그렇지 않은 행동은 비난을 받게 된다. 사람은 누구나 비난받는 행동은 피하고 싶고, 인정받는 행동은 행하고 싶은 것이다. 따라서 존경받는 일에 대한 일반적인 원칙은 잘못된 이기심을 수정한다. 여기서 존경을 받고 싶은 "자기 애"(self love)와 사회에 유익이 되는 존경받을 만한 일이 서로 대립되는 것이 아니라 일치하게 된다. 스미스는 이런 방식으로 개인에 대한 사랑과 사회의 유익을 연결시킨다.

스미스는 이런 자기 사랑이 사회 사랑으로 이어지는 것이 그렇게 특별한 것은 아니라고 주장한다. 예를 들면 만일 영주가 자기 영토의 주민을 보호하지 않는다면 그는 멸시를 당할 것이며, 자기가 힘이 있다고 강제로 다른 사람의 재산이나 사무실을 갈취한다면 그는 존경을 받지 못할 것이며, 상인조차도 소비자의 이익을 위해서 분발하지 않는다면 보잘것 없는 존재로 취급받을 것이다. 따라서 이들이 다른 사람들을 위해서 노력하는 것은 결국 자기를 위해서 일하는 것이 된다.[125]

하지만 이것으로 만족스럽지 않다. 이런 일반적인 원칙이 지켜지기 위해서는 이것을 지켰을 때 주어지는 보상과 이것을 거부했을 때에 얻게 되는 고통이 전제되어야 한다. 물론 이것을 국가가 어느 정도 감당할 수 있다. 하지만 스미스는 이런 문제에 대해서 가장 강력한 권위를 가지고 있는

---

124 Smith, *The Theory of Moral Sentiment*, Part III, ch. 4; p. 264-265.
125 Smith, *The Theory of Moral Sentiment*, Part III, ch. 6; p. 286-287.

것이 종교라고 생각한다. 종교는 영원의 문제를 가르치며, 영원한 보상과 영원한 고통을 말하는 종교의 권위는 어떤 권위보다도 강한 것이다. 따라서 스미스는 일반적인 원칙과 그것을 지키게 만드는 종교의 권위는 함께 있어야 한다고 본다.[126] 이런 그의 견해는 전적으로 계몽주의자들의 생각과 일치하는 것이다.

스미스의 이런 사상은 가장 큰 계명인 사랑의 계명과 일치한다. 성경은 하나님을 사랑하고, 이웃을 내 몸과 같이 사랑하라고 명령하고 있다. 여기서 성경은 내 몸을 사랑하는 것과 이웃을 사랑하는 것을 동일한 선상에 놓고 설명한다. 진정으로 자기를 사랑하는 사람은 또한 진정으로 이웃을 사랑할 수 있다.[127] 이것은 예수님의 또 다른 말씀, "네가 받고자 하는 대로 남에게 주라"는 말씀과도 일치한다. 다시 말하면 받고자 하는 자기 사랑과 주고자 하는 이웃 사랑이 함께 존재한다는 것이다.

많은 사람들은 아담 스미스의 시장경제를 냉정한 경쟁논리로 이해한다. 하지만 이것은 잘못이다. 스미스는 시장경제를 주장한 『국부론』(초판, 1776)을 쓰기 전에 이미 『도덕감각론』(초판, 1759)을 썼다. 일부 학자들은 스미스가 초기의 도덕철학의 입장을 포기하고, 『국부론』을 썼다고 주장한다. 하지만 이것은 잘못이다. 사실 스미스는 『국부론』을 쓴 다음에도 계속 『도덕감각론』을 수정하였고, 이것은 그가 사망하기 직전인 1790년까지 계속되었다. 그가 『도덕감각론』을 마지막으로 수정해서 출판한 것은 『국부론』을 출판한 후 14년이 지난 다음의 일이다. 따라서 아담 스미스는 결

---

126 Smith, *The Theory of Moral Sentiment*, Part III, ch. 5; p. 272. 이 이론은 뒤에 다시금 『국부론』에서 언급된다.

127 Smith, *The Theory of Moral Sentiment*, Part III, ch. 6; p. 283-284.

코 『도덕감각론』에 나타난 사상을 포기하지 않았다.[128]

자본주의의 가장 큰 문제는 많은 사람들이 자본주의를 도덕적이라고 생각하지 않는다는 점이다. 특별히 기독교인들에게 자본주의는 결코 좋은 이미지로 다가오지 않는다. 이것은 기독교 신앙에 큰 문제를 가져다준다. 왜냐하면 기독교는 현재 자본주의 세계에 뿌리를 두고 있기 때문이다. 그렇다면 자본주의가 기독교 신앙과 어떻게 조화될 수 있는가를 연구하는 것은 기독교 윤리에서 가장 중요한 문제가 아닐 수 없다.

III. 아담 스미스의 자본주의와 종교

1. 스미스의 『국부론』의 구조

우리의 본격적인 과제는 아담 스미스의 자본주의 구조 속에서 기독교는 어떤 위치를 차지하는가 하는 점이다. 우리는 이 문제를 본격적으로 다루기 전에 먼저 스미스의 『국부론』의 전반적인 구조를 살펴보아야 할 것이다.

우리는 이미 그의 『도덕감각론』의 핵심과제가 어떻게 자기 사랑이 이웃을 위한 사랑으로 이어질 수 있는가를 살펴보는 것이라는 것을 고찰해보았다. 그는 이것을 위하여 동정과 "공정한 관찰자"라는 개념을 주목한다는

128　Thomas Ward, "Adam Smith's View on Religion and Social Justice," *International Journal on World Peace*, vol. xxi, no. 2 (June 2004), 46-47.

것을 확인해 보았다. 바로 이런 개인과 이웃, 혹은 사회와의 갈등을 경제라는 측면에서 확대해서 살펴 본 것이 바로 국부론이다. 스미스는 개인의 자기 사랑이 잘 발전되면 이웃의 사랑으로 전개된다고 주장하였다. 마찬가지로 개인의 이익 추구가 잘 발전되면 이것이 바로 사회 전체, 특별히 국가의 부, 즉 국부(the wealth of nation)로 이어진다는 것이다. 결국 스미스의 『국부론』은 그가 이전에 쓴 『도덕감각론』의 연장선상에 있는 것이다.[129]

그에 의하면 경제 발전의 키 워드는 보다 나은 삶을 위한 추구이다. 그는 "보다 나은 삶을 위한 추구는 우리가 태어날 때부터 존재해서 우리가 무덤에 들어갈 때까지 결코 우리는 떠나지 않는다"고 말한다.[130] 이것은 인간의 본능이다. 많은 경제적인 문제는 이 본능을 무시하는데서 나타난다. 이 보다 나은 삶을 위한 추구는 인간으로 하여금 더 열심히 일하게 만들고, 이것은 개인의 복지와 사회의 복지를 동시에 가져오게 만든다는 것이다. 스미스는 개인의 이익과 사회의 복지를 동일선상에 놓으려고 노력한다.

그에 의하면 보다 나은 미래를 위한 갈망을 갖고 있는 것도 사실이지만 동시에 인간은 현재적인 즐거움에 안주하려는 본능도 동시에 갖고 있다. 사실 보다 나은 삶을 산다는 것은 힘들다. 그래서 많은 사람들은 현실에 안주하고, 게으름에 복종하고 만다. 예를 들면 효율적인 측면에서 보면 노예제도 보다는 고용제도가 훨씬 낫다. 노예는 열심히 일해야 할 이유를 갖지 않는다. 하지만 임금노동자는 열심히 일하는 것이 자기에게 유익이 된다. 그러나 많은 대지주들은 고용제도보다는 노예제도를 선호할 수 있다. 그 이유는 고용제도는 많은 복잡한 문제를 야기하며, 동시에 지주들로 하

---

129   "Smith, Adam," *Encyclopaedia Britannia*, 310.
130   Adam Smith, *An Inquiry Into the Nature and Cause of The Wealth of Nations*, Edited by Edwin Cannan (London: Methuen, 1950), 323; Jacob Viner, "Smith, Adam," 328에서 재인용.

여금 피곤하게 만든다. 그러므로 고용제도의 효율성을 이해하지만 지주들은 고용제도보다는 노예제도를 선호한다. 또한 지주들은 사람들을 지배하고 싶은 욕망을 갖고 있기 때문에 노예제도의 비효율성에도 불구하고, 그것을 선호하게 된다. 스미스에 의하면 이런 잘못된 구조를 제도적으로 개선하지 않으면 개인의 이익이 사회의 이익으로 전환되지 않는다는 것이다.

사실 그는 인간이 얼마나 죄인인가를 잘 인식하고 있다. 다시 말하면 인간은 자신의 이익을 위하여 기존의 특권을 지키려는 욕망을 가지고 있으며, 이 특권 때문에 공정한 경쟁이 이루어지기 힘들다. 사실 수많은 제도는 이런 특권을 지켜주기 위해서 형성되었다. 이런 제도적인 장치가 계속되는 한 공정한 경쟁은 어려우며, 이것 때문에 사회는 발전하기 힘들다. 그러므로 스미스는 개인의 이익추구를 적절하게 조절하지 않으면 그것은 사회의 이익으로 발전하지 못한다는 것을 잘 알고 있었다. 그는 아무런 노력이 없이 자동적으로 개인의 노력이 공공의 복지로 연결된다고 생각하지 않는다. 그는 개인의 이익이 공공의 복지로 이어지기 위해서는 잘못된 제도를 고치려는 노력이 병행해야 된다고 본다. 그러므로 엄밀한 의미에서 그의 사상을 방임주의라고 부르는 것은 잘못이다. 사실 이 자유방임주의는 스미스가 만들어 낸말이 아니다. 이 점에 있어서 그는 많은 오해를 받고 있다. 그러면 그가 강조하는 적절한 조절이라는 것은 무엇인가? 그것은 바로 공정한 경쟁을 방해하는 잘못된 구조이다. 사실 특권을 통해서 경쟁을 피하고, 쉽게 이익을 얻고자 하는 집단이 많이 있다. 이것을 제도적으로 막지 못한다면 개인의 이익이 사회의 이익으로 환원될 수 없다는

것이다.[131]

역사적으로 본다면 제도는 공정한 경쟁을 보장하기보다는 공정한 경쟁을 방해했다. 실질적으로 봉건사회의 제도는 봉건영주들의 이익을 보장하기 위해서 만들어졌다. 개인의 재산이 분명하지 않았던 수렵시대에는 그 재산을 지키기 위한 조직도, 군대도 필요 없었다. 하지만 유목시대와 봉건시대를 통하여 개인의 소유가 생기면서 그것을 지키기 위한 제도가 만들어지게 되었다. 그리고 이것을 보장하기 위한 군대가 만들어졌다. 따라서 봉건시대에 있어서 제도란 재산을 지키기 위한 수단이었다. 제도의 근본적인 목적은 경쟁자로부터 기득권층의 재산을 지키는 것이다.

하지만 봉건시대가 끝나고, 상업시대가 등장하면서부터 제도는 근본적으로 달라지기 시작했다. 봉건시대의 제도가 봉건영주의 재산을 지키는 것이었다면 상업시대의 제도는 상인들의 이익을 지키는 것이어야 할 것이다. 그런데 이 상인들의 이익이란 시장에서 보장되는 것이다. 따라서 상업시대의 가장 중요한 제도란 시장을 효율적으로 움직이게 만드는 것이다. 이 상업시대의 제도는 길드시대의 제도와는 근본적으로 다르다. 길드시대는 상인들끼리의 담합을 통하여 시장에 공정한 경쟁을 가져오지 못했다.

사실 스미스는 길드시대의 도제관계는 상업시대의 고용관계에 비해서 비효율적이라고 생각하였다. 예를 들면 길드시대의 도제는 열심히 일해야 하는 동기를 찾지 못한다. 왜냐하면 도제는 열심히 일하거나 그렇지 않거나 간에 같은 대우를 받기 때문이다. 하지만 상업시대의 고용관계는 그렇지 않다. 열심히 일하는 만큼 대우가 달라진다. 따라서 도제관계보다는

---

131 이 문제에 대한 다음의 논문을 주로 참조하였다: Nathan Rosenberg, "Some Institutional Aspects of the Wealth of Nation," *The Journal of Political Economy*, vol. 68, no. 6 (Decemebr 1960), 557-570.

고용관계가 훨씬 효율적이라는 것이다. 다른 말로 한다면 도제관계보다는 고용관계가 훨씬 시장경쟁체제에 적합한 것이라고 볼 수 있다는 것이다. 스미스에 의하면 기존사회는 공정한 경쟁을 싫어하기 때문에 제도적으로 공정한 경쟁을 보장하지 않으면 개인의 이익이 사회의 공익으로 연결되지 않는다는 것이다. 다시 말한다면 상업시대의 제도는 경쟁을 보장하는 제도이며, 이것은 자동적으로 보장되는 것은 아니다.[132]

또한 스미스는 봉건시대의 대지주에 대해서도 비판하고 있다. 장원을 가진 대지주는 농장을 효율적으로 유지할 수 없다는 것이다. 대지주는 어쩔 수 없이 대리인을 통해서 농장을 관리할 수밖에 없는데, 이 관리인은 자신의 노력과 자신의 이익 사이에 분명한 관계가 설정되어 있지 않다는 것이다. 다시 말하면 관리인은 아무리 노력해서 좋은 결과를 얻는다고 할지라도 그 결과가 곧바로 자신에게 돌아오는 것이 아니기 때문에 이런 시스템 속에서는 열심히 일할 관리인이 없다는 것이다. 스미스는 농장의 규모가 커지면 커질수록 그 효율성을 떨어진다고 보았다. 스미스는 농장의 규모가 작아서 주인이 직접 경작하는 경우에는 노력과 그 이익의 관계가 분명하기 때문에 가장 효율적으로 농장이 관리될 수 있다고 본다.[133]

스미스가 중상주의를 비판하는 것은 중상주의가 노력과 이익의 관계를 왜곡시키기 때문이다. 중상주의는 국가가 상업에 관여하여 어떤 기업에게 독점할 수 있는 권한을 줌으로써 다른 기업이 거기에 참여할 수 없도록 만든다. 이런 과정에서 기존의 독과점 기업은 경쟁의 필요를 느끼지 않으므로 좋은 상품을 만들려고 하지 않을 것은 분명하다. 동시에 새로운 아이

---

132 Adam Smith, *The Wealth of Nations*, 122-23.

133 Adam Smith, *The Wealth of Nations*, 775.

디어를 가지고 새롭게 사업을 시작할 이유도 없다. 결국 상업을 보호한다는 중상주의가 결국은 상업을 망치게 하고 만다는 것이다. 그러므로 그는 모든 기업을 그냥 놔두자는 것이 아니라 공정한 경쟁을 할 수 있는 시스템으로 바꾸자는 것이다.[134]

그러나 스미스가 모든 점에서 사유화를 주장한 것은 아니다. 그에 의하면 운하의 경우에는 사유화가 적당하지만 일반도로의 경우에는 사유화가 적절하지 않다는 것이다. 운하는 정교한 노력이 필요하기 때문에, 그리고 그런 노력을 기울이지 않으면 배가 통과할 수 없고, 그러면 결국에는 수입을 얻을 수 없기 때문에 이런 일은 세밀한 노력을 기울일 수 있는 개인사업가가 맡아서 관리하는 것이 유익하다는 것이다. 하지만 일반도로의 경우에는 그런 노력을 기울이지 않아도 대충 사람과 다른 교통수단이 통과할 수 있기 때문에 이런 도로운영권을 개인에게 맡기면 그 개인은 노력하지 않고, 수입을 챙기려고 한다는 것이다. 그러므로 스미스는 무조건 국가의 관여를 배제하는 것이 아니라 국가가 운영하는 것보다 개인이 운영하는 것이 더 좋은 결과를 가져올 경우에 그것을 개인에게 맡겨야 한다는 것이다.[135]

이같은 점에서 스미스의 『국부론』은 많은 오해를 받고 있다. 많은 사람들은 스미스는 자유방임주의를 주장하며, 자유방임(laissez-faire)은 자동적으로 신의 보이지 않는 손에 의해서 사회의 공익을 가져오는 것으로 설명되어졌다. 하지만 이것은 사실이 아니다. 스미스는 그렇게 주장할 만큼 세상의 현실을 모르는 사람이 아니다. 사실에 있어서 그가 주장한 것

134　Nathan Rosenberg, "Some Institutional Aspects of the *Wealth of Nation*," 560.

135　Rosenberg, "Some Institutional Aspects of the *Wealth of Nation*," 566.

은 자유방임이 아니라 완전한 자유가 보장받는 제도(the system of perfect liberty)이다. 이런 완전한 자유경쟁 시스템은 자동적으로 보장되는 것이 아니다. 이것은 사회가 제도적으로 보장해 주지 않으면 안되는 것이다.[136]

우리는 여기서 스미스의 의도를 잘 이해해야 한다. 스미스는 사회의 가난하고, 어려운 사람들이 자신들의 권리를 획득할 수 있는 길은 자유경쟁의 제도가 보장되는 상황에서라고 생각하였다. 노동시장이 자유경쟁 체제로 돌입하게 되면 기업가들이 노동력을 착취하기 힘들며, 이런 과정에서 노동자들은 자신들의 권리를 확보할 수 있다고 보았다. 다른 말로 하면 자유경쟁이야말로 노동자들로 하여금 자신들의 권리를 주장할 수 있는 통로가 된다는 것이다. 그러나 이런 스미스의 주장은 또 다른 한 면을 간과하고 있다. 그것은 기계화가 진행되면서 노동의 필요가 감소하게 되고, 따라서 기업가들이 노동자들보다 상대적으로 유리한 입장에 서는 새로운 상황에 돌입하게 된 것이다. 이렇게 되면 스미스의 의도와는 반대로 이런 자유경쟁이 노동자들의 권리를 확보해주기보다는 그들의 입지를 더욱 악화시키게 만든다는 것이다.

우리는 스미스의 이런 주장이 산업사회 이전에 나왔다는 것을 이해해야 한다. 사실 그가 『국부론』을 쓰고 있을 당시에 산업혁명이 진행되고 있었지만 그는 이 산업혁명의 의미를 제대로 파악하고 있지는 못했다. 따라서 그의 주장은 이전의 중상주의를 비판하는데에는 적합했지만 새로운 산업사회의 문제점을 파악하고, 거기에 대처하는 데에는 한계가 있다는 것을 인정해야 한다. 예를 들면 위에서 지적한대로 산업사회의 기계는 소규모의 농장보다는 대규모의 농장이 생산에 있어서 더욱 효과적이라는

---

136 Rosenberg, "Some Institutional Aspects of the *Wealth of Nation*," 559.

것을 입증하였다. 인간의 노동을 기계가 대치하는 새로운 상황은 기존의 경제학을 근본적으로 새롭게 정리해야 하는 새로운 상황을 만들어 냈다.

하지만 이런 한계에도 불구하고, 스미스의 『국부론』은 근본적인 장점을 가지고 있다. 그것은 인간은 보다 나은 삶을 지향하는데, 이것은 막스처럼 계급 투쟁을 통해서 이루어지는 것이 아니고, 오히려 선의의 경쟁을 통해서 이루어진다는 점이다. 막스의 사회주의는 항상 계급 간의 갈등을 조장하고, 그래서 승자와 패자를 만들어 내는 반면에 스미스의 자본주의는 더 나은 행복을 위해서 같이 노력하며, 그래서 동반 성장을 목적으로 하는 것이다. 스미스는 공정한 경쟁을 통해서 사회는 보다 효율적으로 운영되고, 결국에 가서는 모두가 잘 사는 사회로 나갈 것이라고 믿었다.

2. 자본주의의 구조와 종교의 역할: "순수하고, 합리적인 종교"

우리는 위에서 스미스에게 개인의 이익이 자동적으로 사회의 공익으로 이어지지 않는다는 것을 보았다. 개인의 이익이 사회의 공익으로 이어지기 위해서는 여러 가지 제도적인 장치가 필요하다. 그런 제도적인 장치 가운데 하나가 바로 종교라는 것이다. 스미스가 종교에 대해서 관심을 갖는 근본적인 이유는 바로 이런 도덕 때문이다. 종교는 교육과 더불어서 상업 사회에서 건전한 경쟁을 가져오게 만드는 중요한 요소이며, 종교와 교육은 이런 측면에서 사회에 공헌하고 있다.[137]

---

137 Charles L. Griswold, Jr., "Religion and Community: Adam Smith and the Virtues of Liberty," *Theoria* (2003, December): 65-93.

스미스는 자유가 보장되는 근대 사회에서는 도덕의 역할이 더욱 중요해진다고 보았다. 국가가 더 이상 개인의 도덕에 대해서 관여할 수 없는 새로운 상황에서 이제 국가가 기댈만 한 가장 강력한 곳은 종교라는 것이다. 스미스는 자유가 보장되면 경쟁사회가 되고, 경쟁사회가 파괴적으로 나가지 않고 건설적으로 나가기 위해서는 서로를 인정하고, 절제하는 정신이 필요하다. 그래서 그는 국부론에서 "서로 경쟁하는 집단들의 온순한 성질과 절제야말로 자유민의 공적 도덕에서 가장 본질적인 전제가 될 것이다"고 주장하였다.[138] 만일 이런 덕성이 함양되지 않는다면 자본주의의 자유경쟁 시스템은 혼란 가운데 빠지고 말 것이다. 다시 말하면 자본주의는 이런 도덕적인 기반 위에서만 존재할 수 있다는 것이다.

그러나 스미스를 포함한 당시의 계몽주의자들은 기성종교에 대해서 매우 부정적이다. 이들은 당시의 기성종교가 근대 사회를 받아들이는데 걸림돌이 되고 있다고 생각했다. 특별히 이들이 공격했던 것은 권력과 결탁한 소위 국가교회이다. 이 국가교회는 권력과 결탁해서 새로운 사회가 등장하는 것을 거부하였다. 따라서 계몽주의자들은 국가교회의 종교독점을 반대하며 종교의 자유를 강조하였다. 그리고 종교는 국가권력과 결탁하지 말고, 보다 개인적인 문제에 관여해야 한다고 보았다. 이것은 국가도 마찬가지이다. 국가는 개인의 종교에 대해서 관여하지 말아야 하고, 오직 세속적인 일에만 관여해야 한다는 것이다. 이렇게 해서 계몽주의자들은 정치와 종교의 구분을 강조하였다.

계몽주의자들은 종교문제는 권력으로가 아니라 설득에 의해서 조정되어져야 한다고 믿었다. 국가 권력은 오직 종교문제가 개인의 가시적인 권

---

138 Smith, *The Wealth of Nation*, V. I. f. 40.

리를 침해했을 경우에만 개입되어져야 한다고 보았다. 그리고 이럴 경우도 국가가 종교적인 기준으로 판단하는 것이 아니라 일반 형법이나 시민법의 기준으로 판단해야 한다고 보았다. 이런 주장은 미국 헌법에서 가장 잘 드러나는데, 여기에 관하여 토마스 제퍼슨은 다음과 같이 말하였다: "정부의 합법적인 권력은 다른 사람에게 직접적으로 해를 미쳤을 경우에만 행사되어져야 한다. 내가 생각하기에는 20명의 신들이 있다고 말하는 것이나 신이 전혀 없다고 말하는 것이나 간에 그런 것들이 우리의 이웃에게 아무런 해를 미치지 않는다. 이런 주장이 내 호주머니를 훔쳐가지도 않았고, 나의 다리를 부러뜨리지도 않았다. … 이성과 설득은 오직 [종교의 오류를 시정할 수 있는] 유일한 실질적인 도구이다."[139] 종교적인 문제에서 국가의 권력이 그 효력을 상실한 시대에서 가장 중요한 것은 바로 대중을 합리적으로 설득할 수 있는 능력이다. 이것은 근대교회를 결정하는 가장 중요한 요소 가운데 하나가 되었다.

   스미스는 근대 사회에서 도덕을 가르치는 성직자들을 두 종류로 나누었다. 하나는 그들의 생계를 신자들의 자발적인 헌금에 의존하는 부류와 다른 하나는 국가가 세금이나 다른 재정과 같은 고정된 기금으로 성직자들의 생계를 보장해 주는 경우이다. 전자는 주로 새로 등장한 비국교회의 성직자이며, 후자는 오랫동안 유럽 사회에 뿌리를 내린 국교회의 성직자이다. 스미스는 전자의 경우가 후자의 경우보다 훨씬 종교적인 열정이나, 사람을 설득하는 능력에 있어서 뛰어나다고 본다. 다시 말하면 새로 등장한 비국교도의 성직자들이 오랜 전통을 가진 국교도의 성직자들을 능가

---

139 M. Peterson (ed.) *Thomas Jefferson: Writings* (New York: Library of America, 1984), 285-286.

한다는 것이다.

새로 등장한 비국교도의 성직자들은 과거의 잘못된 관습을 공격하여, 신자들로 하여금 새로운 사회에 적응하도록 하는 반면에 오랜 역사를 가진 국교도의 성직자들은 그들의 기득권을 보호하려는 방어적인 자세 때문에 종교적인 열정도, 사람들을 설득하는 힘도 잃어버렸다는 것이다. 사실 국교회 성직자들은 많은 교육을 받고, 사회에서 존경받는 신사들이다. 그리고 이런 높은 신분 때문에 사회에서 그들의 위치는 분명해졌다. 하지만 근대 사회의 등장과 더불어 국가의 특권을 갖지 못하고 대중들에게 직접 접근하는 비국교도들이 나타나면서 이들의 대중에 대한 영향력은 점점 쇠퇴해가기 시작하였다. 비국교도들의 공격에 직면한 국교회의 성직자들은 자신을 방어할 아무런 도구를 갖지 못했다. 그들이 자랑하는 교육과 사회적인 신분이 비국교도들의 공격을 막아내지 못했다. 그래서 이들이 의존하는 것은 국가의 권력이다. 이들은 국가가 이 문제에 개입하여 비국교도들을 사회를 혼란시키는 무법자로 정죄하고, 이들을 막아 주기를 요청한다. 하지만 종교의 자유를 인정하는 근대 사회가 국교도들의 이런 제안을 받아들일 수 없다. 스미스는 과거 수세기 동안 영국 국교도들의 실패가 이것을 입증해 준다고 말한다. 이것은 마치 무식한 몽골인들이 교육을 받은 아시아인들을 단숨에 물리치고, 전 아세아를 정복한 것과 같은 것이다.[140]

세월의 흐름과 함께 많은 비국교도들도 이런 저런 방법으로 안정된 성직록을 받게 되었다. 다시 말하면 비국교 성직자들도 국교 성직자들과 같은 대우를 즐기게 되었다는 것이다. 이것은 교육의 경우도 마찬가지이다.

---

140 Smith, *The Wealth of Nation*, 740-741.

비국교도들은 18세기 스미스가 국부론을 쓸 당시에 상당한 교육을 지닌 자들이 되었다. 이렇게 되자 이들은 비국교도들의 특징인 열심을 상당히 잃어버렸다. 그리고 새롭게 등장한 것이 바로 감리교도들이다. 당시 감리교는 비록 영국교회 안에 있었지만 이들의 교육과 수입은 보잘 것 없었다.

하지만 감리교와 기타 안정된 수입을 자랑하는 기존 성직자들을 비교해 보면 감리교 설교자들의 지식수준은 보잘 것 없었지만 대중에 접근하는 능력은 월등하게 뛰어났다. 스미스는 국교도들은 이 측면을 무시해 왔다고 본다. 하지만 감리교도들은 이 측면에서 대단한 재능을 발휘했다. 교육의 정도에서 감리교도들은 국교도 뿐이 아니라 비국교도 성직자들의 반절도 되지 않지만 대중적인 인기에 있어서는 그들과 비교되지 않을 정도의 높은 인기를 유지하고 있다.[141]

스미스는 이것을 다시 한 번 강조하기 위하여 천주교의 하급성직자와 학식이 많은 개신교 성직자를 비교한다. 시골목회에 종사하는 천주교의 하급성직자는 대부분 그들의 생계를 신자들의 자발적인 헌금에 의존하고 있다. 이들에게 고해성사는 신자들의 헌금을 받을 수 있는 좋은 기회이다. 이것은 탁발 수도사들도 마찬가지이다. 탁발 수도사들은 전적으로 신자들의 헌금에 의존한다. 이들의 모습은 마치 학생들의 등록금에 의존하는 학원선생들과 같다. 학원선생들에게 있어서는 학생들을 얼마나 열심히 잘 가르치는가는 곧바로 그들의 수입과 깊은 관련이 있다. 마찬가지로 천주교의 하급성직자들의 수입은 그들이 얼마나 일반 대중들의 신앙심을 고취시키느냐와 깊은 관계를 맺고 있었다. 신자들의 신앙이 깊어지면 깊어질수록 그들에게 많은 헌금을 하게 된다. 따라서 천주교의 하급성직자

---

141 Smith, *The Wealth of Nation*, 741.

들과 탁발수도사들은 대중들의 신심을 고양시키는 다양한 방법을 연마하고, 이것을 실행해 왔다. 마키아벨리가 지적한 것처럼 이런 도미닉과 프란시스와 같은 탁발수도사들의 노력 때문에 13, 14세기의 천주교는 다시금 활력을 얻게 되었다.[142] 그러나 고위 성직자들은 대중들과 직접 만날 필요가 없다. 그들은 단지 하급성직자들을 잘 통제할 훈련만 받으면 그것으로 족한다.

스미스의 이론을 따르면 개인의 노력과 그 결과가 직접적인 관계가 있어야 한다. 그러나 국가교회에서는 성직자 개인의 노력이 실질적으로 그의 수입에 별로 영향을 미치지 못한다. 그가 얼마나 설교를 잘하는가, 얼마나 성실하게 신자들의 종교적인 욕구를 만족시켜 주는 가가 그의 수입에 아무런 관계가 없다. 천주교에서도 상황은 비슷하다. 대부분의 천주교 성직자들은 상급자의 결정에 의해서 성직록이 결정된다. 스미스는 이런 구조에서는 성직자가 열심히 일할 아무런 욕구를 느끼지 못한다. 그에 의하면 개신교의 소종파나, 천주교의 탁발수도사들은 그들의 종교적인 사역의 결과가 직접적으로 그들의 수입과 관계가 있다. 이들의 사역은 보다 근본적으로 보통 사람과 관계를 맺고 있으며, 이들의 자발적인 헌금에 생계를 의존하고 있다. 이것은 교회로 하여금 새로운 시대에 들어서게 만든다. 그것은 교회가 보통 사람들의 관심에 귀를 귀울여야 한다는 것이다.

---

142   Smith, *The Wealth of Nation*, 742.

3. 대중적인 기독교의 등장: 흄의 주장과 스미스의 비판

18세기 영국에서 가장 뛰어난 철학자는 데이비드 흄이었다. 흄은 또한 스미스와 친밀한 관계를 유지하였다. 이 두 사람은 서로를 격려했으며, 서로를 존경했다. 스미스는 종교를 논하면서 흄의 종교에 대한 견해를 길게 인용한다.

흄은 두 종류의 기술에 대해서 말했다. 하나는 대중의 요구에 부응하는 기술이요, 다른 하나는 대중의 요구가 없어도 사회의 필요 때문에 존재해야 하는 기술이다. 전자는 주방장이나 금 세공업자와 같은 사람들이다. 국가는 이들의 기술을 발전시키기 위해서 노력할 필요가 없다. 이들은 수요와 공급의 법칙에 의해서 자신들의 기술을 발전시키기 위해서 노력하고 있다. 이들은 자신들의 기술이 발전되면 될수록 자신들의 수입이 늘어난다는 것을 잘 알고 있다. 그러나 후자의 경우도 있다. 여기에는 재무나, 행정, 선박제조와 같은 분야는 개인들의 요구와는 관계가 없다. 이런 분야는 국가가 직접 관여하여 여기에 종사하는 사람들의 이익을 보장해 주어야 한다. 이런 직업은 개인들의 이익을 대변하는 사람들이 아니라 국가의 이익을 대변하는 사람들이기 때문이다.[143]

흄에 의하면 성직자들의 일은 첫 번째 부류에 속한다는 것이다. 성직자들은 의사나 변호사와 같이 개인들의 욕구를 얼마나 충족시켜 주느냐에 의존하기 때문이다. 의사가 개인의 건강을 책임짐으로 자신의 수입을 올리는 것처럼 성직자들은 신자들에게 영적인 가르침을 주거나 시련 가운데 있는 사람들에게 위로를 줌으로써 생활을 해 나간다는 것이다. 따라서

---

143 Smith, *The Wealth of Nation*, 742-743.

성직자들은 영적인 문제에 대해서 연구하고, 사람들의 심리를 파악하며, 그들에게 어떻게 접근할 것인가를 배움으로서 자신들의 전문적인 능력을 확대해 나가야 한다. 그렇게 함으로써 그들은 자신들의 청중들로부터 거기에 합당한 대우를 받게 될 것이다.

하지만 이런 성직자들의 대중적인 접근은 많은 문제를 가져온다. 대중의 인기에 의존하는 성직자들은 대중들에게 자신이 보다 영적인 존재라는 것을 과시하고 싶어하고, 이런 과정에서 경쟁적으로 대중들의 호기심을 자극하는 열광적인 측면을 받아들이게 된다. 이런 것이 잘못 발전되면 이런 대중적인 성직자들은 진리나 도덕과 같은 본래적인 것은 무시하고, 반대로 인간 본성의 가장 무질서한 측면이 드러나게 된다. 대중들은 기존의 종교보다는 이렇게 자극적인 새로운 종파를 선호하게 되고, 행정당국은 결국에 가서는 사회가 가장 싫어하는 상황으로 전개되는 것을 볼 수밖에 없다. 그러면 이런 상황으로 가지 않기 위한 해결책이 무엇인가? 흄은 냉소적으로 성직자들에게 안정된 성직록을 주어서 열심히 일할 필요를 느끼지 않도록 하는 것이다. 다시 말하면 정부는 성직자들에게 성직록이라는 뇌물을 제공하여 열심히 일하지 않아도 살아갈 수 있도록 만들어 주어야 한다는 것이다. 그리고 이들이 하는 일이란 새로운 열정적인 종교가 등장하여 자신들의 신자를 빼앗아가지 않도록 그저 지키고만 있도록 만드는 것이라는 것이다. 이렇게 함으로써 결국에 가서는 게으른 성직자는 사회를 안정시키는데 기여하게 된다는 것이다.[144]

스미스는 이런 흄의 주장에 대해서 반박하고 나선다. 스미스는 국가가 성직자에게 안정된 성직록을 제공하는 이유는 다른데 있다고 주장한다.

---

144 Smith, *The Wealth of Nation*, 743.

사실 종교적인 논쟁의 시기는 동시에 정치적인 논쟁의 시기였다. 이런 시점에서 정치집단은 자기들이 유리한 입장에 서기 위하여 자기들을 지지하는 종교집단을 찾게 된다. 그러나 이런 지원은 정치집단이 그 종교집단의 특징이나 주장을 받아들일 때에 가능하게 된다. 그래서 그 정치집단이 정치에서 승리를 얻게 되면 그들은 그 종교집단의 이익을 보호할 수밖에 없다. 승자와 함께한 종교집단의 지도자는 그와 함께한 정치집단에게 자기들의 영향력을 발휘하게 되며, 정치가들은 이것을 거부할 수 없게 된다.

이렇게 되었을 때 승자와 함께한 종교집단이 첫 번째 요구하게 되는 것은 반대파를 잠잠케 하는 것이며, 두 번째는 그들에게 안정된 경제적인 지원을 요구하는 것이다. 이들이 정치적인 승리에 기여한 점을 생각할 때에 이것은 합리적이라고 말할 수 있다. 이들은 자기들의 생계가 일반신자들의 기호에 맞추는 것에 달려 있는 것을 피곤하게 생각하고, 그들의 헌금에 의존해서 살아가는 것을 불안하게 여긴다. 그래서 자신들이 전리품을 요구할 상황에 오게 되었을 때, 이들은 여기서 벗어날 길을 추구하게 된다. 정치가들은 이들 종교집단과의 유대관계를 지속하기 위해서 이들의 요구를 들어줄 수밖에 없다. 이렇게 해서 승자가 된 종교집단은 피곤한 대중의존적인 목회에서 벗어나서 안정된 성직록으로 살아가게 된다는 것이다.[145] 하지만 이런 상황은 스미스가 가장 싫어하는 종교적인 독점상태에 빠지게 된다. 정치와 타협한 종교는 자신의 경쟁력의 부족을 종교적인 독점을 통해서 해결하려고 하는 것이다.

스미스는 오히려 종교 간의 경쟁이 종교의 많은 문제를 해결할 수 있다고 본다. 만일 정치집단이 특정집단에게 빚을 지지 않고 정권을 잡았다면

---

145 Smith, *The Wealth of Nation*, 743-744.

오히려 그들은 종교문제에 대해서 공정하게 다룰 수 있을 것이다. 이런 정치집단은 종교문제에 말려들지 않고, 종교문제는 종교집단 자체적으로 해결하도록 하게 된다. 모든 종교집단은 자기들이 좋아하는 대로 종교제도를 만들고, 자기들이 좋아하는 목회자를 초청하게 되고, 자기들이 기뻐하는 대로 예배를 드린다. 그래서 정치가 종교문제에 손을 떼게 되면 수많은 종교집단이 형성되게 되는 것이다. 스미스는 이럴 경우에는 실질적으로 모든 개 교회는 모두 다 독자적인 종파처럼 행동하게 된다고 본다.[146]

이런 새로운 상황에서 성직자들은 회중들을 모으기 위해서 부단한 노력을 하게 된다. 그들의 설교는 대중적이 되고, 목회자는 신자들에게 보다 적극적인 서비스를 제공하게 된다. 그래서 종파들 사이에는 경쟁체제가 형성되게 되고, 모든 목회자들은 보다 많은 신자들에게 매력이 되기 위해서 부단한 노력을 하게 된다. 그러나 만일 한 종파나, 두 서넛의 종파가 지배하는 상황이 되면 목회자들 사이의 이런 열정은 오히려 다른 많은 목회자들의 원성의 대상이 되고, 결국은 따돌림을 당하게 된다. 하지만 수많은 종파들이 서로 경쟁하는 사이가 되면 이런 열정은 아무런 문제가 되지 않으며, 결국에 가서는 이들의 경쟁 때문에 사회의 안정이 해쳐지는 경우는 없게 된다. 여기서 스미스는 매우 중요한 주장을 하고 있는 것이다. 그는 단일교회가 사회의 안정을 가져오는 것이 아니라 오히려 다양한 교파들이 존재할 때에 사회가 더욱 안정된다는 것이다.[147]

그러면 어떻게 이런 다양한 교파들이 존재하는 상황이 더욱 사회의 안정을 가져오게 될까? 스미스에 의하면 이런 소종파의 목회자들은 대교파

146　Griswold, Jr., "Religion and Community," 71-73.

147　Griswold, Jr., "Religion and Community," 74.

의 성직자들이 갖기 쉬운 교만이나 우월의식이 없고, 오히려 다양한 교파들 가운데서 선의의 경쟁을 하도록 강요받기 때문에 그들은 공평과 겸손할 수밖에 없다는 것이다. 그리고 이런 소종파의 목회자들은 종교문제를 세속의 권력자에게로 이끌고 가지 않기 때문에 종교문제는 사적인 문제로 그치고, 공적인 사회문제로 비화하지 않는다는 것이다. 다른 말로 하면 소종파의 목회자들은 기존 교파의 성직자들이 가지고 있는 특권과 학식이 없는 대신 겸손과 봉사로 대중들에게 접근하게 되고, 이런 태도는 사회의 안정을 가져온다는 것이다.

이런 소종파들의 대중 지향적인 경향은 매우 중요한 새로운 결과를 가져오는데, 그것은 대중들에게 접근할 수 있는 새로운 형태의 종교를 만들어낸다는 사실이다. 전통적인 교회는 자신들의 특권을 정당화하기 위해서, 그리고 자신들의 교리를 정당화하기 위해서 복잡한 구조를 만들어 냈다. 하지만 이런 구조는 일반 보통 사람들에게는 아무런 관심이 없는 것이다. 그래서 소종파들은 이런 보통 사람들에게 맞는 새로운 형태의 종교를 만들어 내는데, 그것이 바로 "순수하고, 합리적인 종교"(pure and reasonable religion)라는 것이다.[148]

여기서 "순수"하다는 말은 복잡한 교리나 현란한 의식에서 자유한 것을 말하며, "합리적"이라는 말은 더 이상 국가가 특정한 종교를 강요할 수 없는 상황에서 사람들에게 설득할 수 있는 것을 말한다. 이런 종교는 철학자들이 생각하는 종교와는 다르다. 철학자들은 종교를 형이상학으로 만들어 버렸지만, 이런 대중지향적인 종교는 사람들이 이해할 수 있고, 철학이

---

148 Smith, *The Wealth of Nation*, 745.

나 정치에 물들지 않은 순수한 종교를 만들었다.[149]

이렇게 국가의 간섭으로부터 자유한 종교는 더욱 종교적이 된다. 정치가들은 종교를 정치적으로 이용하고자 하고, 철학자들은 종교를 자신들의 이론을 위한 근거로써 이용하고자 하지만, 보통 사람들은 종교에게서 위로와 영원에 대한 소망을 찾고자 한다. 더 이상 국가가 종교의 선택에 대해서 간섭하지 않는 상황에 이르게 되면 사람들은 자신들의 종교적 욕구를 만족시킬 수 있는 종교를 찾게 되고, 이런 상황이 되게 되면 신학자들이 복잡한 이론을 통해서 기존 종교를 보호하려는 변증이 효과를 보지 못한다고 주장한다.[150]

국가가 종교에 간섭하지 않고, 사람들이 자신들의 종교를 선택하게 될 때 또 다른 새로운 이익을 얻게 되는데, 그것은 종교가 도덕적이 될 수 있다는 것이다. 사람들은 종교에 대해서 엄격한 도덕을 요구한다. 만일 어떤 종교가 이런 도덕을 무시하게 되면 사람들은 이런 종교가 진정한 종교인가 의심하게 된다. 따라서 그들에게는 신자가 오지 않게 되고, 결국은 실패하게 된다. 스미스는 여기서 더 나아가서 이런 새로운 상황은 종교적인 열광주의도 막을 수 있다고 본다. 사람들은 종교가 독선적으로 나가서 사회의 평화를 파괴하는 것을 원하지 않는다. 따라서 이런 상황에서 소종파들은 평화를 지향하는 태도를 취하지 않을 수 없다. 여기에는 자유로운 상황이 전제가 되어서 지나친 독선적인 종교를 풍자하고 비판하는 언론이 전제 될 때, 더욱 효과적이다. 그래서 스미스에 의하면 열광적인 종교를

---

149 Griswold, Jr., "Religion and Community," 75. 필자는 스미스에게서 오늘날의 대중적인 복음주의를 예견하고 있음을 본다. 대중적인 복음주의는 종교를 철학과 구분하여, 종교는 순수하고, 보통 사람들이 이해할 수 있는 종교로 만들었다.

150 Griswold, Jr., "Religion and Community," 76-77.

제어하는 방법은 정부의 간섭이 아니라 자유로운 사회라는 것이다.[151]

스미스는 이런 종교를 인류 역사 가운데서 모든 현자들이 세우기를 원했으나 세우지 못했고, 모든 국가의 매우 긍정적인 법이 만들고자 했으나 성공하지 못했다고 말한다. 그는 17세기 중엽의 청교도 혁명이 이런 종교의 독립을 시도했지만 실패했다고 주장하면서 18세기의 펜실바니아가 이것을 성공시켰다고 말한다. 펜실바니아에서는 퀘이커가 가장 왕성하지만 펜실바니아의 법은 퀘이커에게 결코 특권을 허락하지 않았다. 펜실바니아에서의 이런 종교의 독립적인 존재는 여러 종파들 가운데서 서로를 존중하고, 타협하는 기술을 만들게 되었다.[152] 이것은 근대 사회의 중요한 요소가 아닐 수 없다. 우리는 여기서 스미스가 18세기 후반의 미국의 종교상황을 지켜보고 있었고, 여기서 자기의 이론이 정당하다는 구체적인 예를 발견하고 있는 것을 볼 수 있다.

스미스는 정부가 특정 교파에게 특권을 허락하지 않는다면, 적어도 종교 문제가 사회를 소란하게 만들지는 않을 것이라고 주장한다. 그의 주장은 정부가 특정교파를 지지하지 않으면 자동적으로 수많은 종파들이 형성되게 되고, 거꾸로 이 종파들은 국가 권력과 결탁된 힘이 없기 때문에 사회를 근본적으로 소란하게 만들 힘이 없다. 오히려 이 소종파들이 대중들이 지지를 획득하는 과정에서 그들은 좀더 사회가 요구하는 덕목을 갖추게 되고, 결국에 가서는 사회에 유익을 가져다주게 된다. 스미스는 소종파가 이런 점에서 사회의 안정과 도덕의 함양에 유익하다고 보는 것이다.[153]

---

151 Griswold, Jr., "Religion and Community," 77-82.
152 Smith, *The Wealth of Nation*, 745.
153 Smith, *The Wealth of Nation*, 746; Griswold, Jr., "Religion and Community," 75.

스미스는 이어서 사회를 두 종류로 나누어서 설명한다. 하나는 도덕적으로 엄격한 보수주의요, 다른 하나는 도덕의 문제에서 상당한 융통성을 보여 주는 자유주의이다. 일반 사람들은 전반적으로 엄격한 도덕을 강조하는 보수주의자들에게 존경을 보내지만 시류를 좇아가는 소위 진보적인 사람들은 자유주의에 존경을 보낸다. 사실 도덕의 문제에서 융통성을 보이는 진보주의자들은 그들의 경제적인 여유에서 이런 행동을 하게 된다. 자신들의 경제적인 부유에 근거해서 이들은 상당한 사치와 방종, 때때로는 성적인 불륜을 용인하게 된다. 이들의 경제적인 능력은 이들로 하여금 이런 행동을 할 수 있는 여력을 제공해 준다. 하지만 보통 사람들은 이런 방종한 행동을 할 경제적인 여유도 없을 뿐만 아니라 만일 잠시 정신이 나가서 이런 행동을 하게 되면 그는 일생동안 돌이킬 수 없는 파경에 이르게 된다. 그러므로 경제적으로 가난한 사람들 가운데 지혜로운 사람들은 이런 사치와 방종이 자신들의 삶을 어떻게 망치는 가를 사람들에게 설명해 주게 된다.[154]

대부분의 새로운 종파들은 이런 가난한 보통 사람들 가운데서 출발한다. 이 종파들은 대부분 엄격한 도덕을 강조하는 보수주의적인 윤리를 자신들의 가르침으로 삼게 된다. 이런 종파들의 지도자들은 엄격한 윤리를 실천한 대가로 보통 사람들로부터 존경을 받게 된다. 때때로 이들의 엄격한 윤리는 상식을 초월할 수도 있다. 그리고 이런 행동은 더 많은 존경을 가져온다. 스미스는 이런 점에서 새로운 종파는 사회의 도덕을 유지해 준다고 본다.[155]

---

154 Smith, *The Wealth of Nation*, 746-7.

155 Smith, *The Wealth of Nation*, 747.

기존 종교의 지도자들도 마찬가지로 엄격한 도덕을 요구받기는 마찬가지이다. 이들은 사회의 모든 특권층과 깊은 교제를 갖는다. 따라서 이들은 그런 상류계층이 갖는 도덕적인 방종에 노출되어 있다. 하지만 이들의 존경은 이들의 도덕에 근거하고 있기 때문에, 이들은 사회의 존경과 권위를 유지하기 위해서 엄격한 도덕을 지킬 것을 요구 받는다.

그렇다면 대체로 낮은 계층에 근거하고 있는 새로운 종파의 지도자들의 경우는 어떤가? 이들의 행동이 기존 종교지도자들만큼 주목을 받지 못하는 것은 사실이다. 새로운 종파는 대부분 소규모의 그룹을 이룬다. 그리고 이 새로운 그룹에서는 여기에 속하는 사람들이 서로의 행동을 잘 알기 때문에 이 종파의 지도자들은 상당한 도덕적인 행동을 하도록 요구받는다. 만일 지도자가 이런 도덕적인 기준에 도달하지 못하게 되면 결국은 이들은 이 집단에서 지도력을 상실하게 된다. 이것은 국가권력의 강요 없이 자발적으로 이루어지는 것이다. 스미스는 국가가 종교에서 손을 떼게 되면 스스로 도덕적인 기준을 유지한다고 보는 것이다.[156]

최근 일부 학자들은 이런 스미스의 주장에서 인적자본(human capital) 휴맨 캐피탈의 개념을 발전시키고 있다. 휴맨 캐피탈 가운데는 존경이라는 것이 있다. 특별히 교육과 종교에서는 이 존경이라는 캐피탈이 중요하다. 이 존경이 없이는 종교와 도덕적인 권위를 지탱할 수 없기 때문이다. 문제는 이런 존경이라는 캐피탈을 얻기 위해서는 엄격한 도덕과 경건한 삶이 요구된다는 것이다. 여기서 스미스는 존경이라는 개인의 이익과 도덕이라는 사회의 요구가 만날 수 있다고 본다. 이것은 그가 개인의 이익과 사회의 이익이 조화될 수 있다는 주장을 입증해 주는 것이다. 그런데 이런

---

156 Smith, *The Wealth of Nation*, 747.

존경과 도덕의 조화는 소종파에서 더 잘 보존된다는 것이다. 사실 국교회에서는 성직자들의 개인의 생활을 잘 알지 못한다. 하지만 소종파에서는 개인의 행동이 잘 드러난다. 그러므로 사회의 도덕을 유지하는데에는 개인의 도덕에 대해서 보다 엄격한 모니터 장치가 되어 있는 소종파가 이런 장치를 갖지 못하는 국교회보다 훨씬 유익하다는 것이다.[157]

스미스가 이런 주장을 할 때, 이것은 당시 영국의 산업혁명을 의식하고 말하는 것이다. 당시 영국은 산업혁명의 결과로 많은 사람들이 농촌에서 도시로 몰려들었다. 이것은 영국 사회에 많은 도덕적인 문제를 가져왔다. 농촌에서는 사람들이 서로를 알기 때문에 자신들의 행동에 조심을 하게 된다. 하지만 도시로 오자마자 이런 외적인 제약이 없어지게 된다. 그리고 이들은 상대적으로 공장에서 일한 대가로 돈을 벌게 된다. 도덕적인 제약은 줄어들고, 환락에 종사할 비용이 있게 될 때에 그 결과는 분명하다. 이런 상황에서 이들은 범죄에 빠지기 쉽다. 이때 그들에게 등장한 것이 바로 새로운 종파이다. 이들이 새로운 종파에 등록하자마자 이들은 자기들의 그룹에서 주목을 받게 되고, 사랑을 동반한 관심 가운데서 이들의 행동은 제약을 받게 된다. 따라서 이런 소종파는 사회가 요구하는 도덕을 성취하게 된다.[158]

필자는 스미스가 당시 영국 사회에서 감리회의 등장에 대해서 잘 알고 있었다고 생각한다. 감리회는 당시 영국의 산업사회에 대한 선교단체로서 등장하였다. 당시 영국의 국교회는 전통적인 목회 시스템 안에 안주하고 있었다. 하지만 감리회는 많은 사람들이 도시로 몰려들고 있었고, 바로

---

157 Gary M. Anderson, "Mr. Smith and the Preachers: The Economics of the Religion in the Wealth of Nations," *Journal of Political Ecomony*, 96 (1988), 1170-1171.

158 Smith, *The Wealth of Nation*, 747.

이런 상황에서 사람들은 도덕적인 방황을 하고 있었다. 웨슬리의 감리회는 바로 이들에게 초점을 맞추어서 사역을 하였다. 그가 사용한 방법은 바로 클래스(class) 시스템이었다. 몇몇 사람들로 조직된 이 클래스는 서로에게 관심을 기울이면서 동시에 서로의 행동이 크리스챤의 기준에 맞는가를 살펴보았다. 이런 감리회의 정책으로 인해서 영국의 도시는 상당한 부분 도덕을 회복하게 되었다. 필자는 스미스가 감리교를 직접적으로 언급하고 있지는 않지만 감리교에 대해서 잘 인식하고 분석하고 있다고 본다.

그러나 스미스는 소종파가 열광주의적으로 나가는 것에 대해서 우려하고 있다. 소종파는 종종 지나치게 엄격하여, 반사회적인 경향을 가지기 쉽다. 역사적으로 이렇게 나간 경향이 실제적으로 많이 있다. 영국의 경우에는 17세기 중엽의 청교도 혁명이 바로 그런 경향을 갖고 있었다. 스미스는 소종파의 이런 경향을 제어하지 않으면 사회의 안정을 해친다고 생각한다. 이런 점에서 그는 여전히 계몽주의자인 것이 분명하며, 그가 종교적인 열정에 대해서 매우 냉정한 사람이라는 것을 알 수 있다. 어쨌든지 스미스는 소종파의 이런 경향을 제어하기 위해서 두 가지 방책을 제시한다.

첫째는 과학과 철학교육을 강화하는 것이다. 특별히 스미스는 과학교육을 강화할 것을 주장한다. 만일 과학교육이 강화되면 지나친 열광주의와 미신은 대적을 만나게 될 것이다. 그러면 이렇게 과학과 철학교육을 강화할 것인가? 그는 과학을 가르치는 교사들에게 더 많은 월급을 제공하도록 하는 방법을 지양해야 한다고 주장한다. 이런 방법은 별 효과적이지 않다는 것이다. 오히려 국가가 중요한 직책에 오르려는 사람들에게 과학교육을 받는 것을 의무로 부과하는 것이 효과적이라고 본다. 이렇게 되면 사회의 지도층들은 충분히 합리적이 되어 열광주의와 미신에 현혹되지 않고, 더 나아가서 사회의 지도층이 이런 정신을 갖게 되면 낮은 계층의 사

람들도 영향을 받게 된다는 것이다.[159]

둘째는 오락 프로그램을 강화하는 것이다. 스미스는 국가가 오락에 종사하는 사람들에게 특별한 도덕적인 문제가 제기되지 않는 한 자유롭게 오락을 발전시키도록 함으로써 사람들의 관심을 열광주의적인 종교에서 벗어나게 해야 한다는 것이다. 스미스는 아마도 당시의 소종파들이 사람들의 관심을 많이 끄는 이유는 사회가 그들에게 적절한 오락거리를 제공하지 않았기 때문이라고 보았다. 흥미있는 것은 스미스는 사회가 우울하고, 비관적이면 바로 이런 열광적인 종교가 등장하게 되는데, 오락은 사회의 분위기를 밝게 함으로써 사람들을 열광주의에 빠지지 않게 만든다고 보았다. 또한 이런 코메디안은 종교의 위선적인 모습을 그들의 행동과 목소리를 흉내 내어 풍자함으로써 종교의 열광주의적인 측면을 폭로한다는 것이다. 따라서 국가는 오락을 장려해야 한다고 스미스는 주장한다.[160]

우리는 여기서 스미스는 역시 18세기 계몽주의자임을 알 수 있다. 계몽주의자들은 새로운 시대의 종교는 대중에 뿌리를 내리는 종교라는 것은 이해한다고 할지라도 그들은 종교적인 열정을 이해하지 못한다. 그는 종교적인 열정을 미신과 동일시했으며, 이들을 열광주의라고 비판했다. 또한 종교를 종교로 이해하지 못하고, 종교가 얼마나 사회의 도덕에 기여하는가에 의해서 종교를 판단할 수 있다고 보았다. 하지만 우리는 그의 종교에 대한 관찰에서 놀라운 통찰력을 보게 된다. 그것은 스미스가 기존 국가교회의 입장에서 종교를 이해한 것이 아니라 새로 등장하는 사회의 입장에서 종교를 이해하고 있다는 점이다.

---

159   Smith, *The Wealth of Nation*, 748.
160   Smith, *The Wealth of Nation*, 748.

이런 점에서 스미스는 흄과는 다른 입장을 갖고 있다. 흄은 인간을 두 종류로 나누어서 설명하였다. 하나는 대중적인 통속적인 인간이요, 다른 하나는 지성을 갖춘 계몽된 인간이다. 전자는 교양이 없고, 무식하며, 천박하다. 후자는 지성을 갖추고 있으며, 철학을 사랑하고, 도덕적이다. 흄은 인간에 대한 이런 분류를 따라서 종교도 두 종류로 나누고 있다. 하나는 대중에 근거한 종교요, 다른 하나는 계몽된 인간에 근거한 종교이다. 흄은 존재하는 종교 가운데 대중적인 요소를 제거하고, 계몽주의적인 종교를 세워야 한다고 주장하였다. 그가 주장하는 대중적인 종교란 이성을 무시하는 초월적인 종교이다. 여기에 비해서 계몽된 종교란 이성에 근거한 철학적인 종교이다. 흄은 18세기의 사회에서 새로운 대중에 근거한 종교가 등장하는 것을 두려워 했던 것 같다. 그는 대중을 불신하였다.[161]

스미스 역시 대중들의 열광주의를 경계하였다. 이 점은 스미스와 흄이 같은 입장을 갖고 있다. 하지만 스미스는 대중을 부정적으로만 생각하는 것은 아니다. 그의 경제이론은 종교도 생산자와 소비자의 관계에서 이해하도록 만든다. 생산자의 임무는 소비자에게 합당한 상품을 만드는 것이다. 종교에 있어서 생산자가 성직자라면 소비자는 신자이다. 그렇다면 성직자의 임무는 소비자인 일반 신자들을 중요하게 생각해야 한다는 것이다. 이런 이론적인 근거에 기초해서 스미스는 그의 대중에 대한 불신에도 불구하고, 대중들의 종교적인 욕구를 진지하게 생각하지 않을 수 없었다. 흄은 지성을 사랑하는 철학자였지만, 스미스는 현실을 직시하는 경제학자였다. 스미스는 이런 경제적인 입장에서 흄과는 다른 방향에서 종교를

161　Ernest C. Mossner, "The Religion of David Hume," *Journal of the History of Idea*, vol. 39, no 4 (Oct. - Dec. 1978), 65-663.

보고 있다. 하지만 우리는 스미스의 책에서 이중적인 모습을 보게 된다. 하나는 대중에 대한 불신이요, 다른 하나는 대중에 대한 인정이다. 아마도 이것은 18세기의 사회상을 보여 주는 것이라고 생각한다. 다시 말하면 18세기의 사회는 이제 막 대중이 사회의 전면에 등장하기 시작한 사회이며, 대부분 대중은 부정적으로 이해되고 있었다. 하지만 대중의 중요성이 점점 드러나고 있었다. 필자의 생각으로는 스미스의 사상은 이런 변환기를 반영하고 있다고 본다.

스미스가 흄의 생각과 다른 측면은 성직록에 대한 부분에서도 잘 드러난다. 흄에 의하면 원칙적으로는 성직자의 월급은 교육이나 의료에서와 마찬가지로 신자들에 의해서 제공되어야 한다. 하지만 이렇게 될 경우 종교는 열광주의로 나갈 가능성이 많다. 따라서 열광주의를 제어하기 위하여 국가가 성직자에게 월급을 주어서 종교로 하여금 열광주의에 나가지 못하게 해야 한다는 것이다. 하지만 스미스는 그렇게 생각하지 않는다. 그는 성직록은 신자들의 자발적인 헌금에 의존해야 하며, 이렇게 될 때 오히려 그 교회는 더욱 도덕을 유지할 수 있으며, 대중적인 접촉점을 유지할 수 있다.[162] 그러므로 스미스는 국가가 성직자의 월급을 제공해서는 안 된다고 주장한다. 그는 국가가 종교에서 손을 떼게 되면 종교시장이 자율적으로 열광주의적인 종교를 종교시장에서 제거하게 될 것이라고 보았다.

여기서 우리는 스미스의 사상을 좀더 넓은 사상사적인 측면에서 살펴볼 필요가 있다. 스미스의 이전 세대인 홉스는 인간은 악한 존재이며, 이것은 국가의 간섭을 통해서만 해결될 수 있다고 보았다. 홉스는 종교도 이런 국가의 제약 아래 있어야 한다고 보았다. 흄의 경우에는 종교의 자율성

---

162 Smith, *The Wealth of Nation*, 768.

을 어느 정도 인정하지만 여전히 종교문제에 국가가 관여할 필요가 있다고 보았다. 하지만 스미스는 다르다. 스미스는 개인의 이익은 사회의 이익과 조화될 수 있으며, 이것은 자유로운 경쟁사회에서 잘 표현될 수 있다고 보았다. 이것은 종교의 문제에 있어서도 마찬가지이다. 종교시장의 자유로운 경쟁은 보다 사회에 유익한 종교를 추구하게 만들고, 그것은 국가와 결탁해서 독점적인 지위를 누리는 종교보다 훨씬 도덕적이며, 동시에 종교적인 교회가 될 수 있다고 본다. 이런 점에서 레비(David Levy)가 흄이 종교를 언급함에 있어서 국가제도에 의해서 왜곡된 종교와 정치에서 해방되어 순수한 형태로 존재하는 종교를 혼돈한 것이라고 비판하는 것은 옳은 지적이라고 본다.[163] 스미스는 18세기의 영국 사회에서 지금까지 보지 못했던 새로운 종교가 출현하는 것을 목격하고 있었던 것이다.

4. 독점적인 종교의 위험: 카톨릭 교회

스미스는 국가의 법이 어떤 특정한 종교에게 특권을 부여하지 않으면 어떤 특정한 종교도 국가의 권력에 기대어서 자신을 유지하려고 노력하지 않으며, 권력자도 자신의 권력으로 성직자를 임명하거나 파면시키려고 하지 않을 것이다. 이런 경우에 국가는 종교문제에 관여할 필요를 느끼지 않으며, 단지 다양한 종파들 사이에서 공정한 경쟁이 이루어지도록 평화를 유지하는 일만 하면 될 것이다. 때때로 종교집단들 가운데서는 기존

---

163 David Levy, "Adam Smith's 'Natuaral Law' and Contractual Society," *Journal of the History of Idea*, vol. 39, no. 4 (Oct.-Dec., 1978): 665-674. 특별히 673의 결론을 참고하시오.

의 종교가 새로운 종교를 여러 가지 수단을 통해서 박해하고, 방해하는 경우가 있다. 그리고 종교라는 이름을 남용하여 사람들을 기만하는 경우가 있다. 국가는 이런 다양한 종파들 사이에서 중립을 지키며, 사회의 기본적인 질서를 지키도록 하면 된다. 그런데 이런 객관적인 자세는 사회에 어떤 특정한 종교가 국가교회로 자리를 잡고 있는 경우에는 가능하지 않다. 스미스는 이런 상황을 중세의 카톨릭 교회에서 찾고 있다.[164]

그는 국가교회를 일종의 독점적인 대기업에 비교한다. 대기업과 같은 국가교회의 성직자는 한 사람의 통치 하에, 한 사람의 방향 아래 행동한다. 이런 국가교회의 이익은 국가의 이익과 일치하지 않는 경우가 많이 있다. 실제로 중세시대의 천주교는 국가와 경쟁관계에 있었으며, 이 두 세력은 다같이 대중들의 지지를 얻으려고 노력하였다. 국가는 대중들의 지지를 권력에 의존하여 유지하지만 종교는 자신들의 가르침에 근거해서 대중들의 지지를 유지한다. 종교의 교리는 영원한 미래가 자신들의 종교에 얼마나 충성하느냐에 의해서 결정된다고 가르치기 때문에 이들은 자신들의 교리를 유지하는데 가장 큰 관심을 가진다. 만일 세속적인 권력이 이 교리에 대해서 의심하거나, 도전한다면 종교는 이 권력자를 비신앙인으로 규정하거나 더 심한 경우에는 이단으로 정죄한다. 통치자가 이것을 국가 권력으로 막으려 한다면 상황은 더욱 심각해진다. 이런 박해는 많은 순교자를 낳게 되고, 종교는 더욱 번성하게 된다. 군대의 힘도 별 도움이 되지 않는다. 군인들 가운데도 이런 종교의 가르침에 물든 사람들이 많이 있기 때문에 국가에 대한 그들의 충성은 종종 흔들리게 된다. 스미스는 종교의 권위는 어떤 국가 권력보다도 우위에 있다고 본다. 종교가 영생의 문제

---

164 Smith, *The Wealth of Nation*, 748-9.

를 가지고 사람들에게 위협하는 그 두려움은 어떤 두려움보다도 큰 것이다. 그는 국가 권력이 종교문제를 쉽게 다룰 수 없다는 결정적인 실례를 동로마 제국에서의 끊임없는 성직자들의 혁명과 서로마 제국에서의 갈등을 예로 들어서 설명하고 있다.[165]

국가권력이 종교문제를 적절하게 다룰 수 없는 이유는 종교교리에 대해서 국가가 관여할 방법이 없다는 것이다. 종종 국가는 종교를 보호해야 할 많은 의무를 갖는다. 하지만 국가의 어떤 기관도 종교교리에 대해서 적절하게 다룰 수 있는 기관이 없다. 국가는 성직자들의 연합 세력에 대항해서 싸울 수 있는 방책이 없다. 이런 경우에 국가는 단지 기성교회의 교리를 받아들이고, 거기에 순응하는 수밖에 달리 방도가 없다. 만일 그렇지 않으면 사회는 혼란을 야기하게 된다. 이럴 경우 국가의 안정은 종교교리에 대한 순종여부에 달려있게 된다. 이것이 스미스가 생각하는 종교적인 독점이 가져오는 문제점이다.[166]

스미스는 국가가 종교문제를 다루기가 힘들다는 것을 역사적으로 설명하고 있다. 국가는 항상 권력으로 사람들을 다스리려는 경향을 가지고 있는데, 이런 권력이 종교에는 별 효과가 없다는 것이다. 사실 프랑스 정부는 이 권력으로 성직자들의 재산을 몰수하고, 그들을 감옥에 가두었지만 이것은 별 효과가 없었다. 오히려 이런 박해기간 동안에 교회는 더욱 강성해지고, 오히려 국가는 궁지에 몰리게 되었다. 스미스는 종교의 권위가 항상 가장 강력한 권위 가운데 하나이며, 동급의 권위 가운데서는 항상 최고의 위치를 차지한다. 이런 종교의 권위는 대중들의 지지에 근거하고 있

---

165 Smith, *The Wealth of Nation*, 749-50.
166 Smith, *The Wealth of Nation*, 750.

는 것인데, 이것은 통치자도 마음대로 하기 힘든 것이다. 그러므로 국가는 그의 사회적인 안정을 위하여 국가교회와 같이 독점적인 위치에 있는 종교의 도움을 필요하지 않을 수 없고, 결국에 가서는 이들 종교를 움직이는 몇몇 고위 성직자들의 정치에 국가는 놀아나게 된다. 이런 상황이 되면 국가의 안정은 종교의 안정에 의존하게 되는 것이다.[167]

사실 초대교회에서 모든 교구의 감독은 성직자와 평신도가 공동으로 참여한 투표에 의해서 선출되었다. 그러나 세월이 지나가면서 성직자들은 감독선출에 평신도가 영향을 미치는 것이 귀찮아졌다. 그래서 평신도들을 배제하고 자신들만으로 감독을 선출하였다. 그리고 교구에 속한 모든 성직자들의 성직록은 그 감독의 권한 아래 있게 되었다. 물론 나라에 따라서 통치자가 감독의 선출에 약간의 영향력을 미칠 수 있었으나 그것은 결정적인 것이 될 수 없었다. 그러므로 모든 성직자는 자신들의 운명을 위해서 통치자가 아니라 자신의 상급 성직자에게 충성을 해야 한다. 결국 종교는 국가의 통치 범주에서 벗어나게 되는 것이다.

세월이 지나감에 따라 천주교의 모든 권한이 교황에게 집중되어 갔다. 처음에는 감독에 대한 권한을 가졌다가 점점 천주교의 모든 부분까지 장악하게 되었다. 이런 과정에서 교회에 대한 국가의 영향력은 점점 줄어들었다. 처음에는 교황청과 개교구와의 관계만이 존속하였는데, 세월이 지

---

[167] Smith, *The Wealth of Nation*, 750-51. 스미스는 프랑스와 영국을 비교하여 설명한다. 비교적 영국은 힘의 사용보다는 경영과 설득으로 종교문제를 다루려고 한 반면에 프랑스는 권력으로 이 문제를 다루려고 했다고 지적한다. 일반적으로 권력자들은 좋은 방법보다는 나쁜 방법을 택하는 경향이 있다는 것이다. 하지만 필자의 견해로는 영국은 통치자가 절대권력을 갖지 못하기 때문에 설득과 타협의 방법을 가질 수밖에 없었지만 프랑스의 경우에는 절대왕정의 절대권력을 가지고 있었기 때문에 권력으로 문제를 해결하려고 한 것 같다. 그러나 역시 스미스의 견해대로 공포와 권력보다는 설득과 타협이 효율적인 국가 통치방법이라는 그의 견해는 옳다고 본다.

나감에 따라서 여러 나라에 있는 천주교의 성직자들은 서로 연대하게 되었다. 그래서 사실 중세시대의 천주교는 다국적 군대와 같아서 국가를 초월하는 교황청의 명령체계에 의해서 일사분란하게 움직이게 되었다. 특정 국가의 교구는 특정 국가에 파견된 다국적 군대와 같다. 그리하여 교황청이 마음만 먹으면 언제든지 행동을 할 수 있는 준비자세가 되어 있다. 특정국가의 천주교 교구는 그 나라에 충성을 하기보다는 교황청에 충성을 맹세하고, 교황이 명령을 하면 자기가 속해 있는 국가의 통치자에게 도전할 수도 있는 것이다. 이것은 해당 국가의 통치자의 입장에서 보면 위험하기 짝이 없는 것이다.[168]

이런 천주교의 권력은 그들의 경제적인 능력으로 보강되었다. 중세시대의 카톨릭 교회는 세속적인 봉건영주와 맞먹는 광대한 영토와 재정을 갖게 되었다. 수도원은 노동을 통하여 농경지를 개척해 나갔고, 교구는 봉건영주와 일반 신자들의 기증으로 인해서 막대한 영토를 소유하게 되었다. 이런 재정적인 안정을 통해서 천주교는 국가의 권력에서 독립하게 되었고, 거꾸로 세속적인 권력은 성직자들의 협력 없이는 국가의 안정을 유지할 수 없는 상황이 되었다. 천주교는 이런 영토를 임대하여 임대수입을 갖게 되었을 뿐만 아니라 유럽 사회의 모든 사람들로부터 십일조를 헌금으로 받게 되었다. 이렇게 해서 교회는 막강한 재정을 소유하게 되었다.

이렇게 해서 형성된 교회의 재정은 성직자들이 다 소비할 수 없었다. 세속 영주들은 이 재정을 사치와 방탕에 사용했지만 성직자들은 그렇게 할 수 없었다. 그래서 이들은 이 재정을 가지고 유럽 사회의 가난한 사람들을 돕기 시작했다. 교회와 수도원은 중세사회의 가장 막강한 자선단체였다.

---

168 Smith, *The Wealth of Nation*, 752.

천주교는 가난한 사람들 뿐 만이 아니라 중세시대의 기사들도 도왔다. 이들은 특별한 생계수단을 갖지 않고 있었기 때문에 이들이 살아갈 수 있는 유일한 방법은 이 수도원 저 수도원으로 옮겨 다니면서 생계를 유지하는 것이었다. 기사들 뿐만이 아니라 학자들도 상황은 마찬가지였다. 그래서 봉건영주들에게 속해 있는 식객들보다 교회에 속한 식객들이 더 많게 되었다. 이것은 교회가 유럽 사회에 미치는 영향력을 반영해 주는 것이다.[169]

이런 교회의 영향력은 다른 곳에서도 드러났다. 그것은 성직자들 사이의 연대관계이다. 이 점은 통치자들을 훨씬 능가하는 것이다. 대부분 통치자들은 서로 경쟁관계에 있었지만 성직자들은 서로 협조관계를 갖고 있었다. 또한 통치자들은 일치된 조직이 없을 뿐만 아니라 이들을 하나로 묶을 구심점도 없었다. 하지만 교회는 교황을 정점으로, 그리고 카톨릭 신앙이라는 공통분모를 중심으로 강력한 연대관계를 갖게 되었다. 여기에 첨가해야 할 것은 일반 사람들의 눈에 교회에 속한 것은 하나님께 속한 것이며, 이것을 지키는 것은 하나님께 속한 것을 지키는 것이기 때문에 천주교의 영향력이 세속 권력의 영향력을 뛰어넘는 것은 당연한 것이다.[170]

중세시대의 천주교는 너무나 막강한 권력을 가지고 있어서 국가가 이것을 통치하기는 매우 어려웠다. 설혹 고위 성직자가 범죄를 했다고 할지라도 그를 체포해서 징계하는 것은 매우 위험하다. 교회는 자신들의 입장을 정당화할 여러 가지 수단을 갖고 있기 때문에 국가의 판단에 쉽게 순복하지 않고, 더 나아가서 국가에 대해서 그런 법적인 행동을 하지 못하도록 할 수 있는 여러 가지 수단을 갖고 있다. 별로 힘이 없는 통치자는 교회와

169　Smith, *The Wealth of Nation*, 753.

170　Smith, *The Wealth of Nation*, 753-54.

의 불편한 관계가 가져올 여러 가지 갈등을 우려해서 고위 성직자들을 징계하는 것을 포기하고 만다. 그래서 국가는 교회의 문제를 직접 다루기보다는 교회법에 넘기고 만다. 결국 교회는 국가의 영향력에서 벗어나는 범주에 속하는 것이다.[171]

이런 상황을 가장 잘 표현해 주고 있는 것이 중세시대의 천주교이다. 10세기에서 13세기까지의 천주교회, 혹은 약간 그 이후까지도 천주교회는 인류 역사상 세속국가의 권위와 거의 맞먹는 가장 강력한 힘을 가지고 있었다. 이 천주교는 이성에 대항하여 미신을 조장하는 방식으로 유지되었다. 그리고 이런 미신은 대다수 사람들의 개인적인 이익과 결탁되었는데, 대중들은 이것을 좋아하였다. 이런 천주교의 미신을 붕괴시킬 수 있는 유일한 방법은 이성을 강요하는 것이다. 이성의 역할이 나타나기만 한다면 이런 천주교의 미신은 무너지게 될 것이다. 우리는 여기서 계몽주의자들은 종교의 독점이 미신과 결탁되면, 계몽주의의 이성을 통해서 극복할 수 있다는 것을 통해 알 수 있다.[172]

독점기업은 경쟁자가 없기 때문에 품질의 향상을 위해서 노력하지 않으며 따라서 불량스러운 공급을 만들어 낸다. 이것은 종교의 경우도 마찬가지이다. 독점적인 종교는 신자들을 위해서 더 나은 서비스를 할 욕구를 느끼지 않는다. 그들은 항상 쉬운 방법을 택하게 되는데, 그것은 미신에 호소하는 것이다. 이것이 스미스가 말하는 천주교의 독점이 가져오는 종교적인 불량품인 것이다. 이런 독점적인 종교의 또 다른 문제는 경쟁자를 용인하지 않는다는 것이다. 중세교회는 자신들의 권력을 사용하여 갖은

171　Smith, *The Wealth of Nation*, 754.

172　Smith, *The Wealth of Nation*, 754.

방법으로 경쟁적인 종교를 박해하였다. 이것은 마치 동인도회사와 같은 독점적인 기업이 자신들의 특권을 유지하기 위해서 갖은 방법을 사용하는 것과 같다. 실제로 천주교는 자신들의 독점적인 위치를 유지하기 위하여 다른 그룹에는 이단이라는 용어를 사용했고, 이단을 지지하는 사람에게는 파문이라는 무기를 사용했으며, 자신의 능력 이상의 권력자들이 이런 경향을 가질 때에는 타협했다.[173] 실제적으로 천주교가 하나의 교회를 말할 때 그것은 어쩌면 자신들의 독점적인 위치를 유지하려는 교리적인 위장일 수도 있는 것이다.[174]

앤더슨은 스미스의 이런 주장을 설명하면서 중세의 천주교는 오늘의 용어로 말하다면 일종의 다국적 기업과 같은 구조를 가졌다고 말한다. 다국적 기업은 그 기업이 특정한 국가에 자리를 잡고 있지만 그 국가에 대한 충성보다는 그 기업에 대한 충성을 요구한다. 앤더슨은 더 나아가서 중세의 천주교는 마피아와 같은 집단이라고 설명한다. 그래서 국가와 인종을 뛰어넘는 조직을 가지고 있으며, 이런 것을 뛰어넘는 충성을 그 구성원에게 요구한다.[175] 이런 천주교의 조직은 근대 민족국가의 등장에 매우 위험한 것이다. 스미스가 국부론을 쓸 때 그의 가장 큰 관심은 근대국가의 형성이다. 그는 천주교와 같은 독점적인 종교는 이런 근대국가의 형성에 도움이 되지 않는다는 것이다.

최근에 경제사학자들은 이런 측면을 보다 자세하게 발전시켰다. 이들

---

173   Anderson, "Mr. Smith and the Preachers," 1080; Gary M. Anderson and Robert D. Tollison, "Adam Smith's Analysis of Joint-Stock Companies," *Jounal of Political Economy* 90 (1982): 1237-56.

174   Peter Berger, "A Market Model for the Analysis of Ecumenicity," *Social Research* 30(1963), 77-93.

175   Anderson, "Mr. Smith and the Preachers," 1082.

에 의하면 중세 천주교는 "교회 밖에는 구원이 없다"는 교리를 통해서 구원을 독점함으로써 점점 신자들에게 영적인 서비스, 곧 참된 신앙인으로 신자들을 양육하는 일을 게을리 하게 되었다는 것이다. 교황청은 단지 교리의 독점에서 머물지 않는다. 여기서 한 걸음 더 나아가서 성직의 독점을 한다. 다시 말하면 성직선출에 있어서 평신도가 참여하는 것을 막으려고 온갖 노력을 다하였다. 그리고 갖은 규제를 통해서 이런 독점이 유지되도록 노력하였다. 그 결과는 신앙의 쇠퇴이다. 그래서 구원은 값싼 구원이 되고, 성직자와 신자들의 생활은 타락하였다. 독점기업은 자신의 독점적인 지위 때문에 서비스의 질을 향상시키지 않는 것과 같이, 구원에 대한 천주교의 독점은 천주교의 종교적 서비스의 질적 저하를 가져 왔다는 것이다.[176] 이런 독점적인 종교사업의 문제가 결국은 종교개혁이라는 새로운 경쟁 시스템을 가져온 셈이다.

5. 천주교의 쇠퇴와 개신교의 등장

스미스는 상업사회의 등장이 중세의 봉건주의를 붕괴시킨 것처럼, 마찬가지로 카톨릭을 붕괴시켰다고 주장한다. 상업사회의 등장은 곧 바로 유럽 사회에 예술의 증가를 가져왔고, 곧 이어서 많은 공장을 만들게 하였다. 이미 위에서 살펴 본대로 중세사회에서 카톨릭은 많은 재물을 투자할

---

176 Robert B. Ekelund, Jr., Robert H. Hebert and Robert T. Tollision, "An Economic Model of the Medieval Church: Usury as a Frm of Rent Seeking," *Journal of Law, Economics, & Organization*, vol. 5, no. 2 (Autumn, 1989): 307-331. 이 논문은 중세의 천주교를 경제적인 이익을 추구하는 사적 기업으로 이해할 때 그 본질을 더 잘 파악할 수 있다고 본다.

적절한 장소를 찾지 못했다. 그래서 그들은 그 재물을 가지고 가난한 자들을 돕고, 동시에 기사나 학자들을 고용해서 일종의 가신을 만들었다. 이들이 카톨릭에게 보이는 충성은 다른 사람들이 봉건영주에게 보이는 충성을 능가하는 것이었다. 이들이야말로 중세 카톨릭을 유지하는 강력한 지지기반이었다. 하지만 상업사회의 등장과 더불어서 카톨릭 성직자들은 새로운 투자처를 찾게 되었다. 그것은 상업과 예술과 건축이었다. 카톨릭은 여기에 막대한 재원을 투자하게 되었고, 이것은 상대적으로 가난한 자들과 기사들에게 보여 주었던 자선과 환대를 축소하는 것을 의미하게 되었다.[177]

카톨릭이 새로운 투자처에 매력을 느끼게 된 것은 또 다른 이유가 있다. 그것은 새로운 투자는 도덕적인 문제를 야기하지 않기 때문이다. 예술과 건축에 투자하는 것은 방종이 아니라 신앙의 또 다른 표현으로 이해할 수 있다. 하여튼 이런 새로운 투자처는 전통적인 자선과 환대는 축소하는 대신에 막대한 새로운 재원을 요구하게 되었다. 이렇게 되었을 때 천주교가 행할 수 있는 방법은 자신들의 영토에서 일하는 사람들에게 지대를 올려 받는 것이다. 이렇게 되었을 때 천주교의 영지에서 일하는 농민들의 불만은 증대될 수밖에 없고, 동시에 천주교에 대한 충성심도 약화되게 되는 것이다. 이런 민심의 이반은 농민들에게만 나타나는 것이 아니다. 전통적으로 교회에서 삶의 근거를 찾았던 기사와 학자들도 교회에서 생계방법을 찾지 못하게 되자 이들은 교회에 등을 돌리기 시작하였다. 이들은 이제 천주교회를 공격하기 시작하였고, 이들이 묘사하는 천주교는 사치와 허영과 교만의 상징이 되었다. 동시에 일반 대중들도 교회를 하나님의 기관으

---

177 Smith, *The Wealth of Nation*, 755.

로 이해하기보다는 적그리스도로 이해하고, 이제 종말이 가까웠다고 보았다.[178] 이것이 중세 말기의 상황이다.

이런 상황을 즐기는 세력이 있었는데, 바로 이것이 중세의 제후들이다. 중세의 제후들은 항상 카톨릭과 경쟁관계에 있었는데, 이들은 기회만 주어지면 교황으로부터 자기 나라의 교회에 대한 모든 권한을 되찾으려고 노력하였다. 중세 후기는 이들에게 매우 좋은 기회를 제공해 주었다. 이 당시에 천주교의 대중들에 대한 영향력은 점점 쇠퇴해 가는 반면에 민족 국가들의 영향력은 점점 더 확대되어갔다. 여기서 성공한 것이 바로 영국과 프랑스이다. 이들은 오래 전에 자신들이 가졌던 성직자에 대한 임명권과 재산에 대한 권한을 천주교로부터 되찾으려고 노력했다. 특별히 여기에 성공한 것은 프랑스였다. 사실 프랑스는 오래 전부터 교황청과 갈등관계에 있었고, 프랑스의 성직자들은 교황청에 많은 충성을 보이지 않았다. 프랑스의 왕은 성직자의 임명권과 프랑스 천주교 재산에 대한 교황청의 간섭에 제동을 걸고, 거꾸로 자신이 모든 권한을 갖게 되었다.[179]

그러나 중세 천주교를 결정적으로 공격한 것은 독일의 종교개혁이다. 중세 말 천주교의 영향력이 점점 쇠퇴해 가는 과정에서 천주교의 잘못된 교리를 공격하고, 새로운 형태의 기독교를 제시한 사람이 바로 루터이다. 루터와 루터의 제자들은 열정적으로 천주교의 권위를 공격하였으며, 이것은 많은 대중들의 지지를 받았다. 스미스는 종교개혁자들이 다른 부분에서는 카톨릭 성직자들보다 뒤지지만 교회의 역사를 통해서 천주교의 잘못을 지적하고, 성경을 통해서 자신들의 입장을 변호하는데 뛰어난 수

---

178 Smith, *The Wealth of Nation*, 755-6.

179 Smith, *The Wealth of Nation*, 756-7.

완을 보였다고 말하고 있다. 또한 천주교 성직자들의 사치하고, 타락한 모습에 비해서 개혁자들이 보여준 도덕적인 경건은 종교개혁이 대중들의 지지를 받는데 중대한 요소가 되었다. 다른 한편으로는 개혁자들은 천주교 성직자들이 가지지 못한 장점을 가지고 있었는데, 그것은 대중적인 설득력이다. 이 대중적인 설득력으로 그들은 전통적인 천주교를 비난하고, 일반 대중들을 개신교로 끌어들이는데 성공하였다. 사실 이 점은 종교개혁의 매우 큰 장점이었다. 스미스는 역사를 통해서 고위성직자들과 학식이 많은 학자들은 대중성을 결여하고 있는데, 이것을 개혁자들은 소유하고 있었다는 것이다.[180] 종교가 대중들에게 뿌리는 내리고 있다면 성직자에게 있어서 가장 중요한 능력은 대중들을 설득할 수 있는 능력이다.

종교개혁의 열정은 유럽 전체로 쉽게 확산되었다. 교황청과 관계가 나빴던 독일의 봉건 영주들은 쉽게 루터의 개신교로 돌아섰다. 그래서 북부 독일의 상당한 영주들은 개신교 신자가 되었다. 이것은 스칸디나반도에서도 마찬가지였다. 이 지역의 왕은 천주교를 배격하고 루터교를 받아들이는 것이 국가를 살리는 것이라고 생각했다. 스칸디나반도에서 개신교는 큰 어려움을 겪지 않고, 자리를 잡았다. 이것은 스위스에서도 마찬가지였다. 이미 이 지역의 상당한 성직자들은 개신교를 받아들였는데, 이것은 스위스의 민족주의 때문이었다. 스위스는 항상 교황청의 국제 정치의 희생양이라고 생각하고 있었다.[181]

아이러니하게도 천주교가 개신교에게 영향력을 잃지 않은 지역은 강력한 왕권이 확립된 지역이다. 프랑스와 스페인은 당시의 봉건사회에서 강

---

180 Smith, *The Wealth of Nation*, 757.

181 Smith, *The Wealth of Nation*, 757-8.

력한 왕권이 확립된 지역이었다. 교황은 이들과 상당한 기간 동안 경쟁관계에 있었다. 그럼에도 불구하고, 이들의 도움으로 개신교의 확장을 저지시킬 수 있었다. 영국의 헨리 8세의 경우는 독특하다. 그는 개신교의 교리를 지지하지 않았지만 교회에 대한 자신의 독자적인 영향력을 확대하기 위해서 수도원의 재산을 몰수하고, 영국에서 교황의 영향력을 폐기시켰다. 이들 국가들처럼 힘이 있는 정부가 확립되어 있지 않은 스코틀랜드의 경우에는 개신교는 천주교의 세력을 붕괴시켰을 뿐만 아니라 천주교를 지원하려는 정부의 세력도 붕괴시켰다. 이렇게 해서 스코틀랜드는 전형적인 개신교 국가가 되었다.[182]

천주교의 잘못된 신앙에 대한 반동으로 개신교가 출발했지만 정작 개신교도들 사이에는 일치된 합의점이 없었다. 우리가 상상할 수 있는 대로 종교개혁 다음에는 여기에 대한 많은 논란이 있었다. 개신교도들 사이에는 근본적인 일치점에도 불구하고 교리, 예배, 정치 제도에 있어서 상당한 차이를 갖고 있었다. 하지만 상당한 논란 다음에 개신교도들 사이에는 두 가지 형태가 등장하게 되었다. 첫째는 루터파의 경향이요, 둘째는 개혁주의적인 경향이다. 이 두 가지 경향은 종교개혁 이후 유럽 사회에서 확고한 종교제도로 자리 잡았다.

루터파는 교황에게서 모든 권한을 빼앗아 가지고 그는 봉건영주에게 그 권한을 돌려주었다. 이것은 영국교회도 마찬가지였다. 이들은 교황이라는 종교지도자의 권위 대신에 봉건 영주나, 왕이라는 정치적인 권위에 순종하게 되었다. 이들은 상호 의존 관계를 갖고 있었다. 이리하여 루터파나 영국교회의 경우에는 감히 정치권력과 대결한다는 일은 존재하지 않

---

182 Smith, *The Wealth of Nation*, 758-9.

게 되었다. 이런 점에서 평화가 유지되었다. 하지만 다른 문제가 발생하게 되었다. 자신들의 승진과 성직록이 전적으로 세속 권력자들의 손에 달려 있게 된 것을 안 성직자들은 재빨리 새로운 환경에 적응하였다. 이들의 관심은 어떻게 권력자들을 즐겁게 하는가 하는 것이다. 그래서 권력자들이 좋아할 만한 행동과 기술을 발전시켰다. 그들의 언어는 화려한 수사로 장식되었고, 상류사회가 좋아할 만한 유머감각을 익혔다. 그들은 공공연하게 경건한 사람들을 위선자요, 율법주의자로 비판하였고, 자신들의 세속적인 행동을 공개적으로 천명하였다. 이렇게 함으로써 이들은 권력자의 상류사회와 자신들을 동일시하여, 그들로부터 자신들의 지위와 재정을 확보하려고 하였다.[183]

하지만 이들은 동시에 보다 중요한 것을 잃어버렸는데, 그것은 대중들의 지지를 상실한 것이다. 이들은 상류사회의 지지에만 관심을 가진 나머지 대중들에게 어떻게 접근하며, 그들의 갈망이 무엇인지 알려고 하지 않았다. 결국 이들은 새로운 종파가 나타나서 이들의 종교를 형식적이고, 위선적이라고 공격하고 나설 때 이것을 어떻게 다루어야 좋을지 알지 못하는 상황에 빠지게 되는 것이다. 이것은 스미스가 앞부분에서 언급하고 있듯이 야생마와 같은 몽골족이 공격해 올 때, 수많은 지식으로 무장한 중국의 지배층이 힘없이 붕괴된 것과 같은 것이다. 스미스는 이런 권력자에게 의존하는 루터파와 영국교회의 신앙형태는 새로 등장하는 소종파들과 경쟁할 수 없다고 생각하였다.[184]

종교개혁 이후 등장한 또 다른 그룹은 개혁주의라고 불리는 쯔빙글리

---

183   Smith, *The Wealth of Nation*, 759.

184   Smith, *The Wealth of Nation*, 759-60.

와 칼빈의 후예들이다. 이들은 원래 성직자의 선출권을 신자들에게 넘겨주었으며, 동시에 성직자들 사이의 평등을 강조하였다. 하지만 이것은 성공적이 되지 못했다. 신자들의 성직 선출권은 교회와 사회에 혼란을 가져왔으며, 성직자와 평신도들을 다같이 타락시켰다. 성직자들 사이의 평등 역시 교회와 사회에 별다른 효과를 갖지 못했다. 실제로 평신도들이 성직자를 선출하는 과정에서 많은 성직자들은 일반신자들의 관심을 끌기 위해서 열광적인 모습을 보였고, 이런 과정에서 성직자들 사이에서는 열광주의의 경쟁이 나타나게 되었다. 또한 특정 성직자를 선출하는 과정에서 종종 교회는 둘로 나누어졌고, 이것이 대도시의 경우에는 사회 전체의 안정을 해치는 지경에 이르게 되었다. 그리하여 개혁주의를 따르는 스위스와 네덜란드에서는 원래 신자들에게 속해 있던 성직자의 임명권을 다시 통치자가 갖게 되었다. 결국은 루터교와 같은 상황에 이르게 된 것이다.[185]

스코틀랜드에서는 좀더 복잡한 과정을 거쳤다. 장로교 제도를 받아들인 스코틀랜드에서는 통치자가 성직자를 임명하는 제도를 폐지시켰다. 하지만 장로교 제도는 성직자의 임명권을 소수의 계층에게 넘겨주고 말았다. 약 20년 동안 이 제도를 실시하다가 이 제도가 가져오는 여러 가지 문제 때문에 앤 여왕 재위 10년이 되었을 때 이 제도는 폐지되고 말았다. 앤 여왕은 다시금 임명권을 갖게 되었는데, 교회의 평화를 사랑하는 여왕은 교회의 동의를 거치는 절차를 거쳤다. 이런 과정에서 성직자들은 대중들의 신앙심을 만족시키려고 노력하게 되었다.[186] 스미스는 여기에 대해서 항상 두 가지 태도를 갖는다. 하나는 성직자는 대중적인 접근능력을 가

---

185 Smith, *The Wealth of Nation*, 760.
186 Smith, *The Wealth of Nation*, 761.

져야 한다는 긍정적인 측면이요, 다른 하나는 대중들의 열광주의에 종속되고 만다는 부정적인 측면이다.

장로교 제도에서는 모든 성직자는 동등한 권리를 갖는다. 하지만 성직록을 같이 받는 것은 아니다. 하지만 그 차이라는 것은 매우 보잘 것 없는 것이다. 그래서 실지로 좀더 많이 받는 사람도 더 많이 받도록 해준 사람에게 아무런 감사를 표현하지 않게 된다. 이런 상황에서 성직자들이 사람들의 인정을 받고, 상급자들의 주목을 받는 길은 학문과 엄격한 삶과 열정적으로 자신의 임무를 감당하는 일이다. 스미스는 스코틀랜드의 장로교 제도에 대해서 매우 자랑스럽게 생각한다. 그는 유럽의 어디에서도 장로교회보다 더 나은 학문과 신앙을 가진 성직자를 보유하고 있지는 못하다고 말한다.[187]

스코틀랜드 장로교회의 보잘것 없는 성직록은 전연 다른 결과를 가져왔다. 성직자들은 사람들의 존경을 귀하게 생각하는데, 이들은 많은 성직록으로 존경을 받을 수 없고, 오직 겸손과 신앙과 학식으로 사람들의 존경을 얻게 된다. 사실 이들은 경제적으로 어렵기 때문에 조금의 낭비와 사치도 평생 그들의 삶을 회복할 수 없는 상황으로 만들게 된다. 따라서 그들은 보통 사람들과 같이 겸손하게 살아간다. 이러는 과정에서 이들은 보통 사람들의 입장을 이해하고, 그들을 동정하며, 그래서 보통 사람들과 접촉점을 유지하게 된다. 결국 장로교의 성직자들은 보통 사람들에게 막대한 영향을 주게 된다. 그래서 강요 없이 사람들을 장로교로 개종하도록 만든다.[188]

---

187 Smith, *The Wealth of Nation*, 762.

188 Smith, *The Wealth of Nation*, 762.

6. 성직자의 성직록과 사회와의 상관관계

스미스는 유럽교회의 종교적인 측면을 연구하면서 하나의 흥미있는 분석을 제시한다. 그것은 성직자의 성직록과 대학교수의 관계이다. 장로교가 강한 국가에서는 성직자가 보잘것 없는 성직록을 받기 때문에 실질적으로 젊은 사람들에게 별로 매력이 없다. 여기에 비해서 대학교수의 월급은 상당히 매력적이다. 따라서 장로교가 강한 곳에서는 성직자들 가운데서 대학으로 옮기는 사람들이 많이 있다. 사실 오랫동안 유럽 사회에서 가장 지성적인 집단이 바로 성직자였고, 대부분의 대학교수들은 성직자들로부터 나왔다. 이런 장로교가 국교인 사회에서 많은 성직자들이 교수로 옮겼고, 대학은 매우 뛰어난 교수진을 확보하게 되었다.

여기에 비해서 천주교가 강한 곳에서는 교회의 고위 성직자들이 받고 있는 성직록이 대학교수의 월급과 비교할 때 엄청난 차이가 있다. 이런 곳에서는 대부분의 성직자들은 대학에서 일하기보다는 교회의 고위 성직자가 되기를 원한다. 따라서 천주교가 강한 사회에서 대학에서 일하는 뛰어난 성직자 교수를 찾아보기가 쉽지 않다. 이것은 영국교회도 마찬가지이다. 영국교회도 가장 안정되고, 뛰어난 성직록을 제공하는 것으로 알려졌다. 따라서 영국교회의 많은 성직자들은 대학에 있다가 교회가 요청하면 교회로 자리를 옮긴다. 따라서 천주교나 영국 국교회 사회에서는 대학에서 좋은 성직자 출신의 교수를 찾아보기 어렵다.[189]

스미스는 보다 뛰어난 성직자들이 대학에서 교육에 종사해야 한다고 생각한다. 대학에서 좋은 교육을 제공하는 것은 사회의 발전을 위해서 매

---

189 *The Wealth of Nation*, 762-764.

우 중요하다. 성직록이 지나치게 많아서 성직자들이 대학에 오려고 하지 않을 경우 사회는 그 만큼 손해를 본다는 것이다.

국교회의 경우, 대부분의 성직록은 국가의 재정에서 지불된다. 따라서 많은 성직록의 지불은 국가 재정에 상당한 부담이 될 수밖에 없다. 스미스는 국가의 관심과 국교회의 관심이 다르다고 본다. 국가의 가장 중요한 관심은 국가의 안보인데, 국교회는 여기에 실질적인 도움이 되지 못한다는 것이다. 국가의 실질적인 관심에 도움이 되지 못하는 곳에 국가의 재정이 소요된다는 것은 바람직하지 못하다. 또한, 교회가 받는 십일조도 실질적으로는 토지세와 같은 성격을 갖고 있다. 그래서 교회가 많은 십일조를 받을수록 국가는 그 만큼 재원을 상실하게 된다. 이것은 교회가 부유할수록, 한편으로는 국가가, 다른 한편으로는 국민이 필수적으로 가난하게 된다는 격언이 성립되는 것이다. 이렇게 될 때 국가의 안보는 더욱 위태로워진다.[190]

스미스는 마지막으로 스위스의 부요한 국교회와 스코틀랜드의 가난한 국교회를 비교한다. 예를 들면 스위스의 베른은 막대한 재정을 갖고 있다. 베른의 교회는 천주교에서 물려 받은 막대한 재정을 소유하고 있으며, 이 재정은 전 유럽의 은행에 예치되어 그 이자로 교회를 운영하고, 그래도 여유가 생겨서 베른의 재정을 돕는다. 하지만 이런 베른의 성직자들이 만족할 만한 종교 활동을 하는 것은 아니다. 국가가 국교회를 법적으로 보호하고, 재정적으로 지원하고 있지만 이들의 노력으로 사람들이 진정으로 신앙을 갖는 경우는 많지 않다. 하지만 이 지역의 신자들이 교회를 떠나는 것은 아니다. 이들이 만일 국교회를 떠나게 되면 그 지역의 시민권을 잃어

---

190   *The Wealth of Nation*, 764-5.

버리게 되기 때문이다.

　여기에 비해서 스코틀랜드의 장로교회는 매우 다르다. 이들은 재정적으로 매우 빈약하지만 이들은 재정적으로 매우 안정된 성직자들보다 훨씬 열정적이며, 일반신자들에게 잘 접근하고 있다. 이것은 스위스에서도 마찬가지이다. 베른과 같이 좋은 성직록을 받고 있는 성직자들보다 그렇지 못한 많은 개신교 목사들이 훨씬 대중들에게 접근하고 있다. 스미스는 성직록이 많을수록 실제로 목회에 대한 열정은 식어진다고 주장한다.[191]

　스미스는 모든 월급이 그가 하고 있는 일에 비례해서 지불되어야 한다고 본다. 월급이 너무 적으면 일할 의욕이 상실되고, 월급이 너무 많으면 게으르게 된다. 만일 어떤 사람이 많은 월급을 받게 되면 그는 그 월급을 사용하기 위해서 상류사회의 사람처럼 행동해야 한다. 여기에는 자연히 사치와 허영과 방종이 뒤따르게 된다. 스미스는 만일 성직자가 많은 월급을 받게 되면 그는 그 돈을 사용하기 위해서 축제를 열고, 장신구를 사게 된다고 주장한다. 이렇게 되면 그 성직자는 성직자에게 요구하는 삶의 스타일을 잃어버리게 되고, 결국에 가서는 신자들의 존경을 상실하게 된다. 그래서 많은 월급은 성직자를 타락하게 만들 뿐만 아니라 성직자로 하여금 그 사역을 감당하지도 못하게 만든다는 것이다.[192]

191　*The Wealth of Nation*, 765-6.

192　*The Wealth of Nation*, 766.

IV. 현대 사회와 종교 시장

1. 시장과 종교

최근에 아담 스미스의 종교에 관한 견해가 다시 주목을 받기 시작한 것은 종교사회학자인 로드니 스탁의 종교 경제학 때문이다. 스미스의『국부론』가운데 종교부분에 깊은 영향을 받은 스탁은 종교를 경제적인 측면에서 이해할 필요성을 제시하였다. 스탁에 의하면 종교도 일종의 경제논리에 의해서 설명될 수 있다는 것이다. 경제, 특히 시장경제는 수요와 공급이라는 원칙에 의해서 움직인다. 이런 수요와 공급의 원칙이 경제분야뿐만 아니라 종교분야에도 적용된다는 것이다. 사실 경제학에서는 경제의 원리를 경제적인 이익을 넘어서는 분야에까지도 적용하려는 움직임이 있다. 이것을 어떤 학자들은 경제 제국주의(economic imperialism)이라고 부른다. 이미 이런 움직임은 가정, 교육, 법률, 심지어는 인간의 육체까지도 포함하려고 한다.[193] 사실 사회의 모든 측면을 경제적인 측면에서 보려고 한 사람은 아담 스미스다. 그는 종교뿐만 아니라 교육도, 사회복지도 경제적인 측면에서 설명하였다. 스탁은 이런 영향을 받아서 종교를 경제적인 측면에서 설명하려고 시도한다.

스탁에 의하면 종교도 일종의 경제 구조를 가지고 있다는 것이다. 종교

---

[193] Gerhard Rednizsky and Peter Bernholz, ed., *Economic Imperialism: The Economic Approach Applied outside the Field of Economics* (New York: Paragon, 1987). 한국 사회에서도 경제의 원리를 교육에 적용하려는 시도는 강력하게 시도되고 있다. 그래서 교육시장이라는 말을 공공연하게 사용하고 있으며, 학생들을 종종 소비자로 설명하고 있다. 그래서 소비자 중심의 교육을 강조한다. 이것은 몇몇 학자들의 주장이 아니라 한국대학교육협의회를 중심으로 한 국가의 공식적인 기관이 정책적으로 강조하는 것이다.

가 선택의 대상이 된 지금, 분명히 종교에는 공급자와 수요자가 생기기 마련이다. 공급자는 수요자의 요구를 만족시켜야 그의 상품을 팔수 있는 것처럼, 종교도 종교 소비자의 욕구를 만족시켜야 한다는 것이다. 만일 종교가 이런 욕구를 만족시킬 수 없을 경우에는 그 종교는 종교시장에서 사라지게 될 것이다. 스미스에 의하면 국가교회는 이런 종교시장에 익숙하지 못하고, 경쟁을 받아들이지 않기 때문에 점점 쇠퇴할 수밖에 없고, 이에 비해서 새로 등장한 소종파들은 이런 종교시장의 원리를 받아들이고, 소비자 중심의 종교상품을 제공하기 때문에 점점 부흥한다는 것이다.

스탁은 이런 시장 종교의 반대가 독점적인 국가교회라고 본다. 서구 기독교는 오랫동안 독점종교의 전통을 가지고 있다. 개신교의 경우, 국가의 권력과 결탁해서 국가에 충성하는 대신 국가로부터 독점적인 지위를 얻는다. 이것이 독일의 루터교회와 영국의 국교회의 경우이다. 천주교의 경우, 자신이 갖고 있는 교리와 제도를 이용하여 다른 그룹이 종교경쟁시장에 들어오지 못하도록 만든다. 그 결과 천주교이든 개신교이든 독점적인 종교는 종교소비자에게 낮은 종교서비스를 제공한다는 것이다. 그래서 결국에 가서는 종교는 쇠퇴하고 만다. 스탁은 많은 데이터를 이용하여 특정 종교가 사회를 독점하는 경우 그 종교 신자는 대부분 명목상의 신자라는 것이다.

스미스의 이런 주장은 자연히 기존의 종교사회학자들의 주장에 대한 중대한 도전을 한다. 기존의 종교사회학자들은 다양한 종교의 등장은 상호간의 경쟁을 가져오고, 결국에 가서는 종교의 권위를 떨어뜨리며, 결국에 가서는 종교의 쇠퇴를 가져온다는 것이다. 이것을 처음 주장한 사람은 유명한 사회학자 드럭하임(Emile Durkheim)이다. 그는 종교 다원현상이 도덕과 종교를 함께 붕괴시킨다고 보았다. 이것은 최근의 사회학자들에서도 마찬가지이다. 최근의 가장 영향력이 있는 종교사회학자인 피터 버거도 최근의 상황을 종교시장의 현상으로 설명한다. 하지만 그는 이 종교시장이 종교를 붕괴시킬 것이라고 보는 것이다.[194] 아마도 이것은 대부분의 현대인들이 종교에 대해서 갖는 태도일 것이다.

하지만 스탁은 여기에 대해서 전혀 다른 주장을 한다. 종교경쟁은 종교를 쇠퇴하게 만든 것이 아니라 오히려 종교를 부흥하게 만들었다는 것이다. 많은 사람들이 특정 종교가 사회를 독점하고 있을 때, 그 사회가 매우 종교적일 것이라고 생각한다. 예를 들면 카톨릭의 중세사회가 매우 종교적일 것이고, 17세기의 청교도 신앙을 지닌 미국이 매우 종교적일 것이라고 가정하는 것이다. 하지만 스미스는 이런 주장은 근거가 없으며, 실질적인 통계가 보여주는 것은 그와는 정반대라는 것이다. 예를 들면 청교도 시대 직후인 1776년의 종교 출석률이 겨우 17%인데 비해서 다양한 종교가 등장해서 경쟁하는 종교다원현상을 보여주고 있는 1980년에 종교 출석률이 62%나 된다.[195] 이것은 종교의 경쟁이 종교를 쇠퇴하게 만든 것이 아니라 오히려 종교를 부흥하게 만들었다는 구체적인 증거이다.

이것과 더불어서 지금까지 학자들은 도시는 종교를 부정하는 세속적인 장소라고 주장하였다. 도시는 전통적인 가치를 부정하며, 따라서 전통적인 가치와 결탁한 종교를 부정해서, 도시야말로 종교를 떠난 세속화의 상징이라는 것이다. 하지만 스탁은 이런 주장 역시 사실과 전연 다르다고 주

---

194   Peter Berger, *The Sacred Canopy* (New York: Doubleday, 1967), 151; Roger Finke and Rodney Stark, "Religious Ecnomy and Sacred Canopies: Relgious Mobilization in American Cities, 1906," *American Sociological Review*, vol. 53 (February 1988), 41-43.

195   Roger Finke and Rodney Stark, *The Churching of America, 1776-1990* (New Brunswick, NJ: Rutgers University Press, 1992), 16.

장한다. 1906년의 통계에 의하면 미국의 도시인의 교회소속 비율이 56% 인 반면에 농촌은 50%에 지나지 않으며, 미국 전체의 평균은 51%라는 것이다. 이것은 도시인의 교회소속 비율이 상당히 높다는 것을 보여 준다. 이렇게 도시에서 교회소속 비율이 높은 것은 도시가 공정한 종교시장을 제공하기 때문이다. 시골에서 도시로 옮겨 온 많은 사람들은 자신의 기호에 따라서 종교를 선택할 수 있는 기회를 갖게 되었고, 이들을 상대로 해서 기존 종교뿐 만이 아니라 수많은 새로운 종파들이 종교적인 마케팅을 하였던 것이다. 따라서 19세기 말 미국의 도시화 현상은 기독교에 있어서 위기가 아니라 사실은 새로운 종교지도를 만들어 내는 배경이 되었다.[196] 필자의 견해로는 이 새로운 종교시장에서 오순절은 초월적인 신앙으로 종교소비자들에게 다가갔고, 이것은 성공적이었다. 이것이 20세기의 오순절 운동이 출현한 배경이 될 것이다.

실지로 역사상 본격적인 종교시장이 형성된 것은 미국이다. 유럽에서는 이런 저런 모양으로 국가교회가 존재하기 때문이다. 그래서 근대 사회에서도 여전히 종교의 독점이 이루어졌기 때문에 실지로 종교소비자의 자유로운 선택이 이루어졌다고 말할 수 없다. 다시 말하면 유럽 사회에서는 종교의 독점 때문에 자유로운 수요와 공급이라는 종교시장이 형성되지 못했다.[197] 하지만 미국에서는 다르다. 미국에서 종교는 기본적으로 개

196　Finke and Stark, "Religious Ecnomy and Sacred Canopies," 41-49.
197　최근 종교사회학계에서는 유럽예외주의라는 용어를 사용한다. 이것은 현재 전 세계적으로 종교는 부흥하는데 유럽은 예외라는 것이다. 그 이유는 유럽종교는 종교시장을 부정하고, 여전히 국교회제도 아래 있기 때문이라는 것이다. 여기에 관해서는 R. Stephen Warner, "Work in Progress toward a New Paradigm for the Sociological Study of Religion in the United Studies," *American Journal of Sociology* 98 (1993)과 Philip S. Gorski, "Historicizing the Secularization Debate," in: Michele Dillon, Handbook of the Sociology of Religion (2003)을 참고하시오.

인의 선택에 달려 있다. 그리고 이런 개인들에 의해서 선택되기를 바라는 수많은 다양한 종파들이 존재한다. 유럽 사람들에게는 이런 것들이 매우 새로운 것이었다.

스탁은 미국을 방문한 유럽 사람들에 의해서 일찍이 관찰되었다. 1818년 영국의 여행자였던 윌리암 코벳(William Cobbett)이 자신의 고향사람들에게 미국의 종교를 설명한 내용을 보면 미국의 종교가 얼마나 종교시장을 형성하고 있는가를 알 수 있다. 그는 미국 사람들과 종교세와 성직자에 대해서 이야기하였다. 그는 영국 사람들이 종교세를 지불하지만 미국에는 그런 제도가 없다. 영국 사람들은 그것이 사실인가 하고 의아해 했다. 코벳은 만일 이런 종교세가 없다면 교회는 어떻게 유지되는가? 성직자도 존재할 수 없으며, 따라서 사람들은 종교도, 도덕도 없는 사회에서 살게될 것이라고 생각하지만 사실은 그와는 전연 반대라는 것이다. 오히려 미국에는 교회가 엄청나게 많으며, 자기가 관찰한 장소의 6마일 이내에 3개의 성공회, 3개의 장로교회, 3개의 루터교회, 그리고 한 두개의 케이커 집회소, 두 개의 감리교 집회소가 존재한다고 쓰고 있다. 영국 사람들은 종교세가 없이는 종교가 유지될 수 없다고 생각하지만 미국 사람들은 종교세 때문에 종교가 위험에 빠진다고 주장한다. 미국의 성직자는 정부가 거둔 종교세로부터 생활을 하는 것이 아니라 그들이 섬기고, 보살핀 신자들이 낸 자발적인 헌금에 의해서 살아간다. 이런 자발적인 헌금의 힘이 유럽에서 법으로 강요한 종교세보다 훨씬 종교의 발전에 유익하다는 것이다.[198]

1837년 그룬드(William Grund)는 이것을 보다 더 경제적인 용어로 설명

---

198 Milton B. Powell, ed., *The Voluntary Church: Religious Life, 1740-1860, Seen through the Eyes of European Visitors* (New York: Macmillan Co., 1967), 43-47; Finke and Stark, *The Churching of America, 1776-1990*, 20.

하였다. 국가가 성직자에게 월급을 제공하는 사회에서 성직자는 게으르기 쉽지만, 신자의 자발적인 헌금에 의존하는 성직자는 보다 열심을 낸다는 것이다. 그룬드는 일하지 않아도 살아갈 수 있는 사람과 일하지 않으면 살아갈 수 없는 사람 가운데 누가 열심히 일할 것인가는 분명하다고 말한다. 그룬드는 이어서 자발적인 헌금에 의존하는 미국교회는 유럽교회에 비해서 3가지 이익을 얻고 있는데, 첫째는 더 많은 성직자를 갖게 되었고, 둘째는 더 열심있는 성직자를 갖게 되었고, 셋째는 비용이 덜 드는 성직자를 갖게 되었다는 것이다.[199]

2. 미국 종교 시장의 승자는 패자

스탁은 이런 관점에서 미국 종교시장을 분석하였다. 그에 의하면 미국의 수많은 종파들은 이 종교시장에서 승패를 경험했다. 한 때 미국의 종교시장을 장악하던 교파들은 신자들의 종교적인 욕구를 만족시켜주지 못하여 실패자가 되었고, 새로 등장한 수많은 교파들은 새로운 전략으로 사람들에게 접근하여 종교시장에서 새로운 승자가 되었다. 스탁에 의하면 전통적인 교파들은 새로운 종교시장에 적응하기보다는 여러 가지로 독점적인 제도를 만들어서 자신의 기득권을 지키려고 한다는 것이다. 하지만 이런 소극적인 자세로는 자신의 종교를 유지할 수 없다. 여기에 비하여 새로 등장하는 소종파들은 직접 신자들이 무엇을 요구하는가를 잘 파악하여

---

199   Powell, ed., *The Voluntary Church: Religious Life*, 1740-1860, 77-80; Finke and Stark, *The Churching of America*, 1776-1990, 19.

그들에게 직접 호소함으로써 종교시장에 새롭게 등장한다는 것이다.

이런 관점에서 종교시장에 제일 잘 적응하지 못한 것이 바로 회중교회이다. 뉴 잉글랜드의 가장 강력한 종파였던 이 회중교회는 원래부터 종교시장에 적응하려는 정신이 없었다. 이들이 처음 보스톤에 자신의 교회를 세웠을 때, 이들은 다른 종파가 이곳에서 선교하는 것을 허용하지 않았다. 그래서 침례교도 이곳에서 정착하지 못하고, 로드아일랜드로 옮긴 것이다. 이것은 독립 이후 정치와 종교가 분리된 상황에서도 마찬가지이다. 회중교회는 여전히 종교세로 유지하기를 원했다. 이런 회중교회는 새로운 장소를 찾아서 선교하기보다는 자신들의 이익을 지키기에 바빴다. 이런 결과는 서부개척에서의 실패로 드러났다. 그래서 미국 종교시장에서 가장 강력하던 회중교회는 20세기에 들어서서는 종교시장의 일부분 밖에 장악하지 못하는 결과를 가져왔다.

여기에 비해서 감리교의 등장은 눈부시다. 18세기 말에 보잘 것 없는 작은 교파로부터 시작했던 감리교는 19세기 중엽에는 미국 종교시장의 승자로서 등장했다. 이것은 감리교가 종교시장의 원리를 받아들였기 때문이다. 일찍이 스미스는 영국 감리교 설교자들의 대중 적응능력에 대해서 말했다. 이것은 미국 감리교에서 더욱 분명히 나타난다. 미국의 감리교 설교자들은 같은 시대의 회중교회 성직자들보다도 훨씬 대중들을 잘 이해했다. 그래서 별로 교육적인 배경이 없는 감리교 성직자들이 미국 사회의 최고 지성을 자랑하는 회중교회 성직자들을 제치고, 대중들의 마음을 얻는데 성공하였다. 그래서 많은 교회사학자들은 18세기를 감리교의 세기라고 부르는 것이다.

하지만 감리교도 미국의 종교시장에서 계속적인 승자는 되지 못했다. 19세기 미국에서 눈부시게 발전했던 감리교는 어느 정도 성공을 거두자

기존의 교파들을 따라가기 시작하였다. 원래 별로 교육을 받지 못했던 감리교 설교자들이 회중교회나 장로교의 설교자들의 뒤를 따라서 교육을 강조하게 되고, 이들은 신학교육을 통해서 전통적인 신학을 배우게 되었다. 새로운 시대의 감리교 성직자들이 배운 신학은 독일에서 들어온 새로운 신학이었다. 이들 신학은 미국의 종교시장을 이해하지 못하는 국교회의 제도에서 만들어진 신학이었다. 결국 새로운 시대의 감리교 성직자들은 거꾸로 미국의 종교시장을 이해하지 못하고, 전통적인 교회로 돌아갔다. 그 결과 감리교는 초기의 발전을 상실하고 20세기에 들어서자 정체를 경험하게 되었다.[200]

여기에 비해서 침례교의 경우는 다르다. 19세기 미국에서 침례교는 감리교와 더불어서 비약적인 발전을 하였다. 하지만 침례교는 감리교가 걸어간 길을 걸어가지 않았다. 이들은 독일신학의 위험에 대해서 끊임없이 경계하였고, 신자들과의 접촉점을 상실하게 만드는 지나친 지성주의를 경계하였다. 아울러서 침례교는 제도적으로 성직자를 교단이 보호해 주는 시스템이 아니기 때문에 항상 신자들의 종교적인 욕구에 대해서 민감해 질 수밖에 없다. 다시 말하면 침례교는 제도적으로 종교시장에 적합하다는 것이다. 감리교의 중앙집권적인 제도가 비시장적인 관료주의로 흐를 위험이 있는 반면에 침례교의 개교회주의는 이런 비시장적인 요소를 미리 제약한다고 말할 수 있다. 로드니 스탁은 침례교는 제도적으로 관료화와 지상화를 막기 때문에 미국의 종교시장에서 계속적인 성공을 유지할 수 있다고 본다.[201]

---

200 Finke and Stark, *The Churching of America, 1776-1990*, 150-62.
201 Finke and Stark, *The Churching of America, 1776-1990*, 177-87.

여기서 흥미있는 것은 주류 교단들이 자신들의 종교적인 독점을 계속하기 위해서 일종의 "카르텔"을 형성한다는 것이다. 주류 교단들은 자신들의 영역에 새로운 종파가 등장하는 것을 막기 위하여 새로 등장하는 종파들을 천주교가 그랬던 것처럼 이단으로 정죄하고, 신자들로 하여금 그들과 접촉하지 못하게 하였다. 또한 주류 교단들은 자신들의 사회적인 지위를 이용하여 각종 공공 기관에서 여러 가지 혜택을 추구한다. 예를 들면 주류 교단들은 20세기 초 공영방송에서 아무런 비용을 지불하지 않고, 방송할 수 있도록 했다. 하지만 이런 일종의 카르텔이 성공하지 못했다.

미국은 정교분리 체제이며, 이것은 제도적으로 어떤 특정한 교파들에게 이익을 주는 것을 배제한다. 이런 상황에서 주류 교단들에게 주어졌던 공공방송의 특권이 오래가지 못하고, 방송도 완전한 자유경쟁체제에 들어가게 되었다. 이런 상황에서 이들 방송을 듣고, 이 방송에 헌금을 보낼 수 있는 종교소비자들은 주류 교단에 속한 기존의 설교자들의 설교보다는 새로 등장하는 오순절 운동이나 복음주의자들의 설교를 선호했다. 이렇게 해서 주류 교단들은 새로 등장하는 미디어 시장에서 새로 등장하는 복음주의적인 소종파의 설교자들에게 밀리고만 것이다. 이렇게 해서 미국의 종교시장은 종교적인 욕구에 민감한 복음주의적인 교단에 의해서 계속 장악되고 있는 것이다.[202]

스탁에 의하면 이런 종교시장에 적응한 미국 기독교는 청교도 시대보다 훨씬 종교적이 되었다. 이것은 교회에 출석하는 신자의 숫자나, 신의 존재나 기독교적인 가치관에 대한 조사에서도 드러난다. 이것은 많은 계몽주의 이래로 사회가 덜 종교적이 되었으며, 따라서 종교는 점점 쇠퇴 할

---

202 Finke and Stark, *The Churching of America, 1776-1990*, 218-23.

것이라는 많은 학자들의 주장과는 반대의 방향으로 나간 것이다. 여기서 소위 세속화 이론은 근본적으로 수정을 요구받게 되었다. 다시 말하면 근대 사회가 되면 사회는 종교에서 벗어나 세속화가 되며, 이것은 기독교의 쇠퇴로 이어질 것이라는 세속화 이론은 틀렸다는 것이다.

3. 유럽과 남미의 종교시장

하지만 이런 주장은 유럽교회의 쇠퇴를 어떻게 설명할 것인가라는 또 다른 문제를 가져온다. 미국교회와는 달리 유럽교회는 점점 영향력을 상실하고 있다는 것이 대부분의 학자들의 공통된 견해이다. 스탁은 이런 유럽교회의 쇠퇴를 종교시장의 부재에서 찾고 있다. 유럽교회는 국가가 막강한 힘으로 후원하기 때문에 종교소비자들의 욕구에 귀를 기울이지 않았고, 따라서 세월이 지나감에 따라서 사람들의 외면을 받게 되었다는 것이다. 지금까지 사람들은 근대 사회라는 시대적인 환경 때문에 종교가 쇠퇴했다고 믿어왔다. 하지만 미국교회의 성장은 이런 설명을 할 수 없도록 만들었다. 미국 사회도 유럽 사회 못지않게 근대 사회이기 때문이다. 그렇다면 유럽교회의 쇠퇴의 문제는 유럽 사람들의 문제가 아니라 유럽 사람들에게 제공하는 종교가 문제라는 것이다. 스탁은 국가교회가 지배하는 유럽교회는 독과점 사업이 지배하는 시장과 같이 낮은 상품을 제공할 수밖에 없고, 결국은 소비욕구의 저하로 이어진다는 것이다.[203]

203　Rodney Stark and Laurence R. Iannaccone, "A Supply-Side Reinterpretation of the "Secularization" of Europe," *Journal of the Scientific Study of Religion*, vol. 33, no. 3 (1994), 232-6.

유럽에서 기독교의 독과점 현상은 여전하다. 이탈리아에서 천주교 신부는 여러 가지 사회적인 특권을 갖고 있지만 여전히 개신교 선교는 여러 가지 제약을 갖고 있다. 스페인은 1991년에 개신교도 선교할 수 있도록 허용했지만 개신교 연합체에 가입하지 않은 새로운 종파가 선교할 수 없는 법적 규제를 갖고 있다. 스칸디나반도에서 국가의 종교 후원은 매우 막강한데, 스웨덴의 최고 종교책임자인 대주교의 월급은 스웨덴의 총리의 월급과 같다. 하지만 이들 사회에서 신자들은 거의 명목상의 신자이며, 그들의 종교는 생동감이 없다.[204]

그러나 이런 유럽에도 소종파들이 들어가서 선교하고 있다. 이들은 여러 가지 제약에도 불구하고, 사람들의 종교적인 욕구를 만족시켜 주기 위해서 노력한다. 국교회 성직자들이 국가제도를 의존하고 있는 반면에 이들은 신자들의 헌신에 의존하고 있다. 하지만 이들은 아직 숫자가 미미하지만 상당한 역동성을 보여 주고 있다. 예를 들면 스웨덴에서 국교회인 스웨덴교회(Church of Sweden)의 신자는 7,941,561명인데 이 중에 교회 출석율은 겨우 3%에 지나지 않다. 하지만 새로운 복음주의 교단인 스웨덴 침례교연합(Baptist Union of Sweden)은 신자가 60,000명에 불과하지만 출석률은 60%에 이른다.[205] 스탁은 유럽교회의 문제는 종교소비자인 신자들의 문제가 아니라 종교공급자인 교회의 문제라는 것이다. 그리고 이런 문제의 배후에는 종교의 독과점 현상이 있다는 것이다.

스탁은 종교시장의 형성이 어떻게 종교를 활성화시키는가를 남미의 경

---

204 Stark and Iannaccone, "A Supply-Side Reinterpretation of the 'Secularization' of Europe," 236-9.

205 Laurence R. Iannaccone, "The Consequence of Religious Market Structure: Adam Smith and the Economics of Religion," *Rationality and Society*, vol. 3 no. 2 (April 1991), 173.

우를 들어서 설명하고 있다. 라틴 아메리카의 천주교는 중세 카톨릭과 같은 막강한 재력을 갖고 남미의 종교를 독점해 왔다. 이들의 재력은 이 사회의 가장 강력한 재정 규모를 자랑하고 있으며, 카톨릭은 여러 가지로 사회적인 특권을 누리고 있다. 하지만 이 지역의 신앙적인 열정은 미미하기 짝이 없다. 대부분은 미신에 찌들려 있고, 성직자가 귀해서 신자가 성직자의 교육을 제대로 받을 수 없다. 스미스의 이론대로 종교의 독과점은 저급한 종교 서비스를 가져온다.[206]

그런데 몇십년 전에 남미에 카톨릭 이외의 종교의 선교를 제한했던 법률이 폐기되었고, 이제 당연히 복음주의적인 개신교의 선교가 등장했다. 이 복음주의적인 개신교는 오순절교회인데, 이들이 남미에서 거둔 성공은 대단한 것이다. 전 세계에서 가장 큰 교회가 나왔으며, 수동적이던 이곳의 신자들이 열정적으로 자신의 신앙을 표현하고 있다. 그리고 이것은 거의 카톨릭의 지위를 위협할 정도가 되었다.

흥미있는 것은 이런 개신교의 등장과 더불어서 천주교도 활기를 띠게 되었다는 것이다. 주일에 천주교의 미사에 참여하는 숫자가 늘기 시작했으며, 천주교 신학교에 지원자들도 증가하고 있다. 개신교 오순절 운동에서 영향을 받은 천주교는 자신들도 천주교 은사운동을 만들어서 새로운 종교상황에 부응하고 있는 것이다. 종교의 독점시대가 끝나고 종교의 시장이 형성되었을 때 새로 등장한 개신교뿐만 아니라 천주교도 혜택을 받게 된 것이다. 이렇게 종교시장은 함께 이익을 얻는 구조로 발전 될 수 있는 것이다.[207]

---

206 Rodney Stark, *The Victory of Reason: How Christianity Led to Freedom, Capitalism and Western Success* (New York: Random House, 2005), 204-205.
207 여기에 대해서는 R. Andrew Chesnut, *Competitive Spirit: Latin America's New Religious*

V. 맺는 말: 경쟁사회와 기독교

막시즘은 근본적으로 계급투쟁을 강조한다. 그들은 빈자(貧者)와 부자의 간격을 강조하고, 그 간격은 메울 수 없다고 믿는다. 유일한 해결책은 빈자의 투쟁으로 세상을 바꾸는 것이다. 그러므로 공산주의에서는 프롤레타리아는 승리해야 하고, 브르좌는 숙청되어야 한다.

하지만 자본주의의 사상적 기초를 놓은 아담 스미스는 개인의 부가 사회의 부로 이어져야 한다고 주장한다. 여기서 강조하는 것은 빈자와 부자의 간격이 아니라 빈자와 부자의 상생이다. 그러나 이런 상생이 그저 이루어지는 것은 아니다. 여기서 등장하는 것이 건전한 도덕이다. 그리고 이것을 가르키는 것이 종교와 교육이다. 여기에 교회가 해야 할 특별한 임무가 있다. 종교는 가르침을 통해서 빈자와 부자가 함께 상생할 수 있도록 가르쳐야 한다. 빈자가 부자의 부의 정당성을 인정할 때, 부자의 부는 안전한 부가 되는 것이다. 그리고 이렇게 되기 위해서 부자는 자신의 부를 빈자를 위해서 사용해야 한다. 이것이 스미스가 말하는 상생이다.

자본주의는 경쟁발전을 강조한다. 경쟁구조는 두 가지 측면을 가지고 있다. 하나는 경쟁 당사자 사이의 관계이다. 사실 경쟁은 경쟁하는 당사자에게는 매우 힘든 과정이다. 경쟁에서 이기기 위해 피나는 노력을 해야 한다. 하지만 경쟁은 근본적으로 생산자와 소비자의 관계이다. 생산자는 좋은 상품을 만들어 내서 소비자를 만족시켜 주어야 하며, 소비자는 싼 가격에 그것을 구매할 수 있어야 한다. 이런 과정에서 소비자는 더 좋은 서비스를 받게 될 것이다. 그러므로 경쟁은 경쟁하는 당사자에게는 힘든 것이

Economy (Oxford: Oxford University Press, 2003)을 참고하시오.

지만 소비자에게는 유익이 되는 것이다.

이런 경쟁체제는 종교에서도 마찬가지이다. 중세 천주교나 국교회는 종교소비자인 대중 중심의 종교가 아니다. 이들의 체재를 유지해 주는 것은 성직계급이며, 국가 시스템이기 때문에 이들 전통종교는 대중들의 종교심을 만족시켜주는 종교를 만들기보다는 국가의 지배 이데올로기를 유지하는데 더 큰 관심을 갖고 있다. 하지만 근대 사회가 등장하면서 정교분리가 이루어졌고, 따라서 종교는 국가의 지원이 없는 자유경쟁체제에 들어서게 되었다. 이런 새로운 시대에 있어서 종교의 사활은 얼마나 대중들의 종교심을 만족시켜 주느냐에 달려있게 되었다. 스미스는 근대 사회에 등장한 새로운 종파들은 여기에 성공했다고 본다.

근대 사회의 종교는 사람들이 그것을 인정하든지 그렇지 않든지 간에 종교 경쟁사회에 들어서고 있다. 여기서 우리가 중요하게 주목해야 할 것은 두 가지이다. 첫째는 국가의 중립의무이다. 국가가 특정종교를 지원하면 그것은 바로 공정한 경쟁을 해치는 것이다. 사실 유럽의 교회들은 여전히 국가로부터 지원을 받고 있다. 이런 불공정은 결국 종교의 생동감있는 발전을 저해하는 것이다. 한국 정부도 특정종교에 혜택을 주는 일이 없도록 노력해야 한다. 둘째는 대중지향성이다. 근대 사회의 종교의 가장 중요한 임무는 사람들의 종교적 욕구를 만족시켜 주는 것이다. 이것을 위해서는 성직자 중심의 종교가 아니라 신자 중심의 종교가 되어야 하며, 엘리트 중심의 사변적인 교리가 아니라 평범한 사람들이 접근할 수 있도록 기독교를 대중화해야 한다.

현재 한국은 다종교사회이다. 사실 한국은 종교 간의 경쟁에 익숙하지 않다. 오히려 지금까지 한국 종교는 국가의 지원 아래 뿌리를 내려왔다. 신라와 고려시대는 불교가 국교였고, 조선시대는 유교가 국교였다. 일제시대에는 일본이 신도를 전 국민에게 강요하였다. 해방 이후 정교의 분리가 이루어지고 종교의 자유가 헌법으로 보장되어 있지만 많은 한국 종교는 여전히 국가에 의존하고 있다. 하지만 국가에 의존하는 종교는 대중에게 멀어지게 되고 결국에 가서는 자멸하고 만다. 오히려 대중들의 신심에 깊이 뿌리를 내리는 종교만이 한국 사회에서 자리를 잡을 수 있다.

한국 기독교는 비교적 국가의 도움에 의존하지 않고, 대중들에게 기반을 두고 발전하여 왔다. 한국 기독교는 조선정부나 일제로부터 정치적, 경제적 지원을 받은 적이 없다. 물론 여기에는 선교사들의 강력한 지원이 있었다. 하지만 한국교회는 처음부터 강력한 자립정책을 시행했고, 결국 선교사들의 도움이 없이도 스스로 설 수 있는 종교가 되었다. 결국 한국 기독교는 국가의 도움이 없이 성장했을 뿐만 아니라 선교사로부터도 건전하게 독립할 수 있게 되었다. 한국 기독교는 19세기 말에는 근대화의 통로로서, 일제시대에는 민족운동의 보루로써, 해방 이후에는 민주주의의 지지자로서 오늘의 대한민국을 건설하는데 결정적인 공헌을 하였다. 이런 과정을 통하여 한국 기독교는 이제 한국 사회에 깊은 뿌리를 내리게 되었다.

현재 한국은 여러 종교들이 상호 경쟁하는 상황에 있다. 물론 종교 간의 대화가 이루어지고 있지만 다종교 경쟁체제라고 이해하는 것이 더 현실적이다. 누가 한국 종교시장에서 승자가 될 것인가? 그것은 누가 더 한국 사람들의 마음을 더 사로잡을 수 있는가에 달려있다. 한국 사람들의 마음을 사로잡기 위해서 각 종교들은 사람들이 종교에 요구하는 것이 과연 무엇인가를 잘 인식하고 보다 진실된 종교가 되기 위해서 노력해야 할 것이다.

참고문헌 제 2 장

Anderson, Gary M. "Mr. Smith and the Preachers: The Economics of the Religion in the Wealth of Nations." *Journal of Political Ecomony*, 96 (1988).

Anderson Gary M. and Robert D. Tollison. "Adam Smith's Analysis of Joint-Stock Companies." *Journal of Political Economy* 90 (1982).

Berger, Peter. "A Market Model for the Analysis of Ecumenicity." Social Research 30 (1963).

_____. *The Sacred Canopy*. New York: Doubleday, 1967.

Campbell, T. D. *Adam Smith's Science of Morals*. London: George Allen and Unwin, 1971.

Chesnut, R. Andrew. *Competitive Spirit: Latin America's New Religious Economy*. Oxford: Oxford University Press, 2003.

Encyclopaedia Britannia. 3rd ed., s.v. "Smith, Adam."

Ekelund, Robert B. Jr., Robert H. Hebert, and Robert T. Tollision. "An Economic Model of the Medieval Church: Usury as a Frm of Rent Seeking." *Journal of Law, Economics, & Organization*, vol. 5, no. 2 (Autumn, 1989).

Fiering, Norman. *Jonathan Edwards's Moral Thought and Its British Context*. North Carolina. North Carolina: the University of North Carolina Press, 1981.

_____. *Moral Philosophy at Seventeenth-Century Harvard*. North Carolina: the University of North Carolina Press, 1981.

Finke, Roger. and Rodney Stark. "Religious Ecnomy and Sacred Canopies: Relgious Mobilization in American Cities, 1906." *American Sociological Review*, vol. 53 (February 1988).

_____. *The Churching of America, 1776-1990*. NJ: Rutgers University Press, 1992.

Fulton, Robert. Brank. *Adam Smith Speaks to Our Time*. Boston: The Christopher Publishing House, 1963.

Gorski, Philip S. "Historicizing the Secularization Debate." *Handbook of the Sociology of Religion*. edited by Michele Dillon. Cambridge: Cambridge University Press, 2003.

Griswold, Charles L., Jr. "Religion and Community: Adam Smith and the Virtues of Liberty." *Theoria* (2003, December).

Heath, Eugene. "The Commerce of Sympathy: Adam Smith on the Emergence of Morals." *Journal of the History of Philosophy*, vol. 33, no. 3 (July 1995).

Iannaccone Laurence R. "The Consequence of Religious Market Structure: Adam Smith and the Economics of Religion." *Rationality and Society*, vol. 3 no. 2 (April 1991).

Kleer, Richard A. "Final Causes in Adam Smith's Theory of Moral Sentiments." *Journal of History of Religion*, vol. 33, no. 2, (April 199).

Levy, David. "Adam Smith's 'Natuaral Law' and Contractual Society." *Journal of the History of Idea*, vol. 39, no. 4 (Oct.-Dec., 1978).

Mossner, Ernest C. "The Religion of David Hume." *Journal of the History of Idea*, vol. 39, no 4 (Oct. - Dec. 1978).

Peterson, M, ed. *Thomas Jefferson: Writings*. New York: Library of America, 1984.

Powell, Milton B. ed. *The Voluntary Church: Religious Life, 1740-1860, Seen through the Eyes of European Visitors*. New York: Macmillan Co., 1967.

Rednizsky, Gerhard. and Peter Bernholz, ed. *Economic Imperialism: The Economic Approach Applied outside the Field of Economics*. New York: Paragon, 1987.

Rosenberg, Nathan. "Some Institutional Aspects of the Wealth of Nation." *The Journal of Political Economy*, vol. 68, no. 6 (Decemebr 1960).

Smith, Adam. *The Theory of Moral Sentiment*. Indianapolis: Liberty Classic, 1976.

Stark, Rodney. *The Victory of Reason: How Christianity Led to Freedom, Capitalism and Western Success*. New York: Random House, 2005.

Stark, Rodney and Laurence R. Iannaccone. "A Supply-Side Reinterpretation of the 'Secularization' of Europe." *Journal of the Scientific Study of Religion*, vol. 33. no. 3 (1994).

Viner, Jacob. "Smith, Adam." *The International Encyclopedia of the Social Science.* edited by David L. Sills. New York: Macmillan, 1968.

Ward, Thomas. "Adam Smith's View on Religion and Social Justice." *International Journal on World Peace,* vol. 21, no. 2 (June 2004).

Warner, R. Stephen. "Work in Progress toward a New Paradigm for the Sociological Study of Religion in the United Studies." *American Journal of Sociology* 98 (1993).

제 3 장

알렉시스 토크빌과 민주주의의 도덕

Christianity in the Transition of Modern Society

Christianity in the Transition of Modern Society

I. 미국과 새로운 기독교

유럽의 근대 사상가들은 기독교가 새로운 사회에 적응하기 위해서는 새로운 모습을 가져야 한다고 주장했다. 존 로크는 근대 사회의 기독교는 국가의 지원에서 해방되어 스스로 서야한다고 주장하였다. 이것을 아담 스미스는 자본주의의 발전과 비교해서 설명하였다. 즉 국가의 지원을 받지 않는 자유경쟁 시스템이 좋은 상품을 만들어 내는 것처럼, 종교도 국가의 지원이 없을 때 더 많은 신자들을 모으기 위해서 더 좋은 종교가 되려고 노력한다는 것이다. 하지만 이런 이론적인 주장이 실지로 유럽에서 열매를 맺기에는 많은 문제가 있다. 유럽의 종교는 국가와 밀접한 관계를 갖고 있고, 따라서 유럽 사회에서 종교 간의 자유로운 경쟁이 이루어지기는 어렵다.

유럽의 근대 사상가들이 주장하는 근대 사회의 기독교는 유럽에서가 아니라 미국에서 이루어졌다. 미국은 시간적으로나 공간적으로 과거의 유산에서 상대적으로 자유로 왔다. 미국인은 대부분 유럽에서 왔다. 이것은 미국인이 유럽의 유산을 이어받고 있다는 것을 의미한다. 하지만 유럽인이 미국에 올 때, 그들의 마음속에는 새롭게 시작할 수 있다는 가능성으로 충만해 있었다. 미국은 유럽과는 달리 긴 역사가 없다. 그래서 미국은 모든 것을 새롭게 시작할 수 있다. 또한 미국은 유럽과는 달리 새로운 것을 시작하기 위해서 파괴해야 할 과거가 없다. 그러므로 미국이 새롭게 시작하는데, 장애물이 적다. 청교도들은 미국 땅을 광야에 비유하였다. 이 광야는 아무것도 없다는 의미도 있지만 새롭게 시작할 수 있는 가능성이 있다는 것도 의미한다.

미국에서 시작된 기독교가 처음부터 유럽의 사상가들이 말하는 기독교가 된 것은 아니다. 17세기 청교도들이 미국에 처음 발을 내딛었을 때에 그들에게 종교의 자유 경쟁이라는 개념은 없었다. 그들은 자신들이 세운 청교도 공동체가 신앙 위에 서 있어야 한다고 생각하였고, 그러기 위해서는 청교도적인 신앙을 그들의 공동체가 유지시켜야 한다고 보았다. 따라서 청교도, 특히 뉴 잉글랜드의 회중교회는 자신들의 교회를 주 교회(State Church)로 유지하기 위해서 노력하였다. 하지만 이런 유럽적인 기독교가 붕괴된 것은 미국의 독립 이후였다. 미국은 유럽에서 독립하면서 그들의 헌법에 국가와 종교의 분리를 공식적으로 선언하였다. 이것을 통해서 로크가 주장하였던 국가와 종교의 분리는 구체적으로 확립되었다. 물론 뉴 잉글랜드에서 회중교회가 주 교회로서 특권을 잃어버린 것은 19세기 전반에서 이루어진 것이지만 이미 국가와 종교의 분리는 미국의 중요한 전통으로서 자리 잡았다.

19세기 초 유럽, 특히 프랑스에서는 사회적으로 상당한 진통을 겪고 있었다. 소위 프랑스 혁명은 종교를 구시대의 산물로 보면서 종교에서 해방되어야만 새로운 시대를 맞이할 수 있다고 보았다. 이런 프랑스 혁명가들은 종교를 부정적으로 볼 수밖에 없고, 따라서 종교의 타도를 구세대의 타도의 핵심과제로 설정하였다. 하지만 이런 상황에서 근대 사회와 종교의 관계를 새로운 차원에서 밝혀보려는 사람이 있었다. 그가 프랑스 귀족 출신의 알렉시스 토크빌(Alexis de Tocqueville)이었다. 그는 종교가 새로운 시대의 방해물이 아니라 종교가 새로 등장하는 민주사회의 근본이 될 수 있다는 것을 밝혔다. 토크빌에 의하면 새로 등장하는 민주사회의 기반은 도덕이며, 이 도덕은 종교가 제공해 주어야 한다는 것이다. 그리고 이것의 구체적인 증거를 미국의 기독교에서 찾았다. 사실 토크빌의 명저『미국의 민주주의』(Democracy in America)는 종교를 불신하는 유럽의 지성인들을 향한 것이었다.

토크빌은 이런 미국의 새로운 종교상황의 뿌리를 국가와 종교의 분리에서 보았다. 미국에서는 국가의 도움이 없이도 종교는 잘 발전하고 있으며, 더 나아가서 오히려 국가교회가 지배하는 유럽보다 국가의 도움이 없이 존재하는 미국교회가 사회의 도덕적인 직무를 더 잘 감당하고 있다는 것이다. 토크빌의『미국의 민주주의』는 이런 의미에서 로크와 스미스가 주장한 새로운 시대의 기독교가 과연 실지로 존재할 수 있으며, 사회에 얼마나 공헌할 수 있는 가를 보여주는 첫 번째 서술이라고 볼 수 있다. 물론 토크빌의 이 책은 미국의 민주주의에 대한 것이기는 하지만 동시에 미국의 종교에 관한 것이다. 이런 점에서 토크빌은 교회사가들의 주목을 받아야 한다.

토크빌의『미국의 민주주의』는 서술적인 연구(descriptive study)이다. 토크빌의 이 책은 근본적으로 여행기이다. 그는 미국을 여행하면서 느낀 것을 자기 나름대로 설명하면서 서술하였다. 하지만 이 토크빌의 서술은 단순한 여행기는 아니다. 그는 오랫동안 유럽 사회를 연구하면서 많은 문제점을 인식하고 있었고, 이런 그의 문제의식이 그가 미국 사회를 새롭게 볼 수 있는 눈을 뜨이게 만들어 주었다. 사실 토크빌의 『미국의 민주주의』는 어떤 미국 사람보다도 더 정확하게 미국의 모습을 보여 주었다는 평가를 받고 있다.

토크빌의 『미국의 민주주의』는 유럽, 특별히 프랑스 사회를 염두에 두고 저술되었다. 당시 프랑스 사회는 민주주의를 정착시키기 위해서 진통을 겪고 있었고, 토크빌은 프랑스의 문제에 대한 해결책을 미국의 민주주의에서 찾았다. 이런 점에서 토크빌의 이 책은 미국의 민주주의에 대한 서술(description)이면서 동시에 유럽의 민주주의가 나아가야 할 처방(prescription)인 셈이다.[208] 특별히 토크빌은 프랑스 사회가 미국 사회처럼 민주주의와 종교가 대립되지 않고, 조화될 수 있다는 것을 보여 주고 있다.

필자는 토크빌의 미국 민주주의와 종교에 대한 서술이 한국의 기독교에 대해서도 일종의 처방을 제시해 줄 수 있다고 생각한다. 한국의 지성인들 가운데는 프랑스처럼 종교를 민주주의에 대립되는 개념으로 인식하는 사람들이 많이 있다. 하지만 우리는 이 책에서 어떻게 기독교가 미국 민주주의 발전에 이바지 했으며, 동시에 한국의 민주주의의 발전에도 기여할 수 있는가를 생각해 볼 수 있을 것이다. 이 장에서 토크빌의 간략한 생애와 그의 명저 『미국의 민주주의』에 나타난 미국교회의 모습을 정리하고, 그것이 오늘의 사회에 어떤 의미를 주는 가를 살펴보려고 한다.

---

208   William A. Galston, "Tocqueville on Liberalism and Religion," *Social Research* 54-3 (Autumn, 1987), 500.

II. 알렉시스 토크빌의 초기 생애와 종교

우리가 토크빌의 종교와 민주주의의 관계를 살펴보기 위해서는 먼저 그의 가정적인 배경을 살펴보아야 한다. 우선 지적해야 할 것은 토크빌은 프랑스의 귀족 가문 출신이라는 것이다. 그의 증조부는 17세기 프랑스의 유명한 자유주의적 개혁자요, 백과사전학파의 친구인 크레티엥 드 말제르브(Chretien de Malesherbes)인데, 그는 프랑스 혁명 과정에서 루이 15세에 의해서 추방되었다가 루이 16세에 의해서 등용되었다. 하지만 1794년 그의 딸과 손자와 함께 단두대에서 사형당했다. 프랑스 혁명의 참혹함을 보고 자란 토크빌의 피 속에는 증조 할아버지의 사상적인 혈통이 흐르고 있다.[209] 하지만 보르봉 왕조 복고시대에 그의 가문은 다시 한 번 프랑스의 정치 무대에 등장하게 되었다. 토크빌은 이런 출생의 과정을 겪으면서 프랑스의 정치 현실을 직시할 수 있었다.

또 다른 한편 토크빌은 어려서부터 종교적인 분위기에서 자랐다. 그는 어려서부터 천주교 신부인 아베 르쉬에르(Abbe Lesueur)의 교육을 받았다. 이 신부는 전통적인 천주교를 토크빌에게 가르쳐 주었고, 이것은 토크빌의 뇌리에 깊게 박혀 있었다.[210] 우리가 뒤에서 살펴보듯이 토크빌은 자신의 귀족적인 유산에 대해서는 비판했지만 카톨릭 유산에 대해서는 가능한대로 긍정적으로 이해하려고 노력하였다.

---

209   Daniel J. Boorstin, "Introduction to the Vintage Classics Edition," *Democracy in America*, viii.

210   Doris S. Goldstein, *Trial of Faith: Religion and Politics in Tocqueville's Thought* (New York: Elsevier, 1775), 1-2. Cf. Cynthia J. Hinckley, "Tocqueville on Religious Truth and Political Necessity," *Polity*, vol. 23, no. 1 (Autumn, 1990), 39-52.

하지만 토크빌은 15세의 나이에 집을 떠나 메스(Metz)에 있는 학교에 입학하게 되었다. 이 학교는 귀족적인 분위기가 아니었으며, 이곳에서 그는 처음으로 종교적인 위기를 경험하게 되었다. 이곳에서의 종교생활을 그는 "나는 믿었으나 실천할 수 없었다"고 말하고 있다. 이곳에서 2년을 보낸 다음 1823년 토크빌은 법률을 공부하기 위하여 파리로 갔다. 그리고 얼마 후 베르사이유에서 공부하기도 했다. 1831년 법률공부를 마친 후 그는 법률과 관련된 직업을 가졌다. 이러는 과정에서 그는 정치와 역사에도 관심을 갖게 되었고, 이 분야에 대해서 조예가 깊었던 귀스타브 드 보몽(Gustave de Beaumont)과 교분을 나누게 되었다. 보몽은 그의 평생 친구였다.

1820년대 후반에 그의 아버지는 다시 정계에 복귀하였고, 1827년에 브르봉 왕 찰스의 친구가 되었다. 그의 가문이 다시금 복권한 셈이다. 브르봉 왕조는 프랑스 혁명에 반대하여 다시 왕권으로 돌아간 정권으로서 프랑스의 기득권 계층을 대변하고 있었다. 그는 아버지의 후원으로 쉽게 공직에 들어가서 장차 공직자가 될 수련을 받게 되었다. 그러나 당시 토크빌은 당시의 정치적인 자유주의에 기울어지게 되었고, 브르봉 왕조의 보수적인 종교와 정치에 대해서 강한 비판적인 사상을 갖게 되었다. 이 당시 그가 쓴 편지를 보면 정부는 종교와의 관계를 끊고, 새로 등장하는 새로운 사상을 받아들여야 한다고 되어 있었다. 당시 그는 프랑스의 정치가이며 역사가인 프랑스와 귀조(Francois Guizot)의 영향을 받았는데, 그는 역사에서 귀족의 시대는 지나가고 있으며, 이것은 피할 수 없는 역사의 필연이라고 보았다. 이 귀조의 사상은 토크빌에게 강한 영향을 미쳤다.

1830년 프랑스에서는 역사적인 사건이 일어났다. 이것은 7월 혁명(July Revolution)이라고 부르는 대 정치적인 변화가 생긴 것이다. 7월 혁명은 브르봉 왕조의 왕정 회복에 대해서 강력하게 반대하며, 일반 시민들의 정치 참여를 강하게 지지하였다. 그리고 이런 것을 지지해 줄 수 있는 오를레안의 루이-필립을 왕으로 세웠다. 루이-필립은 중산층인 시민계급 사람들에게 정치 참여의 기회를 크게 늘려 주었다. 이런 정치적인 변화는 학문에서도 큰 변화를 가져왔다. 전의 브르봉 왕조에서는 그들의 정당성을 영국 역사에서 찾았다. 하지만 이제 새로 등장한 정권 아래서는 미국의 민주주의에서 그들의 정당성을 찾게 되었다. 여기에 프랑스 사람들이 미국사에 대해서 관심을 갖게 된 이유가 있는 것이다. 토크빌도 여기에 강한 영향을 받았다.[211]

하지만 이런 토크빌의 사상에도 불구하고, 새로운 정권은 그를 의심스럽게 보았다. 왜냐하면 그의 아버지는 브르봉 왕조의 사람이기 때문에 토크빌도 여기에 대해서 자유로울 수 없었다. 피비린내 나는 정치적인 보복을 경험한 그의 아버지는 토크빌을 이런 정치적인 소용돌이에서 벗어나게 하고 싶었다. 그래서 정부의 허락을 받아서 미국의 감옥제도에 대해서 연구한다는 명목으로 프랑스에서 탈출시켜서 미국으로 가게 하였다. 이때 그와 동행한 사람이 그의 평생 친구 보몽이었다. 이들이 미국에 온 것은 이런 정치적인 이유도 있었지만 동시에 프랑스의 미래를 위하여 미국의 민주주의를 연구하는 것이 매우 필요하다고 생각하였기 때문이다.

이미 지적하였듯이 토크빌은 미국에 와서 특히 미국의 종교와 민주주의의 관계에 대해서 깊은 관심을 가졌다. 이렇게 그가 미국의 종교에 대해서 깊은 관심을 가진 것은 그의 종교생활 때문이었다. 골트스타인(Goldstein)의 연구에 따르면 토크빌은 어렸을 때부터 깊은 신앙을 가지고

---

211   "Tocqueville, Alexis de," Encyclopedia of Britanica.

있었으며, 이것은 그의 평생에 계속되었다. 그가 어렸을 적에 메스에서 공부할 때 그는 신앙이 좋은 친구인 외젠 스토펠스(Eugene Stoffels)와 가까운 관계를 가졌고, 그의 도덕적인 삶에 깊은 존경을 보냈다. 골드스타인에 따른다면 토크빌은 평생 고상한 삶을 추구하였다. 이것은 그가 고상한 삶을 살았다는 것을 의미하지는 않는다. 사실 그 자신은 자신이 설정해 놓은 그런 고상한 삶을 살지 못했다. 그러나 이런 그의 현실이 그로 하여금 고상한 도덕에 대해서 존경을 표하게 만들었다.[212] 토크빌은 도덕이야말로 사회의 근본이며, 민주사회에서 이 도덕은 종교를 통해서만이 가장 잘 유지되고, 발전될 수 있다고 믿는다. 도덕이 토크빌로 하여금 민주주의와 종교를 연결해 주는 고리가 되는 것이다.

학자들 사이에서 토크빌의 사상에 그의 개인적인 종교가 어떤 영향을 미치는가에 대한 논란이 많이 있다. 사실 토크빌은 자신의 개인적인 신앙에 대해서 분명하게 언급하고 있지 않다. 따라서 많은 토크빌 연구가들은 토크빌이 종교를 말하기는 하였지만 그것은 종교가 도덕을 유지하는데 도움을 주기 때문이지 그가 정말로 신앙인이기 때문이 아니라는 것이다. 이것을 학자들은 기능주의적인 입장(functionalistic position)이라고 부른다. 하지만 토크빌의 개인적인 편지를 깊게 연구한 골드스타인은 토크빌은 평생 천주교인으로 살았다고 주장한다.[213]

골드스타인에 의하면 토크빌의 도덕에 대한 관심은 그의 영적인 것에

212　Goldstein, *Trial of Faith*, 3. 골드스타인은 이 점에서 토크빌은 낭만주의와 가깝다고 주장한다. 19세기 초는 사상사적으로 낭만주의가 등장하는 시대이다. 순수한 도덕에 대한 추구와 순수한 자연에 대한 추구는 일맥상통한다. 이것은 자연히 인위적인 귀족주의를 반대하고, 순수한 대중들을 지지하는 민주주의의 성격과도 통한다.

213　Goldstein, *Trial of Faith*, 7.

관한 관심으로 이어진다. 그의 개인적인 편지나 공식적인 글을 통해서 나타나는 것은 영적인 것에 대한 찬양과 물질적인 것에 대한 무시이다. 골드스타인은 토크빌이 이런 관점에서 역사를 본다고 주장한다. 토크빌에 의하면 프랑스의 "7월 공화국"이나 "1848년 혁명"도 다같이 물질적인 동기에 의해서 출발되었다고 본다. 따라서 이 혁명은 도덕적으로 높게 평가될 수 없는 것이라는 것이다. 이것은 토크빌이 종교를 높게 평가하는 이유이기도 하다. 그는 영적인 것을 추구하는 것은 인간의 본능이며, 이것을 무시하는 것은 옳지 않다고 본다.[214]

토크빌의 이와 같은 영적인 것에 대한 관심은 그의 영혼에 대한 관심으로 이어진다. 그는 도덕의 핵심으로서 영혼의 존재를 강조한다. 영혼이 존재하지 않는다면, 내세에 대한 심판도 없고, 그러면 사람들은 자신들의 현실적인 욕망을 만족시키기 위해서 갖은 수단과 방법을 다 동원할 것이다. 따라서 영혼의 존재를 믿지 않는 사회는 도덕적인 타락을 가져 올 수밖에 없고, 이런 도덕적인 기반이 없는 사회에서 민주주의가 존재하기 힘들 것이다. 이런 점에서 토크빌은 정치지도자들은 자신들이 영혼의 존재를 믿는다는 것을 많은 사람들에게 보여 주어야 한다고 주장한다. 비록 지도자 자신이 여기에 대한 신앙이 없다고 할지라도 대중들을 위해서 영혼의 존재를 믿는 것처럼 행동해야 한다.[215]

토크빌이 미국의 종교에 대해서 관심을 가진 것은 그의 개인적인 신앙 때문이기도 하지만 다른 한편으로는 그의 사상 때문이기도 했다. 프랑스

---

214 Goldstein, *Trial of Faith*, 4-5.
215 James M. Sloat, "The Subtle Significance of Sincere Belief: Tocqueville's Account of Religious Belief and Democratic Stability," *Journal of Church and State*, vol. 44, no. 2 (Autumn, 2000), 772-779.

정치에서 가장 중요한 관심 가운데 하나는 정치와 종교의 관계이다. 프랑스 혁명은 종교를 구체제의 핵심으로 보았고, 구체제의 전복과 함께 종교의 전복을 계획하였다. 토크빌은 이런 전통적인 정치와 종교의 타협에 동의할 수 없었다. 토크빌은 프랑스에서 존재하고 있던 정치와 종교의 관계는 단절되어야 한다고 생각하였다.

1820년대 말, 즉 1831년의 7월 혁명을 앞두고, 많은 프랑스의 지성인들은 프랑스가 미국의 모델을 따라서 종교의 자유와 정교의 분리를 받아들여야 한다고 주장하였다. 그리고 이런 주장의 핵심에는 토크빌이 속해 있던 기독교 도덕의 사회(Societe de la morale chretienne)가 자리 잡고 있었다. 복고왕권이 추방되고, 7월 혁명으로 보다 민주적인 체제가 등장하였을 때 많은 프랑스 정치가들은 토크빌로 하여금 정치와 종교의 관계에 대해서 새롭게 볼 수 있는 기회를 갖게 만들어 주었다. 당시의 많은 프랑스인들이 프랑스 민주주의의 모델로 미국을 바라보았던 것처럼, 정치와 종교의 관계에 대해서도 미국의 모델을 생각하게 되었다.[216] 프랑스인들의 입장에서 보면 자기들은 민주사회를 원했지만 이루지 못했고, 또한 종교를 정치에서 분리시켜 보려고 했지만 그것 역시 성공하지 못했다. 이런 상황에서 프랑스인들이 미국을 보다 본격적으로 연구하려고 노력하는 것은 당연한 것이라고 생각했다.

프랑스의 지식인들은 정치와 종교의 분리가 종교를 약화시키는 것이 아니라 오히려 종교를 강화시키는 것이라는 사실을 미국의 예로부터 보았다. 이같은 사실은 아이러니하게도 미국의 상황을 이해한 천주교 성직자들에게서 나왔다. 미국에서 목회하는 천주교 성직자들은 미국에서 정

---

216 Goldstein, *Trial of Faith*, 22.

치와 종교가 분리되었기 때문에 천주교는 손해가 아니라 오히려 이익을 보고 있다고 생각하고, 이것을 프랑스에 전했다. 그 대표적인 인물이 몬시뇰 슈브뤼스(Mgr. de Cheverus)였다. 그는 보스톤 교구에서 일하다가 1823년 프랑스로 돌아왔는데, 토크빌의 가족과 가까웠다. 골드스타인은 이런 관계로 인해서 토크빌은 일찍이 미국의 종교상황에 대해서 어느 정도 지식을 가지고 있었다고 말하고 있다. 다시 말하면 토크빌은 미국에 대해서 상당한 준비를 하고 미국의 민주사회와 종교를 연구했던 것이다.[217]

토크빌은 겨우 26살의 나이로 1831년 5월 그의 친구 보몽과 함께 미국에 왔다. 이들은 아직 세상을 경험하지도 못했으며, 학문에 대한 전문적인 식견을 갖지도 못했다. 그들이 미국에서 보낸 시간은 겨우 9개월(1831년 5월 11일-1832년 2월 20일)이었다. 이 기간 동안에 그는 미국의 전역을 방문하였으며, 수많은 사람들을 만났다. 그들은 오늘날의 학자처럼 조교도, 연구 장비도 없었다. 단지 노트를 가지고 다니면서 그들이 보고 들은 것을 기록하였다. 파리로 그가 돌아갈 때 그는 64개 항목으로 된 자료를 갖게 되었다. 그가 파리로 돌아가서 18개월 동안 친척 집의 다락방에서 처박혀서 19세기 근대사의 명작 『미국의 민주주의』 1권을 완성하였다. 이 책은 1835년 출판되었다. 그 뒤 4년 후 그는 『미국의 민주주의』 2권을 완성하였으며, 이 두 책은 그에게 부와 명예를 동시에 가져 다 주었다. 하지만 토크빌은 학자로서 살기보다는 정치가로 살기를 원했다. 그는 정치에 뛰어들어 여러 번 중요한 자리에 당선되었고, 한때는 프랑스의 외무장관의 자리에 오르기까지 하였지만 그리 성공적이지는 못했다. 사실 그는 외모와 언변에 있어서 뛰어나지 못하였다.

---

217   Goldstein, *Trial of Faith*, 23.

토크빌은 미국에서 민주주의와 종교가 서로 대립하는 것이 아니라는 것을 배웠다. 그가 미국에서 발견한 것은 "종교의 정신"과 "자유의 정신"이 잘 조화되는 것이다. 그는 이것은 그가 프랑스 사람들에게 하고 싶은 이야기였다. 프랑스에서 정치와 종교는 대립관계였지만 미국에서는 상호 보완적인 관계였다. 토크빌은 미국의 민주주의를 근본적으로 지탱해 주는 것은 종교이며, 따라서 종교의 지원이 없이는 민주주의는 존립할 수 없다고 보았다.

III. 미국의 민주주의와 기독교

1. 민주주의의 기원과 미국

많은 정치학자들이 미국의 건국을 계몽주의 사상가들이 세웠다고 주장한다. 미국은 계몽주의의 영향을 받은 제퍼슨과 같은 근대 사상가들이 세웠다는 것이다.[218] 그들은 그 근거로써 미국의 민주주의, 정교분리와 같은 정신을 말하곤 한다. 물론 이것은 정당한 평가이다. 오늘의 미국은 18세기 계몽사상가들의 영향을 결정적으로 받고 있다. 하지만 이것은 보다 근본적인 배경을 간과한 것이다. 토크빌은 미국의 근본은 바로 청교도적인

---

218 케슬러는 미국 정치학계가 미국의 건국에 미친 종교의 역할을 무시했다고 비판하면서 미국의 건국에 미친 청교도의 역할을 재평가해야 한다고 주장한다. 여기에 대한 전반적인 논의를 위해서는 Sanford Kessler, "Tocqueville" Puritans: Christianity and the American Founding," *The Journal of Politics*, vol. 54, no. 3 (August 1992), 776-792.

종교에 있다고 본다.

　토크빌은 18세기의 미국의 건국은 오랫 동안 미국의 정치, 사회, 문화가 형성한 문화의 산물이라는 것이다. 다시 말하면 미국의 헌법은 청교도 시대부터 형성된 미국문화의 결과이지, 그 시작이 아니라는 것이다. 그러면 미국의 헌법 이전에 미국의 생활, 문화, 정치를 형성한 가장 중요한 근본이 무엇인가라는 질문에 부딪히게 된다. 토크빌에 의하면 바로 그것이 종교이며, 그 중에서도 청교도라고 하는 것이다.

　토크빌은 이것을 인간의 발달과 비교해서 설명한다. 인간은 유아기를 무의식 가운데 보낸다. 그리고 어느 정도 성장해서 문화와 세상을 배우고, 그때부터 자아가 형성되었다고 본다. 하지만 이것은 잘못된 인식이다. 사실은 인간은 매우 어렸을 때부터 자아가 형성되기 시작했고, 장성한 다음에 형성된 것은 유아기의 자아에 덧붙여 진 것에 불과하다. 토크빌은 이것을 미국의 역사에 비유한다. 비록 미국의 정신이 18세기 후반 미국의 독립선언문에 잘 나타나 있지만 그 근본은 이미 미국의 초기 정신에 나타나 있고, 그 초기 정신은 미국의 청교도 정신에 담겨 있다는 것이다. 다시 말하면 17세기 미국에 이민의 역사가 시작된 이래 미국은 오랫동안 기독교 공동체를 통해 민주주의의 연습을 시작해 왔고, 그 열매를 맺은 것이 바로 미국의 독립헌법이라는 것이다.

　이런 토크빌의 사상의 배후에는 민주주의를 단순하게 제도로 보는 것보다는 시민들의 습관(habit)으로 이해하는 그의 사상이 담겨져 있다. 토크빌은 만인이 평등하다는 민주주의는 만인을 평등하게 대우하고, 이것을 실천해 본 경험이 없다면 무용지물이 된다는 것이다. 아마도 이것은 토크빌이 프랑스의 혁명에서 경험한 것인지 모른다. 프랑스 혁명은 인간의 평등을 외쳤다. 하지만 프랑스인들이 외친 평등은 실지로 프랑스인들에게 평등을 가져다 주지 못했다. 그 이유는 그들이 외친 평등은 이론상, 제도상의 평등이었지 실질적인 삶 속에서의 평등이 아니었기때문이다. 여기에 비해서 미국은 프랑스처럼 치열한 논쟁을 거치지 않았지만 평등한 사회를 건설하였다. 그 이유는 어디에 있을까? 토크빌은 미국이라는 국가의 성격(national character)에서 찾아보려고 한다.

우리가 한 국가의 성격을 찾아보려면 그 국가의 유아기를 살펴보아야 한다. 하지만 많은 국가들은 그 유아기를 찾기가 힘들다. 그 이유는 그 국가의 유아기가 신화 속에 담겨져 있거나 아주 오랜 역사 가운데서 희미하게 되었기 때문이다. 하지만 미국의 경우는 다르다. 토크빌은 미국은 세계에서 유아기를 사실대로 살펴 볼 수 있는 유일한 나라라고 주장한다. 미국은 처음부터 자신의 출생과 성장에 대해서 기록을 남겨 놓았다. 예를 들면 유럽의 사람들이 미국에 이주할 때 그 이민들은 자신들이 왜 미국에 왔는지, 자신들이 지향하는 사회가 무엇인지를 잘 기술해 놓았다.[219]

토크빌은 미국의 국가적인 성격에 대해서 두 가지 기원을 들고 있다. 첫째는 영국적인 뿌리이다. 영국인들은 오랫동안 내적인 갈등을 겪으면서 자신들을 보호하기 위해서 법률을 제정하고, 그 법률의 보호아래서 사는 것을 배웠다. 이런 과정 가운데서 영국 사람들은 개인의 권리라는 것을 알았고, 사회는 그 구성원 사이의 계약에 기초해야 한다고 믿었다. 바로 이런 정신을 가진 영국 사람들이 미국으로 이주하게 되었고, 이렇게 이주한 영국 이민들은 자신들의 타운쉽(township)을 형성해서 이 타운을 중심으로 법을 만들고, 이 법에 근거해서 권력을 행사하였다. 토크빌은 바로 이

---

219 Alexis de Tocqueville, *Democracy in America*, with a New Introduction by Daniel J. Boorstin, 2 vols (New York: Vintage Books, 1990), I: 27.

런 타운쉽의 습관이 바로 미국의 국가성격이 되었고, 이것이 발전해서 미국의 민주주의를 형성하게 되었다는 것이다.[220]

둘째는 보다 큰 맥락에서 유럽적인 기원이다. 미국으로 이민 온 유럽 사람들은 그들이 어느 나라 백성이건 간에 민주적인 의식을 가졌다. 유럽을 떠나오면서 그들은 새로운 땅에서는 다른 사람 위에 군림할 수도 없고, 다른 사람들에게 지배당해서도 안 된다고 생각했다. 사실 유럽에서 귀족 계급에 있던 사람들은 미국으로 이민 오지 않았다. 물론 초기 이민사에서 어떤 사람은 유럽의 귀족처럼 대규모의 토지를 소유하려고 했다. 하지만 미국은 이것을 거부했고, 누구나 자기가 경작할 만큼의 땅을 가져야 했다. 이것으로 미국 땅에서는 유럽에서 볼 수 있었던 귀족제도라는 것이 존재하지 못하게 되었다.[221]

토크빌은 이런 미국의 민주주의의 뿌리를 남과 북을 비교하면서 설명하였다. 역사적으로 말한다면 미국에 처음 이민 온 사람들은 뉴 잉글랜드의 청교도들이 아니었다. 오히려 1607년 남쪽 버지니아에 온 영국인들이었다. 당시 유럽에서는 금과 은이 국부의 원천이라고 생각했다. 그래서 많은 영국인들이 금과 은을 찾아서 버지니아에 왔다. 이들이 신대륙에서 추구했던 것은 단지 금, 은이었다. 하지만 이들은 신대륙의 출발에 긍정적인 영향을 미치지 못했다. 이들 다음에 남부에 이민 온 사람들은 농부였다. 이들은 영국의 하류 계층이었다. 이들에게는 새로운 사회에 대한 철학도, 종교도 없었다. 얼마 후에 남부에 귀족들이 정착하고, 그들은 노예를 들여왔다. 노예제도는 남부의 정신에 지대한 나쁜 영향을 미쳤다. 노예제도로

---

220 Tocqueville, *Democracy in America*, I: 28.
221 Tocqueville, *Democracy in America*, I: 29.

인해서 노동은 천시되었고, 귀족들은 사치하게 되었다. 그래서 비록 남부에 먼저 이민이 시작되었지만 남부가 미국 민주주의의 뿌리로 정착하지는 못했다.[222]

여기에 비해서 북부 뉴 잉글랜드는 달랐다. 뉴 잉글랜드에 정착한 청교도의 정신은 점차 미국 전역으로 확대되었고, 따라서 버지니아보다도 늦게 시작되었지만 결국은 미국의 창립정신으로 자리를 갖게 되었다. 그러면 무엇이 뉴 잉글랜드의 청교도 이민의 특징일까? 토크빌은 몇 가지로 지적하고 있다. 첫째는 뉴 잉글랜드의 청교도는 지식을 가진 중산층이었다는 것이다. 뉴 잉글랜드에 뿌리를 내린 청교도들은 귀족 계급도, 일반 시민도 아니었다. 이들은 상당한 교육과 독립적인 직업을 갖고 있던 사람들이다. 당시 유럽의 수준과 비교해 보면 이들 청교도의 교육수준은 최상의 것이었다. 둘째는 청교도들은 가족과 함께 미국으로 이민 왔다. 이것은 버지니아에 이민 온 사람들과 다르다. 그들은 돈을 벌어서 돌아가려고 왔다. 하지만 뉴 잉글랜드의 이민자들은 가족과 함께 이곳에서 살려고 왔다. 따라서 이들은 미국 땅에 자신들이 살 수 있는 공동체를 건설하려고 했다. 세 번째, 가장 중요한 것은 이들이 미국에 온 것은 더 많은 부를 축적하기 위해서가 아니라 더 나은 사회를 만들기 위해서였다. 사실 이들은 영국에서도 어느 정도 자신들의 삶을 유지할 수 있는 사람들이었다. 하지만 자신들이 추구하는 이상을 실현하기 위해서 모험을 무릅 쓰고 미국에 온 것이다.[223]

뉴 잉글랜드의 청교도들은 단지 종교집단만은 아니었다. 이들은 종교를 중심으로 새로운 사회를 건설하려고 했다. 따라서 토크빌은 청교도주

---

222 Tocqueville, *Democracy in America*, I: 29-30.
223 Tocqueville, *Democracy in America*, I: 31-32, 35.

의는 단지 종교 교리만이 아니라 많은 점에서 "가장 절대적인 민주주의와 공화주의의 이론"(the most absolute democratic and republican theory)을 포함하고 있다고 주장한다. 청교도들의 정신은 자신들의 모국에서 환영받지 못했을 뿐만 아니라 박해를 받게 되었다. 그래서 그들은 자신들의 이상을 실현할 수 있는 곳을 찾았고, 그래서 미국에 이민을 오게 된 것이다.[224]

사실 영국 정부는 이런 이민을 환영했다. 이런 청교도의 이민은 영국 사회에서 불안의 요소를 제거해 준다고 생각했다. 영국 정부는 다른 유럽 국가에 비해서 식민지에 대해서 어느 정도의 자율성을 주었다. 그리고 이것이 가장 잘 적용된 것이 바로 뉴 잉글랜드였다. 따라서 뉴 잉글랜드는 새로운 사회를 건설할 수 있는 기반을 마련하게 되었다.[225]

당시의 유럽의 관례에 따른다면 신대륙은 유럽의 몫이었고, 16세기 말에 북 아메리카의 대부분은 영국의 소유로 인정되었다. 그런데 영국이 북 아메리카를 다루는 방법은 세 가지였다. 첫째는 왕이 총독을 직접 임명해서 그 지역을 왕의 관할 아래서 직접 다스리도록 하는 것이었다. 이것이 일반적으로 식민지 국가가 사용하는 방법이었다. 둘째는 왕이 특별한 계약에 의해서 개인이나 회사에게 일정한 영토를 넘겨주는 방법이다. 이런 경우에는 통치권이 개인이나 몇몇 소수에게 넘어간다. 세 번째 방법이 바로 어떤 특정 집단이 모국으로부터 특별한 허락을 받아서 일정한 땅을 소유하는 것이다. 이런 경우에는 통치권이 바로 그 집단 전체에 있으며, 이들은 전체의 뜻에 의해서 자신들의 정치체제를 결정한다. 뉴 잉글랜드의

---

224 Tocqueville, *Democracy in America*, I: 32, 34.
225 Tocqueville, *Democracy in America*, I: 35.

대부분의 식민지는 이 세 번째 타입을 유지하였다.[226]

처음부터 뉴 잉글랜드의 타운은 자기들의 사회가 무엇을 지향해야 하는가를 알았다. 그들에게 모델이 된 것은 성서였다. 그 중에서도 구약이었다. 자신들의 이민의 역사를 이스라엘이 가나안에 들어가는 과정으로 이해한 청교도들은 자신들이 가장 우선적으로 해야 할 일은 구약의 율법, 즉 도덕을 지키는 것이라고 생각했다.[227] 따라서 이들은 자기 타운의 법을 구약의 율법을 모델로 하여 작성하였다. 여기서부터 미국인들이 지켜야 할 도덕이 제시되었다. 그 도덕의 근간은 유일신 하나님을 섬기는 신앙이며, 이것은 깨끗한 사회와 순결한 가족을 유지하는 것이다. 토크빌에 의하면 이런 도덕의 습관은 미국 사회를 만드는 기초가 되었다는 것이다.[228]

타운은 사회를 이끌어 가는 권력이 누구에게 속했는지도 분명하게 만들었다. 뉴 잉글랜드의 타운들은 자신들의 공동체는 근본적으로 그 공동체에 속한 모든 사람들에 의해서 통치되어야 한다고 보았다. 그래서 뉴 잉글랜드의 타운 법은 시민의 공무 참여, 세금결정, 집행자들의 책임, 개인의 자유, 법에 의한 처벌 등을 골자로 하는 법을 만들었다. 예를 들면 1641년 로드아일랜드 총회에서 통과된 법에 의하면 로드아일랜드는 "민주적인 공동체가 되어야 하며, 그 권력은 자유 시민에게서 나와야 하며, 그 시민들만이 법을 제정하고, 그것을 집행할 수 있는 권리를 갖는다"고

---

226 Tocqueville, *Democracy in America*, I: 36.
227 여기에 대한 보다 깊은 연구를 위해서는 Mason I. Lowance, Jr, *The Language of Canaan: Metaphor and Symbol in New England from the Puritans to the Trancendentalists* (Cambridge, MA: Harvard University Press, 1980)을 참고하시오.
228 Tocqueville, *Democracy in America*, I: 36-39.

규정하고 있다.²²⁹ 토크빌은 17세기의 유럽은 아직 여기에 대한 초보적인 개념도 분명하게 갖지를 못했을 뿐만 아니라 그가 살고 있던 19세기에도 확정되지 못했다고 지적하고 있다.

토크빌은 이 타운쉽이야말로 미국 민주주의의 뿌리라고 주장한다. 뉴잉글랜드의 타운쉽은 이미 1650년대에 형성되었는데, 여기서 미국인들은 민주주의를 연습하였다. 그리고 이것이 발전하여 카운티(County)가 되고, 주(State)가 되고, 연방(Union)이 되었다. 따라서 미국 사회의 가장 깊은 뿌리는 바로 이런 타운에 있는 것이다. 이것은 유럽과 비교해 볼 때 분명해진다. 유럽의 정치는 고위계층에서 시작한다. 그리고 그것이 하향식으로 전달된다. 이것이 미국이 유럽에 비해서 빨리 민주주의가 뿌리를 내릴 수 있는 이유인 것이다.

토크빌은 미국에 민주주의가 빨리 내릴 수 있는 또 다른 이유로 교육을 들고 있다. 청교도들은 사탄의 가장 강력한 무기는 무지이며, 무지가 지배하는 곳에는 미신과 천주교가 자리를 잡게 된다고 생각했다. 교육을 통하여 성경을 읽게 되고, 그렇게 되면 미신에서 해방된다고 생각했다. 그리하여 청교도들은 초기부터 교육을 의무화했으며, 부모들이 자녀들의 교육을 거부할 때 벌금을 내도록 했다. 이런 교육은 미국 민주주의의 기초가 되는 것이다. 토크빌은 "미국에서는 종교가 지식을 가져다주는 길이며, 거룩한 율법을 지킴으로써 사람들은 시민의 자유를 얻게 된다"고 지적한다.²³⁰

토크빌은 미국의 초기 청교도들에게서 종교와 자유가 일치하는 것을 발견한다. 토크빌은 이것을 보스턴의 청교도 지도자였던 윈스롭의 자유에

---

229 Tocqueville, *Democracy in America*, I: 39, n. 30.
230 Tocqueville, *Democracy in America*, I: 41.

대한 설명을 기초로 하여 설명한다. 윈스롭은 자유를 둘로 나눈다. 하나는 자연적(natural) 자유요, 또 다른 하나는 시민적, 혹은 연합적(civil or federal) 자유이다. 자연적 자유는 일종의 육체적인 본능이 요구하는 것으로 긍정적으로도 부정적으로도 나갈 수 있지만 사실에 있어서는 인간과 사회를 파괴에 이끌 가능성이 많다. 여기에 비해서 시민적 자유는 도덕적 자유로서 하나님이 인류에 주신 그의 율법을 지킬 수 있는 자유를 말한다. 이 도덕적인 자유는 더 나아가서 인간과 인간 사이에, 또는 인간과 국가 사이에 맺어진 계약을 지킬 자유를 말하기도 한다. 윈스롭은 청교도 사회는 자연적 자유는 지양하고, 도덕적 자유는 지향해야 한다고 강조하였다.[231]

토크빌은 이런 윈스롭의 자유의 이해는 미국과 유럽을 구분하는 중요한 요점이라고 주장한다. 유럽에서, 특히 프랑스에서는 종교와 자유는 대립한다. 그래서 자유를 구가하기 위해서는 종교를 제거해야 한다고 보았다. 하지만 미국에서는 그렇지 않았다. 미국에서는 종교와 자유가 서로 놀랍도록 잘 조화되어 나간다. 이렇게 해서 토크빌은 미국에서는 종교의 정신과 자유의 정신이 동시에 언급된다고 주장한다.[232]

토크빌은 미국에서 종교와 자유가 너무 잘 조화되고 있음을 보았다. 미국의 청교도는 다 아는 대로 매우 엄격하다. 하지만 미국의 청교도들은 어떤 정치권력에도 굴하지 않고 자신들의 주장을 관철한다. 이런 점에서 청교도들은 섹타리안이면서 동시에 기존 정치를 개혁하려는 개혁자이다. 청교도들은 하나님의 율법을 준수하려는 측면에서는 자발적이며, 부당한 정치권력의 간섭에 대해서는 저항적이며, 독립적이다. 이렇게 해서 청교

---

231 Tocqueville, *Democracy in America*, I: 42-43.

232 Tocqueville, *Democracy in America*, I: 43.

도의 엄격한 도덕과 그들의 민주적인 자유는 서로 대립되지 않고, 조화되는 것이다. 이런 점에서 토크빌은 다음과 같이 선언한다. "자유는 종교를 모든 자유의 전투와 업적에서 동료로, 자유를 키워주는 요람으로, 그리고 자유를 정당화시켜주는 주장의 신적인 근거로서 간주한다. 자유는 종교를 도덕의 안전핀으로, 도덕은 법률의 보호자로서, 자유를 유지해 주는 가장 확실한 선언이라고 간주한다."[233]

토크빌은 민주주의를 유지하기 위해서는 두 가지가 필요하다고 보았다. 첫째는 제도적인 측면이다. 민주적인 제도가 확립되어야 민주주의가 유지될 수 있다. 여기에는 민주공화적인 헌법이 필수적이고, 이것을 가능하게 만드는 권력의 분립이 중요하다. 토크빌은 유럽은 기존의 권력을 빼앗음으로써 민주주의를 유지하려고 하는데 비해서 미국은 기존의 권력을 분산시킴으로써 민주주의를 유지하려고 한다고 주장한다. 우리는 토크빌의 이와 같은 분석에 놀라움을 금할 수 없다. 프랑스 혁명의 무질서를 보았던 토크빌은 기존세력을 전복시키는 것보다는 기존세력을 제한함으로써 민주주의에 접근하는 미국의 민주주의에서 유럽은 배워야 한다고 생각했다.

둘째는 민주제도를 가능하게 만드는 관습, 매너, 여론과 같은 요소이다. 위에서 언급한 제도적인 요소가 민주주의를 유지하는 외적인 것을 만든다면 여기서 언급하는 관습, 매너와 같은 것은 민주주의를 유지하는 내적인 요소이다. 사실 토크빌의 사상에서 가장 뛰어난 점은 바로 이것이다. 그는 프랑스 혁명에서 민주주의가 단지 외적인 제도만으로 이루어지지 않는다는 것을 알았다. 프랑스 혁명은 민주주의의 외적인 요소를 완비

---

233   Tocqueville, *Democracy in America*, I: 44.

했지만 결국은 실패로 돌아갔다. 그 이유는 그 외적인 요소를 감당할 만한 사회적 내적인 요소가 없기 때문이다.[234] 토크빌은 미국의 민주주의를 지탱하는 관습이나, 습관을 형성하는데 가장 중요한 역할을 하는 것이 종교라고 생각한다. 위에서 언급한 것처럼 미국의 청교도는 민주적인 습관을 미국 문화에 형성하여 주었다. 이런 점에서 토크빌은 종교를 민주주의를 가능하게 만드는 내적인 요소로 간주하는 것이다.

2. 미국의 민주주의와 종교상황

토크빌은 기독교가 미국 민주주의의 뿌리일 뿐만 아니라 미국 민주주의를 유지해 주는 제도라고 주장한다. 그는 종교, 즉 기독교를 "미국인들 가운데 민주 공화제도를 유지하는데 강력하게 공헌하는 정치 제도"라고 부른다.[235] 그는 종교를 통해서 소위 민주주의를 지탱하는데 필요한 마음의 습관(the habit of the heart)이 미국인들에게 전달되었고, 이것을 통해서 미국의 민주주의는 유지된다는 것이다.

그러면 이런 마음의 습관은 무엇인가? 토크빌은 제일 먼저 미국에 온 청교도들이 교황의 권위를 인정하지 않는 개신교라는데 주목을 한다. 사실 중세적인 정교일치의 교황의 권위는 민주주의뿐만 아니라 개신교에 있어서도 커다란 걸림돌이다. 다른 말로 한다면 교황의 권위를 반대한다는 점에서 서구사회에서 민주주의와 개신교는 공통분모를 갖고 있는 것

---

234   Tocqueville, *Democracy in America*, I: 299.

235   Tocqueville, *Democracy in America*, I: 300.

이다. 토크빌은 미국의 개신교를 "민주적이고, 공화적인 종교"라고 불렀다. 이런 상황이기 때문에 미국에서는 민주주의가 무너진다는 것은 곧 종교가 무너지는 것이며, 종교가 무너지면 민주주의도 무너지는 것이다. 왜냐하면 이 둘은 다같이 전통적인 천주교의 권위주의에 도전해서 형성되었고, 이것은 상호 긴밀한 관계를 맺고 있기 때문이다. 토크빌은 "처음부터 정치와 종교는 결코 분리될 수 없는 동맹의 계약을 맺고 있다"고 주장한다.

토크빌은 여기서 유럽의 상황과 미국의 상황이 다르다는 것을 인식하고 있다. 유럽에서는 종교는 정치와 결탁해서 새로운 민주제도를 방해하는 세력인 반면에 미국에서는 종교는 정치와 연합해서 유럽에서 형성된 전제 정치를 막아내고 있는 것이다. 여기서 프랑스의 천주교와 미국의 개신교는 전연 다른 위치에 존재하고 있다는 사실을 알 수 있다. 프랑스의 천주교는 오랜 세월을 지나는 동안 프랑스의 왕권과 결탁해서 기득권을 유지하는 세력인 반면에, 미국의 개신교는 처음부터 유럽에서 정치와 종교가 결탁해서 새로운 사회가 출현하는 것을 방해하는 것을 보고, 여기에 대해서 반기를 들고 나온 사람들이 세운 종교이다.

토크빌은 미국 종교의 기본은 이런 전제 위에 있다고 본다. 겉으로는 수많은 종파가 있는 것처럼 보이지만 미국의 모든 종파는 다같이 민주공화 제도를 선호하고 받아들인다. 토크빌은 "미국의 어떤 종교도 민주 공화제도에 대해서 사소한 적의를 표현하지 않는다. 이 점에 있어서 미국의 모든 다양한 종파의 성직자들은 다같이 한 언어를 사용한다. 그들의 의견은 이런 제도의 법률과 일치하고 있으며, 이곳의 정신은 이런 방향을 향하여 일치된 흐름으로 나간다"고 지적한다.²³⁶ 뒤에서 언급하겠지만 여기에는 천주교도 포함된다. 다시 말하면 미국에는 수많은 종파가 있지만 정치에 있어서는 그 많은 종파들이 하나의 통일된 생각, 즉 민주공화제도를 지지하고 있다는 것이다.

토크빌은 이와 같은 미국 종교의 근본적인 성격을 설명한 다음에 미국의 종교가 미국의 민주주의에 미치는 영향을 구체적으로 설명한다. 토크빌은 미국의 많은 종파들은 하나님에 관한 부분은 서로 다르다. 그들은 각각 다른 예배 형태와 신조를 갖고 있다. 하지만 미국의 종파들은 인간에 관한 부분에 있어서 매우 공통된 부분을 갖고 있다. 그들은 대부분 같은 도덕 개념을 갖고 있으며, 모든 종파는 같은 가치관을 가르친다. 토크빌은 미국 사람들이 하나님과 예배에 대해서 개개인이 갖는 다양한 의견이 미국 사회를 유지하는 데에 별다른 지장을 준다고 생각하지 않는다. 그들이 추구하는 것은 신앙의 일치가 아니라 도덕의 일치이다. 미국이라는 사회를 유지하기 위하여 미국 사람들은 같은 내세관이나 같은 예배 형태를 가져야 한다고 생각하지 않는다. 그러나 도덕의 경우에 있어서는 다르다. 미국 사회가 신앙의 다양성에도 불구하고 도덕의 일치를 갖고 있다는 점에서 토크빌은 "미국의 모든 종파들은 기독교의 거대한 통일성 안에 있다. 그리고 기독교 도덕성은 미국의 어느 곳에서든지 동일하다"고 지적한다.²³⁷

토크빌은 미국의 종파들이 갖고 있는 독특한 예배형태는 절대적인 것이 아니라 그들의 습관에서 나온 것이라고 보았다. 이것은 토크빌이 미국의 교파주의적인 성격을 잘 이해하고 있다는 것을 의미한다. 오랫동안 유

---

236 Tocqueville, *Democracy in America*, I: 302.

237 Tocqueville, *Democracy in America*, I: 303.

럽의 종교들은 그 자체가 절대주의적인 성격을 띠고 있었다. 그래서 대부분의 경우는 국가교회들을 부정하는 것은 이단이나, 비국교도로 인정되어 사회에서 불이익을 받게 되었다. 하지만 미국에서는 다르다. 미국은 정치와 종교가 분리되어 있기 때문에 어떤 종파도 배타적인 독점권을 주장할 수 없다. 그리고 어느 정도 다른 종파에 대해서도 개방적인 태도를 취할 수밖에 없다. 이런 교파구조, 혹은 종파구조는 유럽의 종교에 비해서 상대적일 수밖에 없고, 다른 종파에 대해서 관용적인 태도를 취하게 된다.[238]

토크빌이 미국에 와서 놀란 것은 이렇게 정교분리의 사회에서 기독교가 갖고 있는 놀라운 영향력이다. 토크빌은 "이 세상에서 어떤 나라보다도 기독교 종교가 인간의 영혼에 대해서 미국보다도 더 큰 영향력을 발휘하는 나라는 없다. 기독교의 영향력이 이 지구상에서 가장 계몽되고, 자유스러운 나라에서 강력하게 느껴지는 것 이상으로 기독교의 유용성과 인간의 본성에 대한 기독교의 적응성을 더 잘 입증해 주는 것은 없다"고 말한다.[239] 이런 미국 사회에서 모든 권위의 근거는 종교적이다. 따라서 사람들은 자신들의 권위를 내세우는데 있어서 종교를 내세운다. 토크빌은 이런 사회에서 신앙이 없으면서도 신앙인인 척하는 위선은 보편적이라고 말한다.

토크빌은 미국의 기독교는 정치에 직접 관여하는 일도 없고, 법률제정에 영향력을 미치지도 않는다고 보았다. 더구나 어떤 특정한 정치 시스템을 주장하지도 않는다. 하지만 미국의 모든 성직자들은 시민의 자유(civil freedom)를 신봉하고 있다. 심지어 종교의 자유를 거부하는 성직자들까지도 여기에 대해서는 예외가 없다. 토크빌은 미국에서의 기독교의 영향력

---

238 미국의 교파제도를 이해하기 위해서는 박명수, 『근대 사회와 복음주의』(서울: 한길사, 2008), 제7장 교파제도의 기원과 발전을 참고하시오.

239 Tocqueville, *Democracy in America*, I: 303 - 304.

은 직접적이 아니라 간접적이라고 본다. 다시 말하면 미국의 기독교가 정치에 직접 영향력을 미치기보다는 간접적으로 미국 사회의 관습을 지배함으로, 그리고 가정의 생활을 지배함으로, 미국이라는 국가를 지배한다고 보았다.

토크빌은 미국 사회에 볼 수 있는 매우 경건한 습관은 대부분 미국의 종교에 그 뿌리를 두고 있다고 주장한다. 종교는 때때로 남자들의 욕망을 절제시키는 데에는 실패한다. 하지만 종교는 남자들보다도 여자들에게 큰 영향을 미친다. 그리고 그 여자들이야말로 도덕의 수호자이다. 여자들은 결혼제도와 가정을 통하여 미국 사회에 커다란 영향을 미친다. 결혼을 통한 결합을 미국만큼 존경하는 나라도 없으며, 부부간의 행복을 미국만큼 높게 평가하는 나라도 없다. 유럽의 경우 거의 모든 사회 불안의 뿌리는 가정생활의 불안에 기인한다. 가정에서 부부간에 자연스러운 결합이나 합법적인 즐거움을 멸시하는 유럽 사회에서는 비정상적인 취향에 길들여진다.[240] 이런 유럽인들의 비정상적인 취향은 종교의 관습에 의해서가 아니라 법의 엄격한 집행에 의해서 제어된다. 미국인들은 가정의 행복을 가장 귀한 것으로 인정하여, 가정 속에서 안정을 찾는다. 이런 가정의 안정이 미국의 민주주의의 뿌리가 된다.

종교의 영향력은 여성들에게만 미치는 것은 아니다. 종교의 영향력은 지성인들에게도 강하게 미치고 있다. 미국의 지성인들 가운데 어떤 사람들은 진실한 신앙으로부터 기독교의 신앙을 고백하는 사람들도 있지만 어떤 사람들의 경우에는 사람들로부터 비신앙인이라는 비난을 받는 것이 두려워 신앙을 고백하는 경우가 있다. 이유야 어쨌든지간에 미국에서는

240　Tocqueville, *Democracy in America*, I: 304.

기독교에 대한 공개적인 반대는 찾아보기 힘들다. 토크빌은 당시의 미국에서 정치에 관한 논쟁은 강력하게 일어나는 것을 보았다. 하지만 모든 미국인들이 도덕적인 측면에서는 일치를 하고 있다. 그리고 그 도덕의 일치의 근거는 종교적인 신앙이다. 미국의 지성인들은 이런 종교와 도덕의 범주를 넘어서기 힘들다. 미국의 지성인들은 무한한 자유를 즐기는 것이 아니라 미국 사회의 종교와 도덕의 범주 안에서 행동한다. 이런 점에서 토크빌은 미국의 지성인들 가운데는 미국의 도덕과 종교 안에서 활동하는 것처럼 위선적으로 행동하는 사람들이 많이 있다고 주장한다.[241]

종교의 영향력은 정치가들로 하여금 보다 사려 깊은 행동을 하도록 만든다. 어떤 정치가도 미국의 기독교정신과 도덕의 범주를 넘어서서 자신들의 마음대로 행동할 수는 없다. 토크빌은 이것이 미국의 혁명에도 적용된다고 보았다. 미국의 혁명가들은 기존의 모든 것을 전복시키기보다는 기독교의 가치를 명백하게 시인하도록 압력을 받았다. 따라서 미국의 혁명가들은 그런 범주 안에서 행동하였다. 비록 그들의 행동이 자신의 양심에는 부끄럽지 않을지라도, 그들의 지지자들의 양심에 거리낌이 된다면 그들은 행동을 자제하게 된다. 이런 관습은 법률 이상의 힘을 갖고 있다. 그래서 토크빌은 "법은 미국인들에게 하고 싶은 것을 할 수 있도록 허락하지만 종교는 경솔하고, 정당하지 않은 것을 상상하지 못하게 하며, 그런 행동을 금지한다"고 말한다.[242]

미국에서 종교는 사회의 통치에 아무런 직접적인 지분을 갖고 있지 않다. 하지만 미국에서 종교는 첫 번째 정치단체로 인정되어야 한다. 만일

241　Tocqueville, *Democracy in America*, I: 304-305.

242　Tocqueville, *Democracy in America*, I: 305.

종교가 자유의 맛을 제공하고, 그것을 활용하지 않았다면 미국에서 민주주의는 존재하기 힘들 것이다. 토크빌은 자신은 미국 사람들이 정말 종교적인 측면에서 얼마나 신실한지는 알 수 없다고 주장한다. 왜냐하면 그것은 정치학자인 자기의 영역이 아니기 때문이다. 하지만 미국인들에게 분명한 것은 미국의 공화제도를 유지하기 위해서 종교는 필수적이라는 점이다. 이것은 어떤 특별한 집단이나 종파에 국한된 것은 아니다. 계층이나 종파를 떠나서 모든 사람들이 여기에 동의한다.[243]

토크빌은 이와 같은 자신의 주장을 입증하기 위해서 두 가지 예를 들고 있다. 첫째는 뉴욕 체스터(Chester) 카운티에서 일어난 일이다. 어떤 법정에서 한 증인이 자신은 하나님의 존재와 영혼의 불멸을 믿지 않는다고 말했다. 이 이야기를 들은 판사는 그 증인이 법정의 신뢰를 파괴했다는 이유로 이 증인의 증언을 받아들이는 것을 거부하였다. 당시 미국의 법은 신의 존재를 기초로 해서 증인을 들었던 것이다. 따라서 신의 존재를 거부하는 사람의 증언은 받아들일 수 없는 것이다. 이런 점에서 종교는 미국 사회의 뿌리가 되는 것이다.[244] 토크빌은 이런 종교적인 분위기는 유럽에서는 찾아 볼 수 없는 것이라고 지적한다. 유럽에서는 종교는 냉소의 대상이며, 신의 이름은 매우 형식적인 것에서 벗어나지 못한다.

다른 하나는 미국의 서부 선교에 관한 이야기이다. 토크빌은 미국의 뉴잉글랜드 출신으로 청교도의 후예인 부자 신사의 이야기를 하고 있다. 이 사람은 자신의 모든 부와 편리한 생활을 버리고 서부에 기독교 사회를 건설하기 위해서왔다. 토크빌은 이 뉴 잉글랜드의 신사에게서 서부 선교와

243　Tocqueville, *Democracy in America*, I: 305-6.

244　Tocqueville, *Democracy in America*, I: 306.

미국의 민주주의가 하나로 결합되어 있음을 보았다. 이 뉴 잉글랜드 신사가 서부 선교에 나선 것은 단지 종교적인 이유뿐만 아니다. 당시 서부는 무질서로 범벅이 되었는데, 만일 이런 서부에 기독교 정신에 입각한 민주적인 사회가 형성되지 않으면 미국의 서부는 무질서에 빠지게 되고, 결국에 가서는 무지한 대중들에 의한 독재가 이루어질 것이며, 결국 이런 서부의 독재는 동부 대서양 해안의 민주사회를 위협할 것이라는 것이다.[245] 여기서 미국의 선교가 미국의 정치와 결합되는 것을 본다. 토크빌은 서부 선교사들과 대화를 나누어 보면 그 선교사들의 입에서 종교의 이야기가 나오는 것이 아니라 정치의 이야기를 발견한다고 지적한다. 토크빌은 미국에서 종교인을 만나기를 기대했던 장소에서 정치가를 만나게 된다고 지적한다.

19세기 유럽에서 민주 공화적인 제도를 지지하는 사람들이 많이 있다. 이들은 민주 공화제도야 말로 근대 사회가 지향해야 할 제도라고 생각한다. 하지만 이런 사람들 가운데서 종교를 공격하는 사람들이 많이 있다. 그런데 이 사람들이 종교를 공격할 때 그것은 냉철한 분석을 통한 판단에서가 아니라 종교에 대해서 갖고 있는 자신들의 부정적인 감정의 결과로 나오는 것이다. 토크빌은 다음과 같이 말하고 있다. "독재정치는 신앙이 없이도 통치할 수 있다. 그러나 자유사회에서는 그렇지 않다. 종교는 많은 공화주의자들이 공격하는 독재사회보다도 사실 불꽃 튀는 논쟁 가운데서 출발한 공화사회에서 훨씬 더 필요하다. 종교는 다른 어떤 제도에서 보다도 민주 공화제도에서 더욱 필요하다. 만일 정치적인 결속력이 느슨해 질 때 여기에 비례해서 도덕적인 결속력이 강화되지 않는다면 그런 사회가

---

245 Tocqueville, *Democracy in America*, I: 306-307.

파멸을 피하는 것이 가능할까?" 토크빌은 프랑스에서 민주정치와 종교가 대립되는 것으로 이해되는 것에 대해서 민주주의와 종교가 상호 의존적인 관계에 있다는 것을 강조하고 있는 것이다.[246]

그러면 토크빌은 이런 미국 기독교의 힘이 어디에 있는가를 추적한다. 18세기의 철학자들은 매우 간단하게 종교는 점점 쇠퇴할 것이라고 주장하였다. 그들은 주장하기를 시민의 자유가 확립되고, 지식이 널리 보급되면 종교적인 열정은 쇠퇴할 것이라고 했다. 토크빌은 명백하게 이런 이론은 틀렸다고 주장한다. 유럽의 일부 사람들 가운데는 자신들의 무지와 도덕의 타락 때문에 불신앙의 시대가 왔다고 주장한다. 하지만 지구상에서 가장 자유스럽고, 지성적인 나라 가운데 하나인 미국에서, 사람들은 열정을 갖고 종교의 질서와 형식을 지키고 있다.[247]

여기서 토크빌은 매우 중요한 관찰을 하고 있는 것이다. 그것은 근대 사회의 등장과 더불어 종교는 쇠퇴할 것이라는 계몽주의의 가설에 정면으로 도전하고 있는 것이다. 종교사회학은 여기에 근거해서 그들의 논리를 전개하여 왔다. 하지만 종교사회학자들이 근대 사회와 종교의 쇠퇴가 필수적으로 병행하는 것이 아니라는 것을 안 것은 근래의 일이다.[248] 이런 점에서 본다면 1830년대에 이미 18세기의 계몽주의자들의 주장이 사실이 아니라는 것을 간파했던 토크빌의 관찰력은 뛰어난 것이라고 아니할 수 없다.

비록 토크빌이 미국에 오기 전에 미국의 종교에 대해서 알았다고 할지

---

246 Tocqueville, *Democracy in America*, I: 307.
247 Tocqueville, *Democracy in America*, I: 308.
248 Peter Berger, ed. *The Desecularization of the World: A Global Overview* (Washington DC Eerdmans, 1999)

라도 그가 미국에 와서 실지로 미국의 종교가 부흥하고 있으며, 이것이 민주주의의 발전에 지대한 영향을 미치고 있다는 것을 눈으로 확인하고는 놀라움을 금할 수 없었다. 프랑스에서는 종교의 정신과 자유의 정신이 반대 방향으로 진행하고 있었지만 미국에서는 이 둘은 서로 밀접하게 결합하여서 한 국가를 종교의 정신과 자유의 정신이 공동으로 지배하고 있다고 느꼈다.

그리하여 토크빌은 이 문제에 대해서 많은 미국의 사람들과 대화하였다. 그는 수많은 종파의 지도자들과 대화하였으며, 특별히 천주교 신부들과 많은 이야기를 나누었다. 그 결과 토크빌이 발견한 것은 이들이 사소한 문제에서는 의견이 다르다고 할지라도 한 가지 측면에서는 다같이 동의하고 있음을 발견하였다. 그것은 미국의 종교가 미국 사회에 큰 영향력을 행사할 수 있는 근거는 교회와 국가의 분리라는 것이다. 토크빌은 수많은 사람들과 대화를 하였지만 이 문제에 대해서 의견이 다른 사람을 만나보지 못했다고 말하고 있다.[249]

토크빌은 미국의 성직자들은 유럽의 성직자들에 대해서 아무런 공직을 맡지 않고 있음을 보고 놀랐다. 또한 정부의 행정직에도, 입법부의 법률제정과정에도 종교인들은 참여하고 있지 않고 있다. 심지어 어떤 주에서는 법률적으로 성직자의 정치 개입을 금하고 있는 곳도 있었다. 여기에 대해서 성직자들이 어떻게 생각하고 있는가를 물어 보았을 때, 많은 성직자들은 자신들의 자발적인 의사로 정치와 거리를 두고 있으며, 정치와 거리를 두는 것을 자신들의 직업에 대한 자부심과 연결시켜서 설명하고 있는 것을 보았다. 미국에서 성직자들은 정치 제도에 관한 그들의 의견 때문에 죄

---

249 Tocqueville, *Democracy in America*, I: 308.

책감을 느끼는 것은 없다. 그들에게 정치 제도에 대한 의견을 바꾸는 것은 마치 집의 구조나 농사의 방식을 바꾸는 것과 다를 바가 없다. 미국의 성직자들은 미국의 각 정당에서 초연하려고 노력하고 있으며, 역설적으로 미국의 종교가 외형적인 권력이 축소됨에 따라서 오히려 그들의 진정한 권위는 강화된다는 원칙을 발견하게 되었다.[250]

토크빌은 종교의 권위는 종교가 영적인 문제에 집중할 때 유지된다고 주장한다. 인간은 누구나 영생에 대한 관심을 갖고 있으며, 종교는 바로 이 문제를 다루고자 생겨난 단체이다. 인간의 영생에 대한 관심은 인간의 본능에 속하는 것이며, 이것은 이론가들이 궤변으로 인간의 본능을 왜곡시키지 않는 한 사라지지 않는다. 인간의 자연적인 상태에서 종교적인 본능은 더욱 강화될 것이다. 토크빌은 "불신앙은 일시적이며, 오히려 신앙만이 인류의 항구적인 상태"라고 지적한다. 그러므로 그는 종교야 말로 인간 속에 있는 결코 지울 수 없는 강력한 욕구에 근거하고 있다고 주장한다.[251]

토크빌은 이런 인간의 본성에 근거해서 자리 잡고 있는 종교가 오히려 법의 인위적인 보호나, 세속의 기구의 일시적인 보호에 근거해서 자신을 유지시키려는 경향이 있다는 것을 심히 염려한다. 그러나 이렇게 권력과 타협한 종교는 세속이 가지고 있는 폭력을 사용하려는 유혹을 받게 되고, 이런 종교는 세속이 범하는 실수를 반복하게 된다. 이런 과정에서 종교는 자신에게 주어진 본래의 영적인 권위에 손상을 받게 된다. 하지만 종교가 모든 인류에게 보편적으로 존재하는 영생에 대한 관심에 근거해서 그 존재를 인정받게 되면, 그 종교는 온 인류를 향하여 그 영향력을 행사하게

---

250   Tocqueville, *Democracy in America*, I: 309.
251   Tocqueville, *Democracy in America*, I: 310.

된다. 그러나 종교가 어떤 특정 국가의 정치 제도와 결탁하게 되면 그 종교는 그 국가의 정치적인 운명과 같이 하게 된다. 결국 종교의 영향력은 소수의 사람들에게 제한되며, 온 인류를 향한 그 영향력은 사라진다. 토크빌은 교회가 세속 정부와 함께 권력을 함께하면 동시에 세속 사회 속에 있는 정치적인 적대감도 함께 받을 수밖에 없다고 본다.[252]

토크빌은 민주사회에서 정치와 종교의 분리는 전제정치에서보다도 훨씬 더욱 중요하다고 주장한다. 민주사회에서는 정치적인 권위가 주기적으로 바뀌고, 법률의 변화도 심하다. 따라서 종교가 어떤 특정한 정치세력과 결탁하면, 그 정치세력이 권좌에서 밀려날 때 종교도 함께 공격을 당하게 된다. 이렇게 되면 정치와 더불어서 종교도 흔들리게 된다. 이것은 사회를 불안하게 만든다. 토크빌은 정치적인 상황이 자주 변하는 민주사회에서는 정치의 변화를 뛰어넘는 사회의 안전망이 필요하며, 바로 종교가 그 역할을 해야 한다고 보았다. 토크빌은 이런 현상을 미국에서 보았다. 미국의 성직자들은 실질적으로 아무런 공직을 맡지 않았음에도 불구하고, 그의 영향력은 어떤 나라에서 보다도 강력하다. 토크빌은 다음과 같이 말하고 있다: "미국에서 종교는 아마도 어떤 시기보다도, 어떤 나라에서 보다도 힘이 없다. 그러나 그 영향력은 더욱 강하다. 종교는 그 자신을 그 자신의 영역에 제한시킨다. 그러나 아무도 종교의 영역을 침범하지 못한다. 종교의 범주는 제한되었다. 하지만 종교는 자신의 범주를 넘어서서 아무런 논란이 없이 그 영향력을 유지한다."[253]

토크빌은 유럽의 많은 사람들이 종교의 쇠퇴를 염려하고 있으며, 이것

---

252 Tocqueville, *Democracy in America*, I: 310.
253 Tocqueville, *Democracy in America*, I: 312.

을 어떻게 회복해야 하는 가를 언급하고 있다고 말하면서 이 문제를 해결하기 위해서는 유럽의 사람들이 먼저 종교에 관한 인간의 자연적인 욕구를 인식해야 하며, 여기에 근거해서 사람들이 어떤 노력을 기울여야 하는가를 살펴보아야 한다고 지적한다. 토크빌은 먼저 미국의 신앙의 상황을 분석한다. 그리고 이 분석에 기초하여 유럽의 기독교가 어떻게 해야 할 것인가를 연구해야 한다고 주장한다.

토크빌은 미국을 종교적인 열정의 사회라고 생각한다. 이런 사회에서는 스스로 비종교인이라고 말하기가 힘들다. 종교적인 열정의 시대에 사람들은 자신의 종교를 종종 떠나지만 새로운 종교를 선택한다. 사람들은 자신의 신앙의 대상을 바꾼다. 이때 어떤 사람은 전통종교를 냉혹하게 비판하기도 하고, 어떤 사람은 전통종교를 경건한 신앙심으로 무장하기도 한다. 어쨌든지 이런 상황에서는 종교 자체가 쇠퇴하는 것은 아니다.[254]

하지만 종교적인 신앙 자체를 문제 삼고, 깊이 연구하지도 않고, 무식으로 무장하고 종교를 부정하는 경우에는 전연 다른 결과가 생긴다. 이런 경우에는 사람들은 종교 자체에 관심을 잃고, 회의주의가 팽배하여 결국은 모든 사람을 낙망시킨다. 사람들은 종교에 대한 좋고 싫음을 떠나서 종교 자체를 망각해 버린다.

어떤 경우 종교자체를 인정하지 않는 비신앙인이라고 할지라도, 종교의 유용성에 대해서는 인정한다. 그들은 종교를 통해서 사회의 관습과 법률이 제정된다는 사실을 인식하고 있다. 그들은 종교가 사람들을 평화롭게 만들고, 다가오는 내세에 대해서 준비하도록 한다는 것을 알고 있다. 그들은 자신들이 신앙을 잃어버렸다는 것을 유감스럽게 생각하면서, 아

---

254 Tocqueville, *Democracy in America*, I: 312.

직도 종교를 갖고 있는 사람들로부터 제외되는 것을 두려워한다.

다른 경우는 계속 신앙을 갖고 있는 사람들인데, 이들은 신앙을 갖지 않은 사람을 반대파로 보기보다는 동정의 대상으로 생각한다. 이들은 비신앙인들의 존경을 얻기 위해서 비신앙인들의 예를 따를 필요가 없을 것이라고 생각한다. 이들은 이 세상의 사람들을 원수로 여기지 않는다. 그들은 자신들과 함께 살아가는 동시대인들을 사랑한다. 하지만 이 시대의 약점을 지적하고, 과오를 슬퍼한다.

일반 대중의 여론은 종교에 호의적이다. 그들은 종교를 사랑하고, 존경하고, 지원한다. 이들이 상처받은 영혼을 위로 받을 수 있는 곳은 바로 종교에서이다. 이들은 기성종교의 교리를 의심하지 않고 받아들인다. 사후의 세계에 대한 본능적인 관심은 대중들을 제단 앞으로 인도하며, 그들의 마음을 열어 종교의 교훈과 위로를 받도록 만들어 준다.[255]

토크빌은 위와 같은 신앙의 분석이 유럽의 상황에서는 적합하지 않는다고 본다. 유럽은 미국과 상황이 다르다. 유럽은 반기독교 정서가 강하게 존재하고 있어서 스스로 신앙인이라고 말하기가 힘들다. 토크빌은 유럽에는 1) 이미 기독교를 버리고도 새로운 종교를 받아들이지 않는 사람, 2) 이미 회의 속에 있어서 마음속으로는 믿지 않기로 작정한 사람, 3) 마음속으로는 기독교 신앙을 갖고 있지만 그것을 겉으로 공표하는 것을 두려워하는 사람이 있다.[256] 토크빌은 프랑스의 이와 같은 분위기가 종교에 관한 인간의 자연스러운 상태가 아니라고 생각한다. 프랑스의 비이성적이고, 몰지각한 상황이 인간의 본능의 자연스러운 흐름을 방해하고, 넘지 말

---

255   Tocqueville, *Democracy in America*, I: 313.
256   Tocqueville, *Democracy in America*, I: 313.

아야 할 경계를 넘어서고 있다는 것이다.[257]

토크빌은 이런 프랑스의 비정상적인 종교상황이 바로 정치와 종교의 밀착관계에 있다고 보았다. 유럽의 불신자들은 기독교를 그들의 종교적인 적대자로 본 것이 아니라 오히려 정치적인 대적자로 인식하고 공격하였다. 그들은 기독교의 교리를 비판한 것이 아니라 기독교가 지지하는 정치적인 입장을 비판하였던 것이다. 그들이 성직자를 비판한 것은 그들이 하나님의 대리자였기 때문이 아니라 기존 정권의 동맹이었기 때문이라는 것이다.

유럽에서 기독교는 지상의 권력과 밀접하게 통일되어 있다. 하지만 그 권력은 쇠퇴하고 있고, 이제 폐허 가운데 묻히게 되었다. 종교는 아직도 낡은 정치체제의 시체에 묶여 있다. 이것을 묶는 끈을 끊어 버려야 한다. 그러면 다시 종교가 소생할지 모른다. 토크빌은 유럽의 종교를 소생시켜 과거의 생동감 있는 모습으로 되돌아가는 것은 하나님의 손에 달려 있다고 말하면서도 인간적인 측면에서 말한다면 다시금 순수한 신앙으로 돌아가서 그 신앙의 힘을 발휘하도록 해야 한다고 주장한다.[258]

3. 민주사회와 미국 기독교의 적응

토크빌은 『미국의 민주주의』 제2권에서 민주주의가 미국 사회에 미친 영향을 설명하고 있다. 여기서 토크빌은 민주주의가 미국 사회의 여러 분

---

257 Tocqueville, *Democracy in America*, I: 314.
258 Tocqueville, *Democracy in America*, I: 315.

야를 어떻게 변화시켰는가를 말한다. 우선 토크빌은 미국 사회를 유럽 사회와 비교해 볼 때, 미국 사람만큼 철학에 대해서 무관심한 사람도 없다고 지적한다. 유럽 사람들은 어떤 일을 하기 전에 우선 모든 사람에게 적용되는 원칙을 정해 놓고, 그 원칙에 의해서 움직인다. 하지만 미국 사람들은 그런 보편적인 원칙을 만들려고 노력하지 않는다. 미국 사람들은 어떤 사건 하나 하나를 개별적으로 보며, 개개인이 그것을 이해하려고 한다. 다시 말하면 미국 사람은 보편적인 철학적인 원칙보다는 개개인의 경험에서 나오는 해결을 선호한다는 것이다.

토크빌은 이런 미국의 경향이 미국으로 하여금 새로운 시도를 할 수 있도록 만든다고 주장한다. 미국은 모든 사람에게 적용되는 보편적인 권위를 부장한다. 이것은 종교개혁으로부터 유래한다. 종교개혁은 천주교의 보편적인 권위를 부정하였다. 이것은 17세기 베이콘의 사상과 그 뒤를 이은 데카르트에게 이르러 더욱 분명해졌다. 유럽의 근대사상은 이런 권위에 대한 부정이다. 하지만 미국에서는 이런 철학에 대해서 알지 못하면서도 이런 철학의 정신을 가장 잘 실현하고 있다.

미국에서 이런 보편적인 권위를 부정하고, 문제에 대한 개별적인 접근을 가능하게 만드는 것에는 두 가지 요소가 있다. 첫째는 종교이다. 사실 종교는 모든 것을 상대적으로 만들어 놓았다. 여기에는 정치, 철학, 법률 등 모든 것이 다 포함된다. 그러나 미국인들이 보편적으로 믿는 종교적 신념은 흔들림이 없다. 미국에는 수많은 종파가 있다. 하지만 하나님은 존재하고, 내세는 분명하며, 그 다음에 심판이 있다는 인간의 기본적인 철학에 대해서는 의심의 여지가 없다. 따라서 토크빌은 미국에는 다양한 종파가 있고, 이 종파들은 다양한 주장을 하고 있지만, 그 핵심적인 기독교 진리는 모든 미국인들에 의해서 용납되어져 있고, 이것은 아무도 부정할 수 없다고 말하고 있다. 미국 사회는 이런 종교적인 절대성을 갖고 있기 때문에 그 이외의 다른 것을 상대적으로 간주할 수 있고, 여기에 개인의 판단권이 존재할 수 있다는 것이다.

둘째는 미국 사회의 민주적인 성격이다. 토크빌은 유럽 사회에서는 사람은 자신의 출신 배경에 따라서 다양한 이념과 방식을 훈련 받는다. 하지만 미국은 근본적으로 민주사회이며, 이것은 평등을 추구하는 사회이며, 따라서 사람들을 어떤 특정한 계층에 귀속시킬 수 없다. 이런 사회에서 어떤 특정한 계층의 이익과 관습을 대변하는 이념이 오랫동안 자리 잡을 수 없다. 이런 사회에서 사람들은 집단적으로 생각하고, 행동하는 것이 아니라 개개인의 이익에 의해서 행동하게 된다. 토크빌은 미국 사회에서 "인간은 더 이상 이념에 의해서 속박되지 않고, 이익에 의해서 속박된다"고 말하고 있다.[259]

토크빌은 미국 사회가 철학적인 보편적인 원칙은 부정하지만 대신에 모든 삶이 받아들이는 공동의 신념(common belief), 혹은 일반적 개념(general idea)이라는 사상을 발전시킨다. 어떤 사회도 그 사회의 구성원들이 믿는 공동의 신념이 없다면 존재하기 힘들다. 귀족사회에서는 이런 신념을 몇몇 위대한 사상가들이 제공했지만 인간의 평등을 믿는 민주사회에서는 그런 몇몇 엘리트들의 사상을 그대로 따라가지 않는다. 평등한 사회에서 사람들은 특수 계층이 믿는 것을 따라가기보다는 가능한 대로 많은 사람들이 따라 가는 길을 선택하게 된다. 여기에 민주사회에서는 여론이라는 것이 등장하게 된다. 그래서 토크빌은 "민주사회에서 여론은 유일

259　Tocqueville, *Democracy in America*, II: 7.

한 권력을 갖고 있다"고 말한다.[260] 여론의 힘은 순수한 민주주의에서 더 강력한 힘을 발휘한다. 왜냐하면 입헌민주주의에서는 아직도 귀족의 잔재가 남아있고, 엘리트들의 영향력이 존재하기 때문이다. 하지만 순수 민주주의는 이런 기존의 권위를 인정하지 않는다. 토크빌은 이런 민주사회에서 여론에 대한 믿음이란 일종의 종교와 같은 것이 되었고, 다수의 의견이란 곧 민주사회를 이끌어가는 예언자의 역할을 한다고 주장한다.[261]

그러면 토크빌이 말하는 공동의 신념은 무엇인가? 토크빌은 그것을 사회를 지탱하는 세계관으로서 설명한다. 그리고 그 세계관은 종교와 관련되어 있다. 미국 사회를 지탱해 주는 이 공동의 신념은 하나님의 존재, 하나님과 인류의 관계, 인간의 영혼의 문제, 동료 피조물과의 관계 등이다. 사실 이런 개념들은 모호하기는 하지만 이런 것에 관한 공동의 신념이 존재하지 않는다면 우리는 이 세상에서 살아가기 힘들다. 민주사회에서 종교가 제공하는 가장 중요한 유익의 하나가 바로 이런 인생에 대한 일반적인 개념이다. 이것이 없이는 우리는 세상을 살아갈 수 없다. 비록 우리가 이런 문제에 대한 종교의 대답이 옳은지 그른지에 대해서 알 수 없다고 할지라도, 적어도 이런 종교적인 신념은 우리로 하여금 이 세상에서 행복하고, 평화롭게 살아갈 수 있도록 해준다고 말 할 수 있다.[262]

토크빌은 자유사회에서 이런 일반적인 종교적인 신념이 더욱 필요하다. 그런데 만일 종교가 붕괴되면 사람들은 종교의 신념에 대해서 의심하게 되고, 그리고 그 의심은 또 다른 의심을 만들어 낸다. 그래서 많은 사람

---

260 Tocqueville, *Democracy in America*, II: 10.
261 Tocqueville, *Democracy in America*, II: 11.
262 Tocqueville, *Democracy in America*, II: 20-21.

은 불신앙에 빠지게 되고, 그 다음에는 모든 사람들이 여기에 동의하게 된다. 그러면 결국은 아무도 종교적인 신념을 방어하지 않고, 세상은 자신의 운명에 대해서 해석할 수 없게 된다. 토크빌은 그런 사회는 존재하기 힘들다고 주장한다. 토크빌은 완전한 종교적인 독립과 완전한 정치적인 자유가 동시에 보장될 수는 없다고 본다. 종교적인 신념이 없는 사람은 무조건 정치적인 지배에 순종해야 하고, 정치적인 자유가 있는 사람은 종교적인 신념을 가져야만 한다.[263] 다시 말하면 자유가 주어진 사회에서 신앙이 없다면 그 사회는 혼란에 빠져 지탱할 수 없게 된다는 것이다.

토크빌은 더 나아가서 민주사회에서 종교가 더욱 필요한 이유를 종교가 인간의 욕망을 절제시켜 준다는데 있다고 주장한다. 토크빌은 민주사회를 "조건의 평등"(equality of condition)이 보장되는 사회라고 본다. 이런 사회에서 조건의 평등은 개개인으로 하여금 더 나은 삶에 대한 욕망을 갖게 만들고, 이런 욕망을 제어할 장치가 독재체제에서보다 적게 갖는다. 여기서 민주사회의 문제점이 들어나게 된다. 즉 모든 인간이 더 나은 삶을 향하여 나가게 될 때, 이것은 필연적으로 다른 사람의 욕망과 부딪히게 되고, 결국은 사회에 혼란을 가져오게 된다. 토크빌은 특별히 평등의 사회에서 물질적인 욕구가 제한 없이 분출될 것을 우려한다.

그렇다면 민주사회에서 이런 물질적인 욕망을 절제시켜 줄 제어장치는 없는가? 토크빌은 여기서 종교를 언급한다. 토크빌은 세상에서 아무리 나쁜 종교라고 할지라도 영적인 것을 물질적인 것 위에 놓고, 물질적인 것을 넘어서서 영적인 것을 추구하라고 말하기 때문에 민주사회에서 종교는

---

263   Tocqueville, *Democracy in America*, II: 22.

과도한 물질적인 욕구를 제어할 수 있는 장치라는 것이다.[264]

토크빌은 민주사회에서 종교는 자신의 한계를 분명하게 인식해야 한다고 말한다. 민주사회에서 종교는 어디까지가 자신의 영역인지 잘 분별해야 한다. 종교의 영역은 민주사회에서 영적인 것이어야 한다. 그리고 그 이외의 영역에서는 세상에 맡겨야 한다. 종교가 자신의 영역을 넘어서서 다른 영역까지 침범하려고 하면 종교는 자신의 영역까지 잃어버리는 큰 실수를 범하게 된다. 여기서 토크빌은 이슬람과 기독교를 비교한다. 이슬람의 코란은 종교적인 교리뿐만 아니라 정치, 민형법, 그리고 일반 자연과학까지 모든 것을 다 다루려고 한다. 하지만 기독교의 복음은 하나님과 인간의 관계 이외의 것에 대해서는 간섭하지 않는다. 토크빌은 이슬람과 같은 종교 아래 모든 것을 종속시키려는 종교는 민주적인 시대에는 적합하지 않는 종교이며, 종교를 영적인 영역으로 제한하며, 다른 영역에 대해서는 자유를 주는 기독교가 새로운 민주시대에 적합한 종교라고 주장한다.[265]

토크빌은 특별히 유일신 사상이 민주주의에 이바지하고 있다고 주장한다. 유일신 사상은 모든 인류는 같은 하나님에 의해서 창조되었으며, 같은 모습으로 창조된 인간은 같은 계약에 의해서 다스림을 받는다. 하나님은 인간에게 다 같은 것을 요구하며, 그래서 결국에는 영원한 나라에서 같은 대우를 받게 된다. 토크빌은 이런 유일신 창조주 사상이 모든 민족, 모든 계층, 모든 피부를 넘어서서 인류를 평등하게 만드는 기초가 되었다고 본다. 이 평등사상이야말로 바로 민주주의의 기본이 된다.[266] 초대교회는 이

---

264   Tocqueville, *Democracy in America*, II: 22.
265   Tocqueville, *Democracy in America*, II: 23.
266   Tocqueville, *Democracy in America*, II: 23.

런 정신으로 이루어졌다.

토크빌은 그러나 중세가 들어서면서부터 기독교에 새로운 현상이 생겼다. 고대 로마가 붕괴되면서 유럽은 다시금 계층사회가 되었고, 이런 계층은 계층에 맞는 특별대우를 요구하게 되었다. 하지만 기독교는 유일신 사상을 부정할 수 없기 때문에 각 계층을 특별하게 보호해 줄 수 있는 수호성인을 받아들이게 되었다. 이것은 민주적인 기독교를 다시금 미신적인 기독교로 되돌아가게 만든 것이다.

토크빌은 민주시대의 종교는 모든 사람에게 같은 대우를 해 주는 종교여야 한다. 중세 봉건사회가 붕괴되고, 민족 간의 교역이 늘어나고, 교통이 발달하면서 인류는 이전보다 더욱 만민평등의 개념을 강조하게 되었다. 이런 새로운 시대에는 한 창조주 아래서 모든 인간이 창조되고, 지배되고, 심판받는다는 유일신 교리가 중요하게 된다.[267]

토크빌은 또한 민주시대의 종교는 형식을 절제해야 한다고 본다. 토크빌은 미국 사람들이 가장 싫어하는 것이 바로 형식이라고 생각한다. 그들은 종교적인 상징은 인위적인 것이며, 광명한 천지에서 무엇인가를 감추기 위한 수단이라고 생각한다. 따라서 이런 시대에서는 불필요한 반대를 제거하기 위해서는 형식의 사용을 조심스럽게 해야 한다는 것이다. 토크빌은 천주교 신자로서 형식이 종교에 필요하다는 것을 잘 인식하고 있다. 따라서 민주시대에는 종교적인 진리를 표현하기 위해서 절대적으로 필요한 것으로 제한해야 한다.

토크빌은 민주시대에는 가능한 대로 복잡한 교리를 피해야 한다고 본다. 토크빌과 같은 사회사상가가 교리에 대해서 말한다는 것은 매우 위

267　Tocqueville, *Democracy in America*, II: 24.

험하다. 모든 종교는 자신들의 교리가 진리에 이르는 영원한 계시라고 주장한다. 토크빌은 이것을 인정한다. 그가 주장하는 것은 그 종교에 필요한 근본적인 교리(principal opinions)와 그것을 표현해 주는 장식품(accessories)을 구별해야 한다는 것이다. 그래서 근본적인 진리는 지켜야 하지만 장식품은 시대에 따라서 바뀌어 질 수 있다. 토크빌은 그 장식품은 오직 한 시대에서만 유지될 수 있으며, 새로운 시대가 되면 그것은 바뀌어져야 한다고 본다.[268]

토크빌은 민주사회에서 종교는 물질적인 욕망을 제거하기보다는 절제시켜야 한다고 믿는다. 토크빌은 인간에게는 보다 잘 살고자 하는 본능이 있다. 이것이 귀족사회에서는 모든 인간에게 실현될 수 없기 때문에 사람들은 체념하고, 내세에 관한 희망으로 대체하지만 평등이 지배하는 새로운 사회에서는 모든 사람들이 보다 나은 삶을 꿈꾼다. 토크빌은 이것이 미국 사회의 특징이라고 본다. 미국 사람들은 유럽 사람들에 비해서 보다 나은 삶을 위한 소망이 강력하다. 귀족사회에 뿌리를 두고 있는 과거의 종교는 인간의 욕망을 제거하려고 노력하였다. 이것은 수도원 운동을 통해서 나타났다. 하지만 토크빌에게 이것은 실현 불가능한 일이다. 민주사회에서 종교는 욕망을 제거하기보다는 다른 사회의 구성원들과 조화롭게 살 수 있도록 절제시키는 역할을 해야 한다.[269]

토크빌은 마지막으로 민주시대의 종교는 자신의 신앙에 배치되지 않는 한 다수의 의견을 존중해야 한다고 주장한다. 민주사회의 가장 큰 세력은 다수의 의견이다. 이 다수의 의견과 대립되는 종교는 민주사회에서 존립

268　Tocqueville, *Democracy in America*, II: 25-26.
269　Tocqueville, *Democracy in America*, II: 26.

하기 힘들다. 정치적인 도움을 받지 못하는 민주시대의 종교가 다수의 지지를 받지 못한다면 그런 종교는 얼마가지 못해서 도태되고 말 것이다.

토크빌은 미국의 기독교가 민주사회에 가장 잘 적응한 종교라고 본다. 미국의 종교는 자신의 영역을 분명하게 인식하고 있어서 섣부르게 정치에 참여하지 않으며, 근대 사회에서 신앙생활의 장애물이 되는 성인숭배, 형식적인 전례, 복잡한 교리 등을 피하고 있다. 또한 미국의 기독교는 평등사회의 종교답게 내세에 대한 관심만이 아니라 현세에서 신자들의 복지에 관심이 많다. 아울러 미국의 종교는 대중들의 여론을 존중할 줄 안다. 미국의 성직자들은 미국 사회의 지성적인 분위기를 알고 있으며, 자신들의 신앙의 본질에 배치되지 않으면 가능한대로 이것을 받아들이려고 한다. 한 마디로 미국의 기독교는 근대 민주사회의 종교라는 것이다.[270]

4. 기독교와 "바로 이해된 개인의 이익"

민주사회의 가장 중요한 가치가 자유와 평등이다. 그러나 토크빌은 자유보다도 평등이 사람들에게 더 큰 매력이라고 주장한다. 토크빌은 자유는 모든 시대에 다양한 형태로 나타났기 때문에 민주주의만의 특색이라고 말하기 힘들다. 그러나 토크빌은 민주사회에서 사람들이 더욱 절실하게 요구하는 것은 바로 평등이라고 본다. 그 이유는 여러 가지가 있다. 자유의 결과는 오랜 세월이 지나서야 나타나지만 평등의 결과는 곧바로 나타나기 때문에 사람들은 자유보다도 평등을 선호한다. 다른 측면에서는

---

270 Tocqueville, *Democracy in America*, II: 27-28.

자유가 가져오는 위험은 모든 사람에게서 즉각적으로 나타나지만, 평등이 가져오는 위험은 천천히 나타나기 때문에 사람들은 자유보다는 평등을 더 쉽게 용인한다. 예를 들면 독재 정권은 자유가 허락되지 않지만 평등은 허락한다. 따라서 자유로운 욕구의 표현이 자유로운 민주사회에서는 자유보다도 평등에 대한 욕구가 더 강한 것이다.[271]

우리가 토크빌의 사상을 이해하려면 평등의 개념과 더불어 그가 주장하는 개인주의에 대해서 알아야 한다. 토크빌에 의하면 개인주의는 민주시대의 특성이다. 중세시대의 귀족사회에서는 개인의 독특성은 존재할 수 없었다. 귀족은 조상부터 전해 내려오는 집에서 조상의 전통을 후대에게 물려 줄 책임이 있다. 따라서 귀족으로 태어난 사람은 스스로 선택할 수 있는 일들이 별로 없다. 하지만 민주사회에서는 모든 것을 새롭게 시작해야 한다. 민주사회의 시민은 조상으로부터 물려받는 것이 없기 때문에, 그것을 지켜야할 의무도 없다. 따라서 민주사회에서는 독립적으로 행동할 수 있는 개인이 탄생한다. 토크빌은 이런 개인주의는 구시대가 끝이 나고, 새로운 민주시대가 등장하는 시점에서 출발한다고 주장한다.

토크빌은 이 개인주의를 이기주의와는 구분한다. 이기주의는 모든 것을 자기중심으로 생각하고, 판단하여 자신의 욕망을 채우는 것을 의미한다면 개인주의는 모든 것을 스스로 판단하고, 행동하는 독립성을 강조한다. 이런 민주사회의 개인주의는 잘못하면 이기주의로 빠져 공공사회의 문제를 외면하기 쉽다. 토크빌은 미국에서 이런 개인주의의 한계를 극복하는 방법을 발견했다. 그것이 수많은 자발적인 단체들의 출현이다. 이 자발적인 단체들은 국가처럼 강제력을 갖고 있지 않다. 하지만 개인기업처

---

271 Tocqueville, *Democracy in America*, II: 94-97.

럼 이익을 추구하는 것도 아니다. 이 자발적인 단체들은 공공의 이익을 추구한다는 점에서 공적인 기관이지만 국가처럼 공적인 권력을 갖지 않고 있다는 점에서 사적인 기관이다. 토크빌은 이런 자발적인 단체들이 많이 나타나서 미국의 개인주의를 이기주의로 빠지지 않고, 건전한 사회로 발전하게 한다고 보았다.[272]

여기서 또 하나의 문제가 제기된다. 그것은 어떻게 개인의 웰빙(Well Being)이 사회의 웰빙과 결합될 수 있는가 하는 것이다. 전통적으로 말한다면 개인의 웰빙은 사회의 웰빙과 대립된다. 개인이 부를 축적하면 할수록 사회는 가난해진다. 하지만 토크빌은 "바로 이해된 개인의 이익"(Self-Interest Rightly Understood)은 사회 전체의 이익과 배치되지 않고, 일치된다고 주장한다.

토크빌은 이것을 귀족사회와 비교해서 설명한다. 귀족사회에서는 겉으로 볼 때 개인의 이익과 사회의 이익이 배치되는 것처럼 이해된다. 귀족들은 항상 사회를 위한 희생의 덕목을 말하곤 한다. 하지만 그들의 내면에는 그들이 말하는 사회를 위한 희생이 자신들의 이익과 부합될 때만 희생을 한다. 다시 말하면 겉으로는 커다란 희생을 하는 것 같지만 사실에 있어서 귀족들은 냉정하게 사회의 이익과 개인의 이익의 일치점을 찾고 있다는 것이다. 하지만 토크빌이 경험한 미국의 민주사회에서는 다른 경험을 하고 있다. 미국의 도덕주의자들은 미국 사람들에게 사회를 위해서 희생할 것을 강요하지 않고, 오히려 사회를 위해서 봉사하는 것이 얼마나 개인을 위해서 유익이 되는가를 설명한다. 귀족사회에서 비밀리 말해지던 것이

---

272 최근 미국에서의 자발적 단체에 관한 논의는 Robert Wuthnow, *The Struggle for American Soul*(Grand Rapids, 1989), 3-18을 참고하시오.

민주사회에서는 공공연하게 말해지고 있다. 이렇게 해서 미국 사회는 개인의 이익과 사회의 이익을 조화시키려고 노력한다.[273]

토크빌은 인류를 위해서 자신을 희생하라고 강요하는 도덕과 진정한 이익을 위해서 봉사하라는 도덕을 구분하여 설명한다. 인류의 도덕은 지금까지 전자의 전통을 따랐다. 하지만 이것은 소수의 이상적인 인간만이 따를 수 있는 것이다. 그리고 대다수는 이런 희생과는 관계없는 삶을 살았다. 토크빌이 미국에 와서 발견한 것은 미국의 도덕주의자들은 인류를 위한 희생보다는 진정한 자신의 이익을 위한 헌신을 강조한다는 사실이다. 이런 미국의 도덕은 위대한 성자를 만들어 내기는 어렵다. 하지만 이런 도덕은 많은 사람들이 따를 수 있는 윤리 규범을 제공해 준다. 즉 인류를 위한 커다란 희생은 어렵지만 자신의 진정한 이익을 위해서 작은 시간과 물질을 내어 놓을 수는 있는 것이다. 따라서 미국의 도덕은 위대한 성인을 만들어 내는 데는 부족하지만 매일매일의 삶 속에서 개인의 이익과 사회의 이익을 조화시키려는 민주사회의 시민을 만들어 낼 수는 있다는 것이다. 그래서 토크빌은 "바로 이해된 개인의 이익이라는 철학이야말로 자신의 시대에 가장 잘 맞는 철학이론"이라고 본다.[274]

토크빌은 "바로 이해된 개인의 이익"이라는 개념이 제대로 확립되기 위해서 결정적으로 필요한 것이 종교라고 말한다. 아무리 개인의 희생과 봉사가 여러 가지 통로를 통해서 다시금 개인에게 돌아온다고 해도 이것은 제한적이다. 이 세상에는 수많은 사람들이 이웃을 위해서 아름다운 삶을 살았는데도, 현세에서 거기에 합당한 충분한 보상을 받지 못한 사람이 수

---

273 Tocqueville, *Democracy in America*, II: 121.
274 Tocqueville, *Democracy in America*, II: 123.

없이 많다. 그러므로 이 이론이 제대로 성립되기 위해서는 내세가 전제되어야 하며, 내세에 현세에서 보상받지 못한 것을 보상해 준다는 종교적인 신앙이 전제되어야 한다. 따라서 내세에 대한 신앙이 없다면 "바로 이해된 개인의 이익"이라는 철학이 성립되기 힘들다.

철학자들은 인간이 참된 행복을 얻기 위해서는 자신의 감정을 잘 관찰하고, 욕망을 절제하고, 자신을 이겨야 한다고 가르친다. 사실 모든 종교가 가르치는 것도 이것과 같다. 하지만 종교는 여기에 한 가지를 덧붙인다. 그것은 내세이다. 종교는 이런 희생의 보상을 현세에만 두지 않고, 영원한 미래에 둔다.

토크빌은 종교인들 가운데 현세에 대한 보상보다는 내세에 대한 보상을 염두에 두고 행동하는 사람들을 보았다. 그들은 오직 영원한 보상을 염두에 두며 이웃의 행복을 위해서 일하고 있다. 토크빌은 이런 종교인들이 속고 있다고 생각하지 않는다. 오히려 그들이 믿지 못할 만큼 그들을 존경한다고 고백하고 있다.

토크빌은 기독교의 위대한 표현은 자신의 사랑과 이웃 사랑과 하나님 사랑을 결합시킨데 있다고 보았다. 참으로 자신의 영생을 원하는 사람은 자신보다도 이웃을 사랑해야 하며, 이런 이웃 사랑은 바로 하나님 사랑의 한 표현이라는 것이다. 토크빌은 이것이 성서에 나타난 하나님의 오묘한 질서라고 생각한다.[275]

토크빌은 개인의 참된 이익이 모든 종교적인 행동의 유일한 동기는 아니라고 본다. 하지만 토크빌은 개인의 이익이 종교가 많은 사람들을 끌어들이고, 교육시키고, 통치하는 중요한 수단이라고 생각한다. 참으로 영원

275　Tocqueville, *Democracy in America*, II: 125.

한 축복을 생각하는 사람은 수많은 경우에 현재의 자신의 행동이 미래에 어떤 결과를 가져오는가를 계산하며, 자신의 본능을 절제시킨다. 이성은 날카롭게 자신의 행동을 계산하게 만들고, 종교적인 훈련은 그 행동에 따라서 움직이게 만든다. 하지만 반대로 이성이 내세에 대한 의심을 갖게 만든다면 다음 세계의 보상을 바라보며 자신의 행동을 절제할 수 있는 능력도 상실하게 된다. 여기서 토크빌은 파스칼의 유명한 말을 인용한다. "기독교가 참된 종교라고 믿는 것이 잘못이라면 그것은 누구에게나 큰 손실이 아니다. 하지만 기독교가 거짓이라고 믿는 것이 잘못이라면 그것은 엄청난 결과를 가져올 것이다."[276]

미국 사람들은 유럽에서 횡행하는 잔혹한 불신앙의 유행에서 벗어나 있다. 유럽과는 달리 미국 사람들은 자신의 종교적인 신념에 대해서 조금치도 부끄러움이 없이 분명하게 언급한다. 그리고 종교적인 신앙을 갖는 것이 얼마나 합리적인가를 설명하기 때문에 미국인들은 가슴으로가 아니라 마치 머리로 교회에 나오는 것처럼 보일 때도 있다.

토크빌은 미국의 종교는 미래의 보상만을 말하는 것이 아니라 현세의 보상도 언급한다고 주장한다. 중세의 천주교 성직자는 오직 내세의 축복만을 강조했고, 그 결과 그들은 참된 신앙인이 현세에서도 행복할 수 있다는 사실을 설명하지 아니하였다. 하지만 미국의 성직자들은 그렇지 않다. 미국의 성직자들은 끊임없이 현세의 축복을 말하고 있으며, 여기서 벗어나서 다른 주제로 가는 것을 매우 어려워한다. 오히려 토크빌의 눈에 염려스러운 것은 미국의 설교자들이 내세의 영생보다는 현세의 축복을 더 강조하기

---

276 Tocqueville, *Democracy in America*, II: 126.

때문에 과연 종교의 목적이 무엇인가를 의심하게 만든다는 것이다.[277]

토크빌은 민주사회에서는 인간의 본능적인 물질적 욕구가 자연스럽게 분출된다고 보았다. 귀족사회에서는 인간의 운명이 결정되어 있다. 따라서 개개인은 그 운명에 어떻게 적응하는 가가 중요하다. 하지만 민주사회에서는 모든 인간에게 새로운 가능성이 열려있다. 그리고 개인의 노력에 의해서 그 가능성이 실현되기도 하고, 그렇지 못하기도 한다. 여기에 토크빌이 말하는 조건의 평등(equality of condition)이 있다. 다시 말하면 모든 사람이 새로운 삶을 살 수 있는 조건이 준비되어 있다는 것이다. 토크빌은 이렇게 새롭게 살 수 있는 가능성은 보다 나은 삶을 살려고 하는 웰빙의 욕구와 결합되어 있다고 본다.

귀족계급이 존재하던 19세기의 유럽에서 사람들은 모두 자신의 신분에 맞게 살아가는데 익숙해져 있다. 그들이 자신의 신분을 넘어선다는 것은 불가능하다. 하지만 미국에서는 다르다. 토크빌은 미국에서 아무리 가난한 사람도 부자가 될 수 있다는 꿈을 갖고 있는 것을 보았다. 미국 사람들은 대부분 물질적인 만족을 긍정적으로 생각한다. 미국 사람들은 물질적인 풍요를 오랜 노력 끝에 얻었다. 이것은 유럽의 귀족이 그 풍요를 유산으로 상속받는 것과는 다르다. 풍요를 유산으로 상속받은 일부 유럽귀족들 간에는 물질적인 풍요에 대해서 부정적으로 생각하는 경향이 있는데 비하여 자신의 노력으로 풍요를 얻은 미국 사람들은 물질적인 풍요를 긍정적으로 생각한다.[278]

많은 사람들은 이런 물질적인 풍요는 사회를 도덕적인 타락과 가정의

---

277   Tocqueville, *Democracy in America*, II: 127.

278   Tocqueville, *Democracy in America*, II: 128.

해체로 이끈다고 생각한다. 사실 유럽의 귀족들 사이에서는 이런 경향이 있다. 공적인 업무에 지치고, 풍요에 싫증이 난 귀족들이 종교적인 신앙이 해이해지면 감각적인 쾌락에 몰두하는 경향이 있다. 그리하여 나중에는 모든 사회적인 의무를 망각하고, 육체적인 향락에 빠지고 만다. 하지만 민주사회에서는 이런 것이 가능하지 않다. 민주사회에서 풍요는 귀족사회의 풍요와는 비교할 수 없다. 그들의 풍요는 제한적이다. 그들이 할 수 있는 일은 겨우 집을 약간 확장하고, 새로운 가구를 들여오는 정도이다. 물론 더 큰 부요를 획득할 수 있는 사람들이 있다. 하지만 이들까지도 그들의 물질적인 풍요를 제한 없이 누릴 수 있는 것은 아니다. 민주사회에서는 어떤 사람도 일반 시민의 일반적인 경향을 무시하고 행동할 수 없다. 따라서 민주사회의 부요한 사람의 행동도 사회가 정해 놓은 그 행동반경을 넘어서서 행동할 수 없다. 여기에 종교와 도덕이 중요한 역할을 하게 된다.[279]

토크빌은 미국의 물질적인 풍요 가운데서 종교의 역할을 찾는다. 토크빌은 미국을 여행하는 동안에 놀라운 사실을 발견하였다. 그것은 서부의 부흥집회이다. 물질적인 풍요에 대해서 그렇게 집착하는 미국 사람들이 물질과는 전연 관계없는 야외의 캠프에 모여서 열광적으로 찬송하고, 설교를 듣고, 기도하는 것은 유럽 사회에서는 거의 볼 수 없는 현상이다. 그래서 그는 "종교적인 비정상이 미국에서는 매우 일반적이다"고 말했다. 토크빌은 여기서 인간의 종교적인 본성을 언급한다. 그것은 물질로서는 만족할 수 없는 부분이 있다는 것이다. 그 만족을 못하는 부분 때문에 이런 종교적인 열광주의가 생겨난다고 보았다.

토크빌은 인간의 영혼은 단지 물질로만 만족할 수 없다고 보았다. 사람

279　Tocqueville, *Democracy in America*, II: 131-132.

들이 영적인 욕구를 잠시 무시하고, 왜곡할 수는 있어도 그것을 전적으로 파괴할 수는 없다. 그래서 때가 되면 그 영적인 욕구가 분출된다. 그러므로 토크빌은 세속적인 욕구가 충만한 사회에서 강력한 신비주의가 나타나게 되는 것은 이상한 것이 아니라고 본다. 문제는 이것이 사회가 용인해 주는 범주를 넘어서는가 그렇지 않은가 하는 점이다. 토크빌은 여기에 대한 사회의 한계가 분명하면 이런 종교적인 열광주의는 적절한 선에서 제한되지만 그렇지 않을 경우, 이들이 어디로 갈지 아무도 모르며, 사회의 상식을 뛰어넘게 될 것이라고 본다.[280]

토크빌은 종교적 열광주의에 대해서 비판하고 있지만 여전히 미국 사회의 물질주의를 극복할 수 있는 근거를 종교에서 찾고 있다. 토크빌은 미국 사람들이 일주일 가운데 일요일, 즉 안식일을 철저하게 지키고 있는 것을 보았다. 일주일 내내 물질적인 풍요를 추구하던 사람들이 안식일이 되면 전연 다른 삶을 사는 것을 보았다. 오전에는 모든 식구들을 대동하고 교회에 가서 설교자로부터 세상에서 듣던 이야기와는 전연 다른 이야기를 듣고, 집에 돌아와서는 온 가족이 함께 성경을 읽으며, 창조주의 위대함을 찬양하고, 인간의 의무를 가르친다. 토크빌은 이런 미국 사람들의 삶 가운데서 미국인들이 물질적인 것만이 아니라 영적인 것에도 관심이 있다는 것을 발견한다.[281]

토크빌은 민주사회에서의 종교의 역할을 설명한다. 귀족사회는 사회의 신분이 고착되어 있기 때문에 이런 사회를 깨우기 위해서는 그들의 물질적인 풍요에 대해서 눈을 뜨게 만들어 주어야 한다. 하지만 민주사회는 필

---

280 Tocqueville, *Democracy in America*, II: 135-136.
281 Tocqueville, *Democracy in America*, II: 143.

연적으로 물질적인 풍요를 추구하게 되어있다. 사람들은 교육을 통해서, 자유와 평등을 통해서 자연적으로 풍요를 추구한다. 하지만 인간은 물질적인 풍요로만 살 수는 없다. 물질적인 풍요만으로는 결국에 가서는 싫증이 나고, 사회는 삭막해질 수밖에 없다. 여기서 사회를 이끌어가는 지도층은 동료 인간들을 참으로 행복하게 하기 위해서 하늘에 대한 관심을 갖게 만들어야 한다.[282]

토크빌은 물질주의는 인류의 가장 큰 질병이라고 주장한다. 민주주의는 필연적으로 물질주의로 흐를 수밖에 없는데, 이것을 극복하는 길이 곧 종교라는 것이다. 종교는 일반적으로 말해서 영혼의 불멸을 가르친다. 영혼의 불멸은 인류에게 물질적인 가치가 한계가 있으며, 따라서 물질적인 풍요가 전부가 아니라는 것을 알려 준다. 토크빌은 인간의 마음은 땅에 것에 대한 열망과 하늘의 것에 대한 열망으로 구성되었다고 말한다. 그러나 인간은 때때로 한 쪽에 기울어지기 쉽지만 그것은 항상 다른 한 쪽에 대한 갈망으로 이어진다. 특별히 민주사회에서는 물질적인 것 때문에 영적인 것을 포기하기 쉽다. 따라서 민주사회에서 더욱 종교가 필요하다.

토크빌은 종교에 대해서 매우 조심스럽게 언급해야 한다고 주장한다. 만일 어떤 종교를 공격할 때, 그 종교를 혼란시키지 말고, 오히려 귀족시대, 곧 이전 시대의 가장 귀중한 유산을 다루듯이 다루어야 한다. 특별히 옛 종교를 전복하고 새로운 종교를 만들려고 하지 말아야 한다. 이런 과정에서 사람들은 신앙을 잃게 되고, 결국에 가서는 물질적인 풍요에 휩싸여서 영적인 것을 잃어버리고 만다.[283]

---

282 Tocqueville, *Democracy in America*, II: 144.

283 Tocqueville, *Democracy in America*, II: 145.

토크빌은 종교의 교리에 대해서 직접적으로 언급하지 않는다. 하지만 그는 윤회설을 물질주의만큼이나 합리적이지 않다고 비판한다. 그러나 윤회설과 물질주의 가운데 하나를 선택해야 한다면 그는 윤회설을 선택하겠다고 밝힌다. 그 이유는 분명하다. 윤회설을 영혼불멸을 인정하지만 물질주의는 그 가치를 부정하기 때문이다. 토크빌은 아무리 불완전한 종교라도 무종교보다는 낫다고 본다. 그 이유는 아무리 불완전한 종교라도 그 종교는 영혼불멸을 인정한다. 비록 사람들이 그 교리를 그대로 따르지 못한다고 할지라도 여전히 그들의 마음속에는 영적인 것을 위해서 육체적인 것을 희생해야 한다는 생각을 갖고 있다. 이것은 물질주의로 흐를 위험이 있는 민주사회에서는 더욱 분명하다.[284]

그러면 민주사회에서 누가 이런 종교적인 역할을 감당할 수 있을까? 토크빌은 이런 역할을 당시의 프랑스 성직자들이 감당하기가 어려울 것이라고 생각한다. 그들은 너무나 정치와 연관되어서 사람들은 그들을 신뢰하지 않는다. 토크빌은 "기독교가 어떤 희생을 치루더라도 현대 민주주의의 한 복판에 유지되어야 하기 때문에 오히려 성직자들을 성당에 제한시켜 그 영역 밖으로 나오지 못하게 해야 한다"고 주장한다. 성직자들의 정치 참여는 영원에 대한 관심을 증진시켜 주는 것이 아니라 사람들로 하여금 영원에 대해서 회의하게 만든다는 것이다.[285]

그러면 어떻게 해야 민주사회에서 물질주의를 극복할 수 있을까? 토크빌은 놀랍게도 정치가들에게 이 역할을 맡기기를 원한다. 토크빌은 정치가들이 영혼불멸을 믿는 것처럼 행동한다면, 그리고 그 영혼불멸의 교리

---

284 Tocqueville, *Democracy in America*, II: 146.
285 Tocqueville, *Democracy in America*, II: 147.

가 종교와 도덕의 기초를 제공해 주면, 결국에 가서는 민주사회의 도덕적인 근간을 확립하게 될 것이라고 본다.[286]

5. 미국의 민주주의와 천주교

토크빌의 『미국의 민주주의』는 근본적으로 유럽 사람들, 특히 프랑스를 향하여 쓴 것이다. 그러므로 토크빌은 자기의 조국 프랑스를 생각하면서 그들에게 무엇인가 메시지를 전달하기 위해서 이 책을 쓴 것이다. 토크빌이 프랑스 사람들에게 하고 싶은 이야기가 많이 있지만 그 중에서도 가장 중요한 것은 정치와 종교의 관계이다. 프랑스 사람들은 구시대를 청산하기 위해서는 종교를 제거해야 하며, 따라서 종교와 근대 사회는 대립되는 것으로 이해했다. 토크빌은 미국에 와서 미국의 종교상황을 보면서 이것이 잘못되었다는 것을 알게 되었다. 미국에서 민주주의와 종교는 대립의 관계가 아니라 종교가 없으면 민주주의가 성립이 안 되는 그런 관계였다.

우리는 위에서 개신교의 청교도 정신이 미국 민주주의의 뿌리를 두고 있음을 살펴보았다. 그렇다면 천주교는 어떠한가? 많은 사람들이 천주교는 귀족제도를 지지하며, 따라서 새로 등장하는 민주주의와는 대립되는 것으로 이해한다. 사실 토크빌은 신실한 카톨릭 신자이다. 카톨릭 신자로서 그는 프랑스의 정치 상황과 자신의 신앙 사이에 큰 갈등을 느꼈다. 이런 갈등을 가지고 미국에 온 토크빌은 미국에서 자신의 갈등을 해결할 수 있었다. 즉 카톨릭은 필연적으로 민주주의와 대립되는 것이 아니라 민주

---

286   Tocqueville, *Democracy in America*, II: 147.

주의를 지원할 수 있다는 것이다. 그리하여 그는 자신의 책에서 미국의 카톨릭이 어떻게 미국의 민주주의 체제에 적응하는가를 기술한 것이다.[287]

사실 천주교인들이 미국에 이민 온 것은 청교도에 비해서 매우 뒤늦었다. 그럼에도 불구하고 미국의 천주교는 미국의 민주주의에 잘 적응하였고, 더 나아가서 미국의 민주주의의 덕분에 성장하고 있는 것이다. 이것은 매우 놀라운 일이었다. 그것은 많은 사람들이 천주교는 민주주의에 대해서 반대하며, 천주교와 민주주의는 양립될 수 없다고 생각하기 때문이다. 토크빌은 이런 일반인의 생각은 잘못되었다고 본다. 그는 천주교에도 민주적인 요소가 강하게 있다고 본다. 천주교는 모든 인간을 두 종류로 본다. 하나는 성직자요, 다른 하나는 일반신자이다. 성직자가 아닌 이 세상의 모든 인간은 다 같은 일반신자이다. 그들은 다 같은 세례를 받아야 하고, 다 같은 교리를 지켜야 하고, 다같이 성직자 앞에서 무릎을 꿇어야 한다. 이런 점에서 천주교는 민주주의의 중요한 요소인 평등을 갖고 있다.[288]

민주사회에서 천주교의 문제는 다른 데 있다. 그것은 천주교가 정치와 밀착관계에 있다는 점이다. 이것은 유럽에서 분명하다. 하지만 미국에서는 상황이 다르다. 미국에서 천주교는 소수이며, 소수인 천주교는 정치와 종교의 분리가 이루어 질 때 자신을 지킬 수 있다. 다시 말하면 정치가 다수파인 개신교를 지원하지 않고, 중립을 지킬 때 천주교는 자신들의 종교활동에 지장을 받지 않을 수 있는 것이다. 다른 편으로는 18세기 미국의 천주교 신자들은 사회적으로 낮은 계층의 사람들이기 때문에 정치에 참

---

287 이 문제에 대한 전반적인 연구를 위해서는 Cynthia J. Hinckley, "Tocqueville on Religion and Modernity: Making Catholicism Safe for Liberal Democracy," *Journal of Church and State*, vol. 32: 2 (Spring 1990), 325-341.

288 Tocqueville, *Democracy in America*, I: 300-301.

여할 기회가 많지 않다. 따라서 미국에서 천주교는 유럽과는 달리 자연스럽게 정치에서 분리되어 있다.[289] 또 다른 측면에서 본다면 천주교가 정치와 분리되어 있어 개신교 사회에 공격적이지 않기 때문에 미국 사회에서 유지할 수 있기도 한 것이다.

가장 중요한 것은 이렇게 미국의 천주교가 미국 정치와 분리되어 있지만 미국 천주교는 미국 사회에 적대적이지 않고, 오히려 미국의 민주적인 정신에 잘 부합되게 발전하고 있다는 점이다. 토크빌에게 있어서는 이 점이 매우 중요하다. 천주교가 비록 교리적인 측면에서는 개신교와 다르지만 실질적인 도덕과 사회 관습에서는 개신교와 동일하다. 그래서 미국에서 이들은 천주교 신자이면서 동시에 미국 시민이 될 수 있는 것이다. 이들이 추구하는 윤리는 개신교가 추구하는 도덕적인 엄격성, 인간의 평등, 근면한 생활 등이 이것이다.[290] 여기에 다양한 종파가 있음에도 불구하고, 이런 다양한 종파가 사회를 분열시키지 않고, 하나의 미국을 건설하는데 이바지 할 수 있는 것이다.

토크빌이 미국을 여행하면서 대도시를 방문해서 어떤 모임에 초청받은 적이 있다. 이곳은 미국이 폴란드에서 일어나고 있는 전쟁을 지원하기 위해서 만들어진 공식적인 모임이었다. 그런데 이곳에 천주교 신부가 참석해서 전쟁에 나가는 군인을 위해서 축복하고, 미국이 승리해서 자유와 평등이 실천되는 세상을 만들게 해달라고 기도하는 것을 보았다. 이것은 토크빌에게서 매우 이례적인 것으로 이해되었다. 그것은 국가 종교가 아닌 카톨릭이 국가로부터 아무런 지원을 받지 않으면서 국가종교로서의 일을

---

289 Tocqueville, *Democracy in America*, I: 301.
290 Tocqueville, *Democracy in America*, I: 302.

감당하기 때문이다.[291] 토크빌은 미국의 카톨릭이 정교분리 시대에서 잘 적응하고 있는 것을 보았다.

이런 이야기를 통해서 토크빌이 프랑스의 카톨릭에게 하고 싶은 이야기는 무엇이었을까? 그것은 첫째로 카톨릭은 정치와 단절해야 한다는 것이다. 종교의 임무는 어떤 특정 이데올로기를 지원하는 것도 반대하는 것도 아니다. 토크빌은 카톨릭 교회가 본질상 민주주의에 반대한다고 생각하지 않는다. 하지만 오랜 역사동안 카톨릭은 프랑스의 왕권과 하나가 되었다. 따라서 프랑스의 카톨릭 교회가 근대 사회에서 적응할 수 있는 유일한 길은 정치와 분리하는 것이다. 이렇게 될 때 프랑스의 천주교는 대중들의 지지를 얻게 되며, 민주시대에 적응하게 된다.

토크빌은 원래 기독교는 민주적인 성격을 갖고 있다고 보았다. 구약의 종교가 왕권과 밀착되었다면 신약의 종교는 대중들에 뿌리를 내리고 있다. 사실 예수의 가르침에 근거한 초대 기독교는 보편주의적인 성격을 갖고 있다. 이것은 콘스탄틴이 기독교를 공인할 때까지 지속되었다. 하지만 중세 봉건시대가 시작되면서 이런 민주적인 성격의 카톨릭 교회는 변질되기 시작하였다. 중세를 유지하는 가장 강력한 세력은 봉건 영주이며, 이들의 도움이 없이는 천주교가 존립할 수 없었다. 이런 새로운 상황에서 천주교 신앙을 유지하기 위해서 천주교는 귀족계급과 밀착되었다. 그러나 문제는 근대 사회가 시작되면서 봉건사회는 붕괴되고, 민주사회가 등장하였다는 것이다. 이런 민주사회에서는 민주사회에 맞도록 천주교가 개편되어야 한다는 것이다.

토크빌은 미국의 개신교에서 시대 상황에 적응하는 기독교의 모습을

---

291   Tocqueville, *Democracy in America*, I: 302-303.

보았다. 그는 "미국의 모든 성직자들은 다수의 지성인들이 무엇을 추구하는가를 주목하고 있다. 그들은 다수의 지성인들의 의견을 존경하면서 대우한다. 그리고 그들은 필수적이라고 생각하지 않는 한, 그 다수의 의견과 싸우려고 하지 않는다"고 지적한다.[292]

둘째로, 천주교는 성인숭배에 족쇄를 채워야 한다. 토크빌은 근대사상은 검증 가능한 것을 추구한다고 보았다. 과거, 즉 민주 이전의 사회에서는 무조건 교회가 가르쳐 주는 대로 믿었지만 근대 사회는 상식이 인정하지 않는 것은 받아들이지 않으려는 경향을 갖고 있다. 민주사회에서 진리란 "동료나 모든 인간에게 공통으로 적용할 수 있는 것"으로 정의된다. 이런 민주사회에서는 "비슷하게 생긴 이 세상의 모든 인간은 개개인에게 같은 법칙을 적용시키며, 같은 조건으로 모든 사람에게 같은 행복을 약속하는 그런 유일한 신의 개념을 좋아한다"고 말한다.[293]

모든 사람을 공정하게 대우하는 신 개념은 천주교의 성인숭배 교리와 거리를 갖고 있다. 천주교의 성인숭배 사상은 특정한 성인은 그 성인에게 간구하는 자에게 특별한 호의를 베푼다는 교리에 기초하고 있다. 이런 사상은 창조자가 특정한 성인을 통하여 요청하는 사람에게 특별대우를 한다는 개념으로 이어진다. 이런 사상은 모든 사람에게 같은 대우를 요구하는 민주사회와는 거리가 먼 것이다. 토크빌은 이런 천주교 사상은 봉건적인 유럽 사회를 유지하게 만든다는 것이다. 개인의 영적인 측면에서 특별

---

292 Tocqueville, *Democracy in America*, II: 27-28; Cynthia J. Hinckley, "Tocqueville on Religion and Modernity: Making Catholicism Safe for Liberal Democracy," *Journal of Church and State*, vol. 32: 2 (Spring 1990), 332.

293 Tocqueville, *Democracy in America*, II:15 , 23; Hinckley, "Tocqueville on Religion and Modernity: Making Catholicism Safe for Liberal Democracy," 333.

한 수호성인을 갖고 있는 것처럼, 사회적인 측면에서도 특정집단의 이익을 보호하는 후견인을 갖게 만들고, 이런 것들이 유럽 사회의 분열을 유도한다는 것이다. 이것은 개인적인 측면에서도 마찬가지이다. 개인도 자신의 이익을 보호받기 위해서 후견인을 갖게 된다. 이런 것들이 유럽 사회를 타락하게 만드는 것이다. 그리하여 토크빌은 현대사회에서는 성인숭배를 적절하게 제어하지 않으면 안 된다고 생각한다.[294]

토크빌은 유럽의 천주교는 미국의 천주교로부터 배워야 한다고 말한다. 미국의 개신교에 영향을 받은 미국의 천주교는 성인에게 하지 말아야 할 행위를 분명하게 지적하면서 카톨릭 신자들이 지나친 성인숭배에 빠지지 않도록 가르친다.[295] 이런 점에서 유럽의 천주교는 미국에 와서 미국식 천주교로 변화하고 있었던 것이다.

셋째로, 천주교는 복잡한 전례를 간소화해야 한다. 토크빌은 현대종교는 전례의 형식을 간소화하고, 그 숫자를 축소해야 한다고 본다. 현대인들은 자신들이 믿고 있는 종교를 분명하게 알기를 원한다. 이런 시대에 많은 종교적인 상징은 신앙의 내용을 알게 하기보다는 신앙의 내용을 감추는 장애물로 인식된다. 이런 형식의 장애물이 많을수록 현대인들은 그 형식 때문에 신앙적인 회의에 빠지게 된다.[296]

토크빌은 미국의 카톨릭은 이미 이런 변화에 순응하고 있다고 보았다. 그는 "세상의 어떤 곳에서도 '미국에서 만큼' 천주교 신부들이 구원에 대

---

294 Tocqueville, *Democracy in America*, II: 24-25. Hinckley, "Tocqueville on Religion and Modernity: Making Catholicism Safe for Liberal Democracy," 333-334.

295 Tocqueville, *Democracy in America*, II: 27. Hinckley, "Tocqueville on Religion and Modernity: Making Catholicism Safe for Liberal Democracy," 334.

296 Tocqueville, *Democracy in America*, II: 4, 27. Hinckley, "Tocqueville on Religion and Modernity: Making Catholicism Safe for Liberal Democracy," 334.

한 예외적이고도, 특별한 길을 가기 위하여 사소한 사적인 전례 엄수에 별 관심을 보이지 않는 곳은 없다. 그들은 법의 정신은 잘 간직하고, 법의 자자구 어구에 대해서는 무시한다"고 지적한다.[297] 토크빌은 천주교가 전례가 없이는 존재하기 힘들다는 것을 잘 알고 있다. 그가 말하고자 하는 것은 적어도 유럽의 천주교가 미국의 천주교를 따라야 한다는 것이다.

넷째로, 천주교는 물질에 대한 생각을 바꾸어야 한다. 토크빌은 잘 살려는 욕망은 모든 인간 속에 내재되어 있는 공통된 요소라고 본다. 토크빌이 말하는 민주적인 사회란 바로 이런 잘 살 수 있는 욕망을 모든 사람들이 가질 수 있는 사회를 말한다. 토크빌은 전통적인 귀족사회에서 일반 사람들은 잘 살 수 있는 소망을 갖지 못한다. 따라서 그들은 현세에 대한 관심을 줄이고, 내세에 대한 관심을 갖게 된다.[298] 하지만 민주적인 사회에서는 그렇지 않다. 민주적인 사회에서는 누구나 잘 살 수 있는 소망을 갖게 되고, 이것은 사회에 활력을 가져다준다.

일반적으로 말해서 천주교는 물질에 대해서 부정적으로 말하고 있다. 천주교는 물질은 사람으로 하여금 영생을 얻는데 부정적인 영향을 미친다고 생각한다. 사람들이 부를 축적하는 유일한 정당성을 그 부를 가난한 사람에게 나누어 주기 위해서이다. 이것은 중세 이후 천주교의 오래된 전통이다.

그러나 토크빌은 민주사회에서는 부를 축적하고자 하는 욕망은 절제되는 것이 아니라 격려된다고 주장한다. 특별히 이것은 민주주의와 더불어

---

297 Tocqueville, *Democracy in America*, II: 27. Hinckley, "Tocqueville on Religion and Modernity: Making Catholicism Safe for Liberal Democracy," 334.

298 Tocqueville, *Democracy in America*, II: 144. Hinckley, "Tocqueville on Religion and Modernity: Making Catholicism Safe for Liberal Democracy," 335.

발달된 상업사회에서 더욱 잘 들어난다. 상업사회에서 거래(trade)는 부의 이동을 위한 역할을 한다. 그래서 이런 거래를 통해서 가난한 사람이 부를 얻기도 하고, 부요한 사람이 가난하게 되기도 한다. 이런 부의 이동을 위해서 필수적인 것이 조건의 평등(equality of condition)이다. 동일한 조건은 그 조건을 어떻게 사용하는가에 따라서 어떤 사람은 부요하게 만들고, 어떤 사람은 가난하게 만든다. 그래서 결국은 이런 조건의 평등은 경제적은 불평등을 만들어 낸다. 그러나 토크빌은 이런 불평등은 큰 문제가 아니라고 본다. 그 이유는 모든 사람에게 같은 조건이 주어진다면 기존의 불평등의 구조가 고착되는 것이 아니라 개개인의 노력에 따라서 다시금 조정되기 때문이다.[299] 토크빌은 미국 사회의 장점은 계층이 없는 사회가 아니라, 조건의 평등을 통하여 계층 간의 이동이 가능한 사회라고 보는 것이다.[300]

토크빌은 이런 새로운 부의 개념은 칼빈주의, 보다 구체적으로 말한다면 청교도에서 분명하게 드러난다고 본다. 천주교는 부를 영생의 장애물로 이해하는 반면에 청교도는 부를 구원의 증표로 간주하고 있다고 본다. 즉 청교도들은 부를 자신들의 근면한 삶에 대한 하나님의 인정의 표시라고 이해한다. 이런 관점에서 청교도는 천주교와 근본적으로 가난한 사람에 대해서 다르게 생각한다. 천주교는 가난한 사람을 하나님의 특별한 관심의 대상으로 이해하지만 청교도는 가난한 사람들을 의심스러운 눈으로 본다. 특별히 일하지 않고 다른 사람의 도움을 구하는 사람을 긍정적으로 보지 않는다. 그들의 가난은 그들이 하나님이 그들에게 맡긴 소명에 충실

299　Hinckley, "Tocqueville on Religion and Modernity: Making Catholicism Safe for Liberal Democracy," 340.

300　Tocqueville, *Democracy in America*, I: 94-95.

하지 않은 증거이며, 더 나아가서는 불신앙의 표시라는 것이다.[301]

물론 토크빌이 부를 항상 긍정적으로 보는 것은 아니다. 인간의 물질에 대한 욕망은 끝이 없고, 이것은 적절하게 제어되어야 한다. 이런 점에서 물질적인 욕망이 자유로운 민주사회에서 종교가 더욱 필요하다. 다시 말하면 종교는 끝없는 인간의 물질에 대한 욕망을 제한할 수 있는 장치이기 때문이다. 하지만 토크빌은 유럽의 천주교는 물질에 대해서 새로운 이해를 가져야 하며, 이것은 민주시대에 천주교가 적응해야 할 중요한 과제라고 생각한다.

VI. 알렉시스 토크빌과 최근의 논쟁

1. 토크빌과 최근의 종교사회학

알렉시스 토크빌은 최근 새롭게 연구되고 있다. 20세기 전체를 사로잡았던 냉전시대가 민주주의의 승리로 끝났다. 자유민주주의에 대한 강력한 옹호자였던 토크빌이 새롭게 주목받는 이유이다. 지난 세기 동안 많은 사람들은 유럽의 사회민주주의에 대한 강한 기대를 갖고 있었다. 이것은 미국의 자본주의 사회에 대한 반작용이었다. 하지만 많은 연구 결과는 유럽의 사회민주주의 이념은 사회를 발전시키기보다는 침체에 몰아넣었고,

---

301 Hinckley, "Tocqueville on Religion and Modernity: Making Catholicism Safe for Liberal Democracy," 340; Michael Walzer, *The Revolution of Saints: A Study in the Origin of Radical Politics* (Cambridge, MA: Harvard University Press, 1965), 211.

결과적으로 유럽병으로 간주되었다. 그 결과 유럽 사회는 미국 사회에 비해서 여러 가지 측면에서 뒤떨어지게 되었다. 이런 상황에서 유럽 사람으로서 미국 사회의 장점을 분석한 토크빌의『미국의 민주주의』는 매우 의미가 있는 고전이 된 것이다.[302]

토크빌에 대한 이런 새로운 이해는 이런 정치적인 측면에서 만이 아니다. 토크빌의『미국의 민주주의』는 어떻게 민주주의의 형성에 기독교가 공헌하였으며, 아울러서 민주사회가 기독교를 어떻게 변화시켰는가를 설명해 주고 있다. 이것은 우리에게 새로운 시사점을 주고 있다. 지금까지 신학자들은 기독교가 계몽주의의 도전 앞에서 자신을 지켜올 수 있는가에 관심을 기울여 왔다. 여기에 대해서 많은 진보주의자들은 기독교가 기적과 같은 초자연주의를 포기하고 합리적이어야 된다고 강조하였다. 또한 많은 종교사회학자들은 종교가 사회에서 공식적인 위치를 상실하면서 사회는 세속화되고, 결국에 가서는 쇠퇴하고 말 것이라고 주장하였다. 소위 세속화 이론(secularization theory)이다.

하지만 현재의 종교상황은 이런 일반적인 예측과는 전연 다른 방향으로 진행되고 있다. 기독교의 여러 종파 가운데서 가장 크게 성장하는 그룹은 초자연적인 신앙체험을 강조하는 오순절 그룹이다. 이것은 계몽주의자들의 예측과는 어긋나는 것이다. 또한 세속화와 더불어서 종교가 쇠퇴할 것이라고 보았는데 실질적으로 종교는 쇠퇴하지 않았고, 오히려 새로운 부흥을 경험하고 있다. 이것은 기존의 진보주의 신학과 종교사회학이 현대사회의 종교를 분석하는데 실패했다는 것을 의미한다.

우리는 토크빌에게서 이미 근대 사회의 종교에 대한 이런 분석을 찾아

---

302 "Tocqueville, Alexis," *Encyclopedia Britanica*, 816.

볼 수 있다. 토크빌은 미국에서 계몽주의가들의 예상과는 달리 기독교는 부흥하고 있다고 보았다. 토크빌은 "18세기의 철학자들은 신앙이 점점 약화된다는 매우 단순한 설명을 했다. 그들은 사회가 계몽되고, 자유가 확산되면 종교적인 열정은 사라질 것이라고 보았다. 그러나 이 이론이 전연 사실에 맞지 않는다는 것은 그들에게 매우 속상한 일이다."[303] 토크빌은 유럽의 계몽주의자들의 이런 입장을 그들의 인간의 본성에 대한 무지와 도덕적인 타락 때문이라고 보았다. 그는 인류 역사를 살펴 볼 때 신앙을 갖는 것이 상식적인 것이며, 불신앙이 예외적인 현상이라고 보았다. 그런데 당시의 유럽 지성인들은 이것을 거꾸로 생각하고 있다는 것이다.

토크빌은 종교가 근대 사회에서 쇠퇴할 것이라는 세속화이론가들과는 달리 종교가 근대 사회에서 더욱 필요하다고 주장한다. 전통적인 사회에서는 사회의 여러 가지 규범 때문에 종교가 없어도 사회를 잘 유지할 수 있다. 하지만 새로운 민주사회에서는 사람들을 얽매는 전통적인 연대가 사라졌기 때문에 종교가 없이는 사회를 유지할 수 없다. 그러므로 토크빌은 민주사회 일수록 종교가 더 필요하다고 본다.

우리는 토크빌이 종교에 대해서 갖는 일반적인 사상이 좌파적인 사회주의와 얼마나 다른가를 알 수 있다. 유럽 사회의 부조리를 연구하는 가운데 형성된 막스의 사회주의는 종교를 사회발전의 장애물로 인식하였다. 그들은 종교야말로 기존체제를 용호해 주는 아편이며, 이것이 붕괴되지 않고서는 새로운 사회가 건설될 수 없다고 보았다. 그래서 구 체제에 대한 반동은 구 종교에 대한 반동과 같은 차원에서 이해되어졌다. 하지만 이런

---

303 Tocqueville, *Democracy in America*, I: 308. Cf. Galston, "Tocqueville on Liberalism and Religion," 504.

좌파적인 사회분석은 미국 종교에 대해서는 맞지 않는다. 미국의 종교는 유럽에서 볼 수 있는 기존체제를 옹호하기 위해서 형성된 것이 아니라 미국에서 새로 시작한 민주사회를 옹호해 주는 기초였다. 미국의 민주주의를 정신적으로 가장 뒷받침해 주는 것이 기독교였다. 여기서 미국의 기독교는 과거 체재의 옹호자가 아니라 새로운 체제의 후원자인 것이다. 이런 점에서 토크빌은 미국에서는 자유의 정신과 종교의 정신이 대치되지 않고, 병행된다고 말한 것이다.

토크빌이 종교의 연구에 있어서 크게 공헌한 점은 민주사회에서 기독교가 어떻게 적응했는가 하는 것을 연구한 점이다. 토크빌은 유럽의 귀족 출신으로서 미국의 민주주의를 관찰한 사람이다. 그는 체질적으로 귀족사회를 아는 사람이다. 귀족사회가 자신에 맞는 종교를 만들어 낸 것처럼, 민주사회 역시 자신에 맞는 종교를 만들어 냈다. 토크빌은 이것을 미국의 기독교에서 발견하였다. 토크빌의 이런 관점은 사실 지금까지 종교사회학계를 지배했던 세속화 이론을 능가하는 새로운 관점이다.[304] 토크빌의 이런 관점을 우리는 민주화(democratization)라고 부를 수 있다. 민주화의 관점에서 본다면 기독교가 어떻게 불평등한 사회구조에서 평등한 사회구조의 종교로 바뀌어졌는가 하는 점은 매우 중요한 점이며, 여기에 대해서 성공적으로 대처한 것이 바로 미국의 기독교인 것이다.

토크빌의 이와 같은 주장은 미국의 기독교와 유럽의 기독교를 비교해 볼 때 보다 분명하게 나타난다. 유럽의 기독교는 미국의 기독교에 비해서 새로운 시대에 적응하지 못하였다. 그들은 여전히 정치와 종교의 연합을

304　Lisle Dalton, Phillip E. Hammond, Julie Ingersoll, David Machacek, Roger Valedez and Brian Wilson, "Bringing Tocqueville In: Remedying a Neglect in the Sociology of Religion," *Journal of the Scientific Study of Religion*, 31-4 (1992), 396-397.

통하여 사회의 기득권을 유지하려고 했다. 그 결과 유럽의 기독교는 대중 속으로 들어가지 못하였고, 대중에게 뿌리를 내리지 못하였다. 하지만 미국의 기독교는 정치와 종교의 분리를 받아들여 국가의 도움이 없이 대중에게 직접 호소하여 그들 속으로 들어갔다. 이것이 토크빌이 주장한 정치와 종교의 분리가 미국 기독교에 가져다 준 역동성이다.

일부 학자들은 이런 토크빌의 주장은 현재의 종교상황에 적절하게 맞는다고 지적한다. 이것은 미국 기독교와 유럽 기독교의 구체적인 통계로서 들어난다. 1980년의 갤럽조사에 미국 사람의 25%가 주말을 종교와 관련해서 보내는 반면에 서유럽국가들(영국, 프랑스, 독일, 스위스)에서는 5-8%에 지나지 않는 것으로 나타나 있다. 개인의 삶에 있어서 종교의 중요성에 관해서는 미국이 41%인 반면에 서유럽국가들에서는 7에서 11%에 지나지 않고 있다. 최근의 여러 연구에 의하면 영국에서는 제2차 세계대전 이후, 프랑스에서는 1960년대 이후에, 종교의 쇠퇴는 분명한 현실로 나타났고, 신의 존재나 내세에 대한 신념도 상당히 약화를 경험하고 있다. 여기에 비하면 미국에서는 전체 인구의 41%가 정규적으로 예배에 참석하고 있는 것으로 나타나고 있다.[305]

---

305 버지니아 대학의 캡프로 교수는 토크빌의 이론에 근거해서 구체적으로 미국과 유럽의 기독교를 분석하였다. Theodore Caplow, "Contrasting Trends in European and American Religion," *Sociological Analysis*, 46: 1 (1985), 101-108. 여기에 대한 반박을 위하여 Roy Wallis, "The Caplow-de Tocqueville account of contrasts in European and American Religion: confounding consideration," *Sociological Analysis*, 47: 1 (1986), 50-52을 참고하시오.

2. 토크빌의 사상에서 종교의 위치

사실 토크빌 이외에도 종교가 근대 사회에서 필요하다고 보는 사상가들이 많이 있다. 대부분의 계몽주의자들도 종교가 근대의 계몽사상과 대립되지만 무지한 대중들은 합리적으로 도덕을 갖지 못하기 때문에 종교의 힘을 빌어서 도덕을 유지해야 한다고 본다. 다시 말하면 계몽된 인간은 이성에 근거해서 도덕적으로 살지만 일반대중은 그런 이성적인 훈련을 받지 못했기 때문에 종교적인 교리에 근거해서 도덕적인 삶을 살 수밖에 없다는 것이다. 이들에게 종교자체는 싫고, 받아들일 수 없는 것이지만 종교가 갖는 도덕적인 기능 때문에 종교를 수용해야 한다는 것이다. 종교사회학자들은 이것을 종교의 기능주의적(functionalistic) 태도라고 부른다.[306]

토크빌 연구가들 가운데 논쟁점의 하나는 토크빌의 종교관이 이런 기능주의적인 입장을 나타내는가 하는 점이다. 많은 토크빌 전문가들은 토크빌의 종교관이 이런 기능주의적인 입장이라고 본다.[307] 사실 토크빌은 기독교의 본질에 대해서 말하지는 않았다. 그는 종교가 민주주의를 위해서 갖는 기능을 설명했다. 이런 점에서 토크빌이 종교의 기능적인 역할에 대해서 언급한 것은 사실이다. 토크빌은 미국의 민주주의가 성공한 이유는 종교가 민주주의의 도덕적인 기능을 제공해 주었기 때문이라고 본다.

문제는 토크빌이 종교의 영적인 측면은 부정했는가 하는 점이다. 사실

---

306 Sanford Kessler, *Tocqueville's Civil Religion: American Christianity and the Prospects for Freedom* (Albany, NY: State University of New York Press, 1994), 26-30.

307 Marvin Zetterbaum, *Tocqeville and the Problem of Democracy* (Stanford, CA: Stanford University Press, 1967), 147; Jack Lively, *The Social and Political Thought of Alexis de Tocqueville* (London: Clarendon Press, 1962), 197.

토크빌은 종교의 영적인 측면에 대해서 구체적으로 언급하지 않았다. 하지만 필자의 판단으로는 이것이 종교의 영적인 측면을 부정했기 때문이 아니라 정치사상가로서 이것이 자신의 한계를 뛰어넘는 것이기 때문이라고 본다. 토크빌이 종교의 영적인 측면을 언급하지 않은 것은 신학자도, 성직자도 아닌 자신이 민주주의를 언급하는 장소에서 종교의 영적인 부분을 말하는 것은 적절하지 않았기 때문이다. 필자는 이런 점에서 토크빌이 종교의 기능주의적인 측면을 말한 것은 사실이지만 그렇다고 해서 토크빌이 종교의 영적인 측면을 부정했다고 보지는 않는다.

하지만 우리가 토크빌의 사상을 자세하게 살펴보면 그의 가장 중요한 관심이 민주사회를 위한 종교의 역할 뿐만 아니라 민주사회에서 종교가 어떻게 해야 유지될 수 있을까 하는 점에도 있다는 것을 알 수 있다. 비록 자신이 신학자나 성직자가 아니기 때문에 종교의 본질을 언급할 수는 없지만 민주사회에서 종교가 살아남기 위해서 어떤 태도를 취할 것인가를 열심히 설명하고 있다. 토크빌은 다음과 같이 말했다. "나는 하나님이 인간의 마음속에 종교적인 신념을 주입시켜 주기 위하여 제정한 초자연적인 수단을 검토할 수 있는 권리도 의도도 없다. 나는 이 시점에서 종교를 단지 인간적인 관점에서 고려하고 있다. 나의 목적은 어떤 방법으로 가장 쉽게 종교가 우리가 진입하고 있는 민주시대에 그 영향력을 유지할 것인가에 있다."[308]

토크빌은 민주시대에 종교가 자신을 유지하기 위해서는 종교가 정치에서 손을 때고 오히려 순수한 종교적인 기능을 해야 한다고 보았다. 그는 민주주의 시대에서 "종교는 그 어떤 시대보다도 더욱 조심스럽게 그 자신

---

308 Tocqueville, *Democracy in America*, II: 22.

의 영역에 자신을 제한시켜야 한다. 종교적인 영역을 넘어서서 그 영향력을 행사하려 할 때, 그것들은 종교에 대한 전적인 불신을 가져오는 위험을 가져오게 된다."[309]

하지만 이것은 종교의 정치적인 역할을 부정하는 것이 아니다. 종교가 정치에 직접적으로 간여하는 것은 종교를 특정집단에 예속시키고, 결국에 가서는 그 집단이 정치적인 영향력을 상실하게 될 때 함께 망하게 된다. 종교가 직접 정치에 관여하지 않고, 종교의 순수한 측면을 강조하게 될 때, 오히려 종교는 정치의 모든 영역을 초월해서 사회 전반에 권위를 갖게 되고, 그 결과 민주사회에서 계속적인 영향력을 갖게 된다는 것이다. 토크빌은 민주사회에서 가장 중요한 것은 여론인데, 종교가 어떤 특정한 정파와 타협하게 될 때 종교는 여론 형성에 제약을 갖게 된다. 오히려 종교가 정치에서 분리되어 독자적인 길을 갈 때 종교는 대중 속에 자신의 영향력을 강력하게 행사할 수 있다. 다시 말하면 토크빌은 민주사회에서의 종교는 종교의 본래적인 영적인 측면으로 돌아갈 때 종교가 민주사회에서 영향력을 가질 수 있다고 주장하는 것이다.

여기서 우리는 일반적으로 토크빌의 사상에서 종교의 기능적인 역할과 순수한 종교적인 역할이 서로 대립되지 않는다는 것을 알 수 있다. 토크빌은 종교의 기능적인 역할을 말하면서도 순수한 종교적인 역할도 강조하고 있다. 오히려 그는 종교의 진정한 기능적인 역할은 종교가 순수한 역할을 할 때 가능하다는 것을 강조하고 있다. 이것이 그가 그토록 강조하는 정치와 종교의 분리가 아닌가? 정치와 종교가 하나가 된 유럽 사회에서보다 정치와 종교가 나뉘어져 종교가 보다 종교적인 역할에 집중하는 미국

309　Tocqueville, *Democracy in America*, II: 23.

에서 이런 종교의 기능적인 역할이 잘 이루어진다고 보는 것이 토크빌이 강조하는 것이다. 그렇다면 토크빌의 사상을 종교의 기능적인 역할에 대한 강조만으로 보는 것은 토크빌의 입장을 너무나 정치적인 측면에서만 보는 것이라고 해석할 수 있다.

일찍이 도리스 골드스타인은 일반적인 토크빌 학자들의 견해와는 달리 토크빌이 신실한 카톨릭 신자였다고 주장한다. 토크빌의 편지를 깊이 분석한 골드스타인은 토크빌이 어려서부터 천주교의 깊은 신앙 가운데 있었고, 파스칼의 영향을 깊이 받았으며, 영적인 것을 추구하는 사람이었다고 주장한다. 골드스타인은 토크빌이 단지 종교의 기능적인 측면만 강조한 사람이 아니라는 증거가 그의 저서에 수없이 등장하는 "섭리"(Providence)라는 단어라고 주장한다.[310] 토크빌은 그의 『미국의 민주주의』 서문에서 모든 역사는 알든지 모르든지 한 가지 목적, 곧 민주주의를 향하고 있으며, "이 모든 것은 하나님의 손에 잡힌 눈먼 도구다"고 말한다. 그리고 이어서 "민주주의를 제지하려는 시도는 하나님의 뜻을 거역하는 경우가 될 것이다"고 주장한다.[311] 토크빌은 역사가 불평등의 사회에서 평등의 사회로 흘러가는 것을 절대자의 섭리라고 본다. 이것은 그가 역사를 단지 인간사회의 흐름으로 이해하지 않고, 보이지 않는 하나님의 손이 개입하고 있음을 인정하는 증거이다. 이런 점에서 골드스타인은 토크빌을 세상의 보이는 역사는 보이지 않는 신의 작업이라는 초역사가(metahistorian)라고 주장한다.[312]

여기서 한 걸음 더 나아가서 힌클리(Hinculey)는 토크빌이 종교의 기능

---

310 Goldstein, *Trial of Faith*, 121.
311 Tocqueville, *Democracy in America*, I: 6-7.
312 Goldstein, *Trial of Faith*, 123. 메타히스토리안의 또 다른 예는 크리스토퍼 도오손이다.

적인 역할을 말할 때, 그것은 분명히 기독교를 염두에 두고 말하는 것이라고 주장한다.[313] 사실 근대 계몽주의자들은 기존의 종교에 대해서는 비판적이면서 종교의 도덕적인 기능에 대해서만 언급하였다. 다시 말한다면 민주사회를 유지하기 위해서 종교의 도덕적인 기능이 요구된다는 것이다. 이들에게는 종교의 특정한 교리나, 특정종교에 대한 선호도는 없다. 하지만 힌클리는 토크빌의 저서를 연구해 보면 토크빌은 분명하게 기독교를 선호하고 있으며, 따라서 토크빌이 종교의 기능적인 측면에만 관심이 있다는 주장은 잘못되었다고 강조한다.

토크빌은 기독교를 이슬람과 비교하면서 이슬람은 정치와 종교의 일치를 강조하기 때문에 근대 사회에 적절하지 않다고 주장한다.[314] 토크빌은 코란을 기독교의 복음보다 우월하다고 주장하는 사람이 있다는 이야기를 듣고, 그의 조카에게 보낸 편지에서 실제에 있어서 이슬람은 기독교와 비교의 대상이 되지 못한다고 말하면서 당시의 이슬람 사회가 타락해 가는 가장 큰 원인은 이슬람 종교 자체에 있다고 썼다.[315] 또한 힌두 종교에 대해서도 비슷한 평가를 하였다. 비록 그가 힌두 종교에 대해서 직접적인 공격은 피했지만 힌두 종교가 인간의 평등을 부정하고, 카스트제도를 받아들인다는 점에서 불신앙보다도 못하다고 주장하였다.[316] 토크빌은 그러나

---

313   Cynthia J. Hinckley, "Tocqueville on Religious Truth and Political Neccesity," *Polity*, 23-1 (Autumn, 1990), 39-52. Cf. James M. Sloat, "The Subtle Significance of Sincere Belief: Tocqueville's Account of Religious Belief and Democratic Stability," *Journal of Church and State* 42-4 (Autumn, 2000), 759-779.

314   Tocqueville, *Democracy in America*, II: 23.

315   Alexis de Tocqueville, *The European Revolution and Correspondence with Gobneau*, ed. and trans. John Lukacs (Gloucester: Doubleday, 1959), 212; Hinckley, "Tocqueville on Religious Trith & Political Necessity," 41.

316   Goldstein, *Trial of Faith*, 125.

윤회설을 믿지는 않지만 물질만능주의보다는 윤회설이 낫다고 주장하였다. 그 이유는 윤회설이 영생불멸을 인정하기 때문이다. 이런 것을 종합해 볼 때 토크빌은 여러 종교 가운데 기독교가 가장 민주사회에 적합한 종교이며, 이런 점에서 어떤 희생을 치루더라도 기독교는 유지되어야 한다고 주장하였다.[317]

많은 학자들은 토크빌이 어떤 신앙을 가졌는가에 대해서 논란을 벌이고 있다. 일부 학자들은 토크빌은 종교에 대해서 회의적인 사람이었다고 주장한다. 그는 민주주의를 위해서 종교가 필요하지만 자신이 종교적인 신앙을 가진 것은 아니라는 것이다. 분명히 토크빌은 모든 것을 의심 없이 받아들이는 전통적인 의미의 신실한 신자는 아니었다. 하지만 그에게 가장 큰 영향을 미친 사람은 프랑스의 유명한 신앙인 파스칼이었고, 토크빌은 파스칼의 저서를 그가 매일 읽는 세 권의 책 가운데 하나라고 말했다. 토크빌은 파스칼을 존경했다.[318] 파스칼은 인간을 세 종류로 나누어서 설명했다: 첫째는 하나님을 섬기면서 하나님을 만난 사람, 둘째는 하나님을 찾지만 하나님을 만나지는 못한 사람, 셋째는 하나님을 섬기지도 만나지도 않고 사는 사람이다. 첫째는 이성적이며, 행복한 사람이고, 셋째는 어리석으며 동시에 불행한 사람이며, 둘째는 불행하지만 이성적인 사람이다. 힌클리에 의하면 토크빌은 둘째 유형에 속하는 사람이다. 그는 기독교의 진리를 믿었다. 하지만 그가 심오한 종교인처럼 결정적인 종교체험을 한 것은 아니었다.[319]

---

317 Tocqueville, *Democracy in America*, II: 147.
318 Tocqueville, *Democracy in America*, II: 44.
319 Hinckley, "Tocqueville on Religious Trith & Political Necessity," 42-43.

3. 토크빌과 현대 미국 사회의 위기

토크빌의『미국의 민주주의』는 미국 사회를 가장 잘 분석한 고전으로 명성을 갖고 있다. 이같은 명성은 현재까지도 계속되고 있다. 오늘날까지도 많은 학자들은 토크빌의『미국의 민주주의』에서 오늘의 미국을 진단하고, 거기에 대한 해결책을 얻는다.

미국의 종교사회학자인 로버트 벨라는 토크빌의 연구에서 새로운 통찰력을 얻어서『마음의 습관』(Habit of the Heart)이라는 명저를 남겼다.[320] 이미 우리가 위에서 살펴본대로 토크빌은 민주사회에서 법이나 관습보다도 더 중요한 것인 사람들의 습관이라고 주장하였다.[321] 그는 프랑스에서 민주주의가 실패하고, 미국에서는 민주주의가 성공한 이유를 제도에서 찾지 않고, 국민들의 습관에서 찾았다. 프랑스는 민주주의라는 제도는 마련했는데 민주주의를 유지할 수 있는 민주습관을 갖지 못하였다. 하지만 미국은 민주주의라는 제도 이전에 오랫동안 민주습관을 형성해 왔다. 이 "마음의 습관"을 형성하는데 결정적인 공헌을 한 것이 바로 미국의 기독교라는 것이다.

토크빌에 의하면 미국 기독교가 민주적인 습관을 형성하는데 기여한 여러 가지 측면이 있다. 무엇보다도 유일신 사상 앞에서 인간이 평등하다는 생각을 가졌으며, 청교도를 통하여 민주적인 공동체를 운영하는 방법을 배웠다. 또한 성서의 도덕을 강조하여 민주사회의 기반이 되는 윤리를

---

[320] Robert N. Bellah and others, *Habits of the Heart: Individualism and Commitment in American Life*, Updated Edition with a New Introduction (Los Angeles: University of California Press, 1996).

[321] Tocqueville, *Democracy in America*, I: 299.

확립했다. 토크빌은 민주사회에서 가장 중요한 것이 여론인데, 정치와 분리되어 정치권력에서 독립한 교회는 오히려 일반 대중들의 여론 조성에 큰 영향을 미치게 되었다. 토크빌은 민주사회의 가장 큰 염려는 개개인의 이기적인 욕망이 강조되면서 사회를 혼란 가운데 빠뜨리는 것인데, 기독교가 이런 혼란을 방지할 사회적인 안전망을 제시해 준다고 본다. 미국에서는 어떤 개인도 대중들의 여론을 떠나서는 살아갈 수 없는데, 그 여론은 지나친 이기적인 행동을 용납하지 않는다는 것이다. 그리고 바로 미국 사회의 그 여론을 형성하는 것이 기독교라는 것이다. 이런 것들은 구체적으로 보이지는 않지만 어떤 법이나 제도 못지않게 민주사회를 유지하는데 중요한 것이다.

로버트 벨라(Robert N. Bellah)는 이와 같은 "마음의 습관"을 현대 미국 사회를 설명하는데 사용하였다. 사실 미국 사회는 개인주의에 기초하고 있다. 그런데 개인주의는 항상 이기주의로 흐를 염려가 있다. 그렇게 되면 사회는 혼란스러워진다. 그래서 이와 같은 이기주의를 제어하고, 개인의 이익을 사회의 이익과 조화시키는 장치가 필요하다. 미국 사회에서 이런 역할을 하는 것이 미국인의 마음의 습관이며, 이 습관은 청교도 이래로 내려오는 미국 사회의 전통이라는 것이다.

하지만 현대 미국 사회에서는 이같은 이기주의를 제어하고, 개인의 이익과 사회의 이익을 조화시킬 건전한 도덕, 곧 마음의 습관이 사라지고 있다는 것이다. 그 결과 미국의 전통적인 중산층 계층이 사라져 가고 있으며, 부자와 가난한 사람의 격차가 더 벌어지고 있다는 것이다. 로버트 벨라는 자신이 1985년 처음 『마음의 습관』을 저술했을 때보다 10년이 지난 1995년의 미국은 부의 분배가 더 잘 이루어지지 않고 있다고 보았다.[322] 이같은 중산층의 붕괴는 미국 사회를 지탱하고 있던 도덕의 붕괴에 기인하고 있다. 다시 말하면 토크빌이 미국 사회를 만들었다고 주장했던 그 마음의 습관, 곧 도덕이 붕괴됨으로써 미국은 위기를 맞이하고 있다는 것이다.

로버트 벨라는 이같은 건전한 도덕의 붕괴는 곧 바로 미국 사회를 계층사회로 전환하게 만든다는 것이다. 벨라는 신자유주의의 등장 이래 미국은 부익부와 빈익빈의 격차가 벌어져 계층사회로 발전하고 있다고 보았다. 그래서 상류층은 더욱 부유해지고, 하류층은 더욱 나락으로 떨어지고, 중산층은 자신의 위치를 유지하지 못할까 불안해 하고 있다는 것이다. 건전한 도덕의 붕괴가 곧 바로 중산층의 붕괴로 이어지고, 이것은 미국 사회에 결정적인 위기로 나타나게 된다는 것이다.

로버트 벨라는 이와 함께 자원단체의 붕괴도 심각하게 지적하고 있다.[323] 토크빌은 원래 미국 사회의 특징 중의 하나가 자원단체(voluntary society)라고 보았다. 자원단체는 공적단체와 사적 단체의 중간에 있는 매우 미국적인 단체이다. 공적인 단체는 공공의 이익과 강제력이라는 수단을 갖고 있으며, 사적 단체는 개인의 이익과 경제적인 배상이라는 수단을 갖고 있다. 하지만 자원단체는 목적이 공적 이익인데 수단은 강제력도, 경제적인 배상도 아닌 공공복지를 위한 자발성에 기초해 있다는 것이다. 하지만 이같은 자원단체들이 미국에 많이 있어서 미국의 민주주의를 풍요롭게 만든다는 것이며, 이런 자원단체 가운데 가장 대표적인 것이 바로 교

322　Robert N. Bellah and others, *Habits of the Heart*, Introduction to the Updated Edition, xiii.

323　Robert N. Bellah and others, *Habits of the Heart*, Introduction to the Updated Edition, xvi-xxii.

회이다.

사실 토크빌의 이런 자원단체 개념을 보다 명확하게 발전시킨 사람은 프린스톤대학교의 종교사회학자인 로버트 우쓰나우(Robert Wuthnow)이다.[324] 그는 미국 사회에서 자원단체의 발전을 역사적으로 설명했다. 사실 18세기와 19세기의 미국에서 자원단체의 역할은 매우 중요했다. 당시 미국 사회는 국가의 영역과 개인의 영역 사이에 많은 공간이 있었고, 그 빈 공간을 자원단체들이 담당했다. 바로 그 빈 공간이 교육, 사회복지, 그리고 도덕이었다. 이런 빈 공간을 담당하고 있는 자원단체 가운데 가장 강력한 것이 바로 교회였다. 교회는 정부보다 먼저 교육을 시작했고, 사회복지를 생각했으며, 미국 사회의 도덕을 지탱하는 근간이었다.

자원단체는 국가와 개인이 자신의 한계를 인정하고, 일정 영역을 제3의 섹트인 자원단체에 맡겨야 자원단체는 존재할 수 있다. 하지만 공적인 단체인 정부는 점점 자신의 영역을 확장해 가고 있다. 사실 19세기 이래 미국 정부는 점점 많은 것을 국민들에게 약속하였고, 그리하여 공공의 영역을 확장해 나갔다. 그 결과 더 많은 교육과 사회복지가 정부의 손으로 넘어가게 된 것이다. 다른 한편으로는 개인도 점점 자신의 영역을 확장해 나갔다. 다시 말하면 수많은 도덕이 공공단체의 규칙에서 개인이 선택할 수 있는 영역으로 넘어가고 말았다. 과거에는 순결은 공공의 질서였는데 이제는 개인적인 선택의 대상이 되고 말았다. 지금까지 자원단체들은 사회의 공공윤리로서 도덕을 지키는 역할을 감당하였는데, 도덕이 개인의 선택의 영역으로 넘어감에 따라 더 이상 할 일이 없어지고 만 것이다. 따라

---

324 Robert Wuthnow, *The Struggle for America's Soul: Evangelicals, Liberals, and Secularism* (Grand Rapid: William B. Eerdmans, 1989), 3-18.

서 미국 사회를 지탱하는 자원단체의 역할은 줄어들었다.[325]

이같은 상황 가운데서 미국의 자원단체들은 자신들이 할 수 있는 새로운 영역을 찾았다. 그것은 자원단체들이 공적인 영역의 일을 줄이고, 사적인 영역의 일을 확대해 나가는 일이다. 우쓰나우는 바로 그것이 지원그룹(supporting group)이라는 것이다. 다시 말하면 사람들은 자원단체에서 공적인 일을 원하기보다는 경쟁사회에서 지친 사람들을 위로하고, 격려하는 역할을 원한다는 것이다. 우쓰나우에 의하면 이것이 현재 미국 교회가 미국 사회에서 감당하고 있는 가장 중요한 역할이라는 것이다. 즉 수많은 미국인들은 경쟁 가운데서 지치고 힘든데, 이것을 이해하고, 도움을 줄 수 있는 가장 중요한 단체가 바로 교회라는 것이다. 그래서 우쓰나우는 비기독교인이 어려울 때 가족을 찾는 것보다는 기독교인이 어려울 때 교회를 찾는 비율이 더 높다고 말하고 있다. 이것은 신자에게 있어서 가족보다 교회가 더 가까운 존재라는 것을 의미한다.[326]

토크빌이 『미국의 민주주의』에서 미국 사회의 가장 중요한 특징 가운데 하나로 꼽는 것이 바로 미국의 가정과 성 도덕이다.[327] 유럽의 가정이 가부장적인 권위에 의해서 이루어지는데 비하여 미국의 가정은 남녀의 자발적인 선택에 의하여 이루어진다고 보았다. 이런 유럽과 미국의 차이는 매우 중요하다. 본인의 선택이 아니라 가장의 선택에 의해서 이루어진 유럽 귀족들은 결혼 후에 자신의 선택에 의해서 또 다른 성적인 관계를 갖게 되

---

325 최근에 자원단체의 쇠퇴에서 미국 민주주의의 위기를 말하는 저서가 출판되었다. 테다 스카치폴, 강승훈 옮김, 『민주주의의 쇠퇴: 미국 시민생활의 변모』 (서울: 한울아카데미, 2010) 참조.

326 Robert Wuthnow, *Christianity in the Twenty-first Century* (New York: Oxford University Press, 1993), 51-54.

327 Sanford Kessler, "Tocqueville on Sexual Morality," *Interpretation* vol. 16, no. 3 (Spring 1989), 465-420.

고, 이것에 대해서 사회는 널리 용납한다. 하지만 미국은 자발적인 선택에 의해서 결혼이 이루어지며, 따라서 배우자 외에 다른 사람과 관계를 맺는 것은 상대에 대한 신뢰의 위반이다.

    토크빌은 인간의 욕망 가운데 가장 비민주적인 욕망이 바로 성적인 욕망이라고 생각한다. 성적인 욕망은 항상 독재적인 성격을 갖고 있어서 그가 가지고 있는 사회적, 경제적 권력을 사용하여 성적인 욕망을 실현한다. 바로 이것이 민주주의를 근본적으로 흔들게 만드는 요소이다. 하지만 미국은 이 성적 욕망을 제어할 수 있는 여러 제도를 갖고 있다. 그 중 가장 강력한 것이 바로 종교이다. 청교도적인 정신을 유산으로 삼고 있는 미국 사회는 종교를 통해서 성적 욕망의 절제를 배우며, 자발적인 계약을 존중하는 미국은 바로 결혼 계약을 존중해야 한다는 시민사회의 덕목을 갖고 있다. 특별히 토크빌이 지적하는 것은 미국의 종교는 남성보다는 여성에게 더 큰 영향력을 미쳐서 여성을 성적 순결의 보루로 만들었으며, 만일 이것을 어겼을 경우에 여자만이 아니라 남자도 탄핵의 대상이 되도록 했다는 것이다.

    하지만 이같은 토크빌의 지적이 오늘의 미국에 적용되기가 매우 어려워졌다. 오늘의 미국은 남녀의 동등한 순결에 기초한 평등사회가 아니라 오히려 남녀의 평등한 성적 자유에 기초한 평등사회를 지향하고 있다. 따라서 과거에 남자에게 주어졌던 성적 자유가 이제는 여자에게도 주어지고 있다. 그 결과 미국 사회는 전에 경험하지 못하고 있던 가정의 해체라는 커다란 위기에 직면하고 있다. 다시 말하면 남녀의 성적 자유는 가정의 해체를 가져오고 있으며, 이것은 결국 이혼을 만들고, 수많은 아이들로 하여금 자기의 친 부모가 아닌 사람들과 살아야 하는 문제를 가져오게 한다. 토그빌은 미국 사회가 기독교적인 정신에 근거한 가정과 성 윤리에 기초했다고 말하지만 오늘의 미국은 이런 기초가 붕괴되고 있다는 것이다.

그러나 현재 미국 내에서는 19세기 토크빌이 주장했던 기독교를 재건하자는 운동이 강하게 일어나고 있다. 이들은 미국은 강력한 도덕 위에 세워진 나라라는 것을 강조한다. 이들은 뉴 잉글랜드의 청교도들이 미국에 정착하면서 하나님과 맺은 계약을 강조한다. 즉 미국 사회가 성서가 말하는 신앙과 도덕을 지키면 미국은 계속 번성할 것이며, 만일 미국이 하나님과의 계약을 잊어버리고 타락한다면 미국은 멸망할 것이라고 외친다. 이런 예레미야 전통은 미국의 복음주의 기독교를 중심으로 강하게 외쳐지고 있다. 이들은 미국 사회가 성적인 순결과 가정의 중요성을 회복해야 한다고 강조한다.

이런 운동의 등장과 함께 미국 사회에서 자원단체들도 강하게 등장하고 있다. 현재 미국 기독교는 수많은 자원단체들을 갖고 있다. 여기에는 가정회복을 강조하는 단체, 성적 순결을 주장하는 단체, 가장의 역할을 강조하는 단체, 빈민구제를 주장하는 단체 등 수많은 단체들이 다시 등장하고 있다. 이런 단체들은 주로 복음주의 기독교 내에서 일어나고 있으며, 이것은 미국의 새로운 매체, 즉 방송, TV, 잡지를 통하여 널리 확산되고 있다. 하지만 이런 단체들이 토크빌이 말했던 것처럼 21세기의 미국을 건전한 사회로 만들 수 있는지는 확실하지 않다.

V. 맺는 말: 근대 사회와 도덕

많은 사람들이 근대 사회의 가장 큰 문제는 도덕이라고 생각한다. 전통적인 권위를 부정하는 근대 사회는 근본적으로 기존의 도덕에 대해서 반기를 들고 있다. 더 이상 국가의 힘으로 도덕을 강조할 수 없는 사회에서 도덕의 붕괴는 자명하다. 그리고 이같은 도덕의 붕괴는 이어서 사회의 붕괴로 이어진다. 결국 근대 사회는 망할 수밖에 없다는 것이다.

이같은 근대 사회에서 종교의 역할은 무엇인가? 계몽주의자들은 이런 사회에서 종교는 도덕을 지키고 가르치는 역할을 해야 한다고 믿었다. 물론 일부 계몽주의자들은 종교의 도덕적인 기능에 대해서 회의적인 견해를 갖고 있는 것도 사실이다. 하지만 대부분의 서구 계몽사상가들은 신의 존재, 최후의 심판, 내세에 대한 확신이 없이는 도덕이 유지될 수 없다고 생각한다. 따라서 근대 사회에서 건전한 종교의 교훈이 존재하지 않는다면 근대 사회는 붕괴될 수밖에 없다는 것이다.

알렉시스 토크빌은 바로 미국 사회에서 이와 같은 주장의 타당성을 보게 되었다. 미국 사회는 가장 근대화된 사회였고, 전통적인 권위가 철저하게 부정되는 사회였다. 유럽 사람들의 눈으로 볼 때 미국 사회는 방종으로 흐르고, 혼돈에 빠질 것이 분명하다. 하지만 토크빌이 미국에 와서 보니 미국 사회는 유럽 사회보다 더 도덕적이고, 사회의 질서를 존중하고 있다는 것이다. 토크빌은 그 원인이 어디에 있는가를 찾아보았다. 그것은 바로 종교, 즉 기독교 신앙에 있다는 것이다. 유럽이 전통적인 권위에 의지해서 행하던 많은 것들을 미국은 자발적인 종교의 힘에 의해서 이루고 있다고 하는 것이다.

미국의 기독교는 철저하게 정교분리와 종교의 자유에 근거하고 있다.

따라서 유럽처럼 미국의 기독교는 국가의 도움을 받지 못하고 있다. 하지만 미국의 기독교는 대중들 속에 깊이 뿌리를 내리고 있었고, 대중들의 여론을 주도하고 있기 때문에 국가의 권력에 기반을 둔 유럽의 기독교보다 미국의 기독교가 더욱 튼튼하다는 것을 발견하였다. 유럽에서 기독교는 권력층과 밀접하게 결탁되어 있기 때문에 권력에 대한 비판은 곧 기독교에 대한 비판으로 이어진다. 하지만 미국의 기독교는 정교가 분리되어 있기 때문에 권력의 교체와 관계없이 자신의 존재를 유지할 수 있다.

더욱 중요한 것은 미국의 기독교는 개인의 이익과 사회의 이익을 조화시키도록 만든다는 것이다. 토크빌은 "합리적으로 이해된 개인의 이익"이라는 중요한 용어를 만들었다. 어리석은 사람은 자신의 이익만 강조한다. 하지만 합리적인 사람은 자신의 이익이 다른 사람에 의해서 인정받지 못하면 결국 자신의 이익도 흔들린다는 것을 잘 알고 있다. 그렇기 때문에 합리적인 사람은 자신의 이익과 사회의 이익이 합치되는 점을 찾는다. 그러므로 미국 기독교는 자신의 무한한 희생을 강조하는 것이 아니라 진정한 자신의 이익이 무엇인가를 찾도록 만든다. 여기서 우리는 합리적 이기주의를 발견하게 된다.

지금 한국 사회의 가장 큰 문제는 사회의 갈등을 해결하는 것이다. 개인의 이익과 사회의 이익을 조화시키려는 노력이 없이는 사회의 갈등이 해소되기 어렵다. 하지만 이런 갈등은 단지 정치나 법으로 해결될 수 있는 것은 아니다. 여기서 종교가 해야 할 역할이 있다. 한국 기독교는 어떻게 해야 개인도 잘 살고, 사회도 잘 살 수 있는 가를 모색해야 한다. 미국 사회에서 기독교가 했던 역할을 한국 사회에서 기독교가 과연 할 수 있는가는 한국교회의 미래를 위해서 매우 중요한 과제이다.

참고문헌 제 3 장

Bellah, Robert N., Richard Madsen, William M. Sullivan, Ann Swidler, Steven M. Tipton. *Habits of the Heart: Individualism and Commitment in American Life*. Los Angeles: University of California Press, 1996.

Berger, Peter. ed. *The Desecularization of the World: A Global Overview*. Washington DC Eerdmans, 1999.

Caplow, Theodore. "Contrasting Trends in European and American Religion." *Sociological Analysis*, 46: 1 (1985).

Dalton, Lisle., Phillip E. Hammond, Julie Ingersoll, David Machacek, Roger Valedez and Brian Wilson, "Bringing Tocqueville In: Remedying a Neglect in the Sociology of Religion." *Journal of the Scientific Study of Religion*, 31-4 (1992).

Galston, William A. "Tocqueville on Liberalism and Religion." *Social Research* 54-3 (Autumn, 1987).

Goldstein, Doris S. *Trial of Faith: Religion and Politics in Tocqueville's Thought*. New York: Elsevier, 1775.

_____. Cynthia J. "Tocqueville on Religious Truth and Political Necessity." *Polity*, vol. 23, no. 1 (Autumn, 1990).

_____. "Tocqueville on Religious Truth and Political Neccesity." *Polity*, 23-1 (Autumn, 1990).

Hinckley, Cynthia J. "Tocqueville on Religion and Modernity: Making Catholicism Safe for Liberal Democracy." *Journal of Church and State*, vol. 32: 2 (Spring 1990).

Kessler, Sanford. "Tocqueville on Sexual Morality." *Interpretation* vol. 16, no. 3 (Spring 1989).

_____. "Tocqueville Puritans: Christianity and the American Founding." *The Journal of Politics*, vol. 54, no. 3 (August 1992).

_____. *Tocqueville's Civil Religion: American Christianity and the Prospects for Freedom*. New York: State University of New York

Press, 1994.

Lively, Jack. *The Social and Political Thought of Alexis de Tocqueville*. London: Clarendon Press, 1962.

Lowance, Mason I., Jr. *The Language of Canaan: Metaphor and Symbol in New England from the Puritans to the Trancendentalists*. Cambridge, MA: Harvard University Press, 1980.

Sloat, James M. "The Subtle Significance of Sincere Belief: Tocqueville's Account of Religious Belief and Democratic Stability." *Journal of Church and State*, vol. 44, no. 2 (Autumn, 2000).

Tocqueville, Alexis de. *Democracy in America*, 2 vols. New York: Vintage Books, 1990.

_____. *The European Revolution and Correspondence with Gobneau*. edited and translated by ,John Lukacs. Gloucester: Doubleday, 1959.

Walzer, Michale. *The Revolution of Saints: A Study in the Origin of Radical Politics*. Cambridge, MA: Harvard University Press, 1965.

Wallis Roy. "The Caplow-de Tocqueville account of contrasts in European and American Religion: confounding consideration." *Sociological Analysis*, 47: 1 (1986).

_____. Robert. *Christianity in the Twenty-first Century*. New York: Oxford University Press, 1993.

Wuthnow, Robert. *The Struggle for American Soul*. Grand Rapids, 1989.

Zetterbaum, Marvin. *Tocqeville and the Problem of Democracy*. Stanford, CA: Stanford University Press, 1967.

박명수. 『근대 사회와 복음주의』. 서울: 한길사, 2008.

테다 스카치폴. 『민주주의의 쇠퇴: 미국 시민생활의 변모』. 강승훈 역. 서울: 한울아카데미, 2010.